SV

Norbert Elias
Engagement und Distanzierung

Arbeiten zur Wissenssoziologie I
Herausgegeben und übersetzt
von Michael Schröter

Suhrkamp Verlag

Erste Auflage 1983

Druck: Hieronymus Mühlberger, Augsburg
Printed in Germany

CIP-Kurztitelaufnahme der Deutschen Bibliothek
Elias, Norbert:
Engagement und Distanzierung / Norbert Elias.
Hrsg. u. übers. von Michael Schröter. –
1. Aufl. – Frankfurt am Main: Suhrkamp, 1983.
ISBN 3-518-57631-3

Inhalt

I
Engagement und Distanzierung

Alte Dame: Sind Sie nicht voreingenommen?
Autor: Madame, Sie werden selten einen voreingenommeneren Menschen treffen als mich, oder einen, der sich einredet, daß er für alles einen offeneren Sinn hat. Aber kann das nicht daran liegen, daß ein Teil unseres Verstandes, der nämlich, mit dem wir handeln, durch Erfahrungen voreingenommen wird und wir uns dennoch einen anderen Teil völlig offen halten, um mit ihm zu beobachten und zu urteilen?
Alte Dame: Mein Herr, das weiß ich nicht.
Autor: Madame, ich weiß es auch nicht, und es kann gut sein, daß wir Blödsinn reden.
Alte Dame: Das ist ein merkwürdiger Ausdruck und einer, der mir in meiner Jugend nicht begegnet ist.
Autor: Madame, wir wenden den Ausdruck jetzt an, um damit Haltlosigkeit bei einem abstrakten Gespräch zu bezeichnen oder, tatsächlich, jede übermetaphysische Tendenz beim Reden.
Alte Dame: Ich muß lernen, diese Ausdrücke richtig zu gebrauchen.

E. Hemingway, Tod am Nachmittag

I

Man kann von der Einstellung eines Menschen nicht in einem absoluten Sinne sagen, sie sei distanziert oder engagiert (oder wenn man lieber will: sie sei »rational« oder »irrational«, »objektiv« oder »subjektiv«). Nur Säuglinge und unter Erwachsenen vielleicht nur Geisteskranke sind in ihrem Verhalten und Erleben so völlig engagiert, daß sie rückhaltlos ihren Gefühlen hier und jetzt verfallen; und wiederum nur unter Geisteskranken begegnet man einer absoluten Distanzierung, einem völligen Rückzug der Gefühle von dem, was um sie herum geschieht. Normalerweise liegt Erwachsenenverhalten und -erleben auf einer Skala zwischen diesen beiden Extremen. Je nach dem Stand der gesellschaftlichen Entwicklung neigt es mehr dem einen oder mehr dem anderen der beiden Pole zu; auch kann es sich in der gleichen Gesellschaft, entsprechend dem Steigen oder Fallen des sozialen oder psychischen Drucks, nach dieser oder jener Seite hin verschieben. Aber das gesellschaftliche Leben der Menschen, wie wir es kennen, würde zerbrechen, wenn die Standards des Erwachsenenverhaltens zu weit in die eine oder die andere Richtung gingen. Präzise gesagt: Die Möglichkeit eines jeden geordneten Gruppenlebens beruht auf dem Zusammenspiel zwischen engagierenden und distanzierenden Impulsen im menschlichen Denken und Handeln, die sich gegenseitig in Schach halten. Sie mögen miteinander kollidieren, mögen um Vorherrschaft oder Kompromisse ringen und Legierungen in den verschiedensten Mischverhältnissen und Gestalten eingehen – bei aller Vielfalt ist es die Beziehung zwischen beiden, die den Kurs der Menschen bestimmt. Durch den Gebrauch dieser Begriffe[1] verweist man also auf wechselnde Balancen zwischen zwei Typen von Verhaltens- und Erlebensimpulsen, die in den Beziehungen von Menschen zu Menschen, zu nicht-menschlichen Objekten und zu sich selbst (was immer ihre sonstigen Funktionen sein mögen) mehr zum Engagement oder mehr zur Distanzierung hindrängen.

Die Begriffe »Engagement« und »Distanzierung« würden deshalb als Denkwerkzeuge höchst untauglich bleiben, wenn man mit ihnen die Vorstellung von zwei unabhängigen Tendenzen der Menschen verbände. Sie beziehen sich nicht auf zwei getrennte Gruppen psychischer Ereignisse; als Universalien gebraucht, sind sie allenfalls Grenzbegriffe. Was wir beobachten, sind in der Regel Menschen und deren Äußerungen – also etwa Typen des Sprechens, Denkens und anderer Tätigkeiten –, von denen einige ihr Gepräge durch eine höhere Distanzierung, andere durch ein höheres Engagement erhalten. Zwischen den beiden Polen liegt ein Kontinuum, und dieses Kontinuum bildet das eigentliche Problem. Ist es möglich, die Position spezifischer menschlicher Einstellungen oder Produkte innerhalb dieses Kontinuums mit größerer Genauigkeit zu bestimmen? Schon auf den ersten Blick kann man zum Beispiel sagen, daß in Gesellschaften wie den unseren das Verhalten und Erleben der Menschen in bezug auf die Ebene des nicht-menschlichen Naturgeschehens ein höheres Maß an Distanzierung, ein geringeres Maß an emotionalem Engagement zeigt als in bezug auf die des menschlich-gesellschaftlichen Geschehens. Kann man, zumindest summarisch, Kriterien für die verschiedenen Grade von Engagement und Distanzierung herausfinden? Was ist überhaupt gemeint, was wird impliziert, wenn man sagt, daß in Gesellschaften unseres Typs, mit ihrem relativ hohen Grad der Industrialisierung und der Kontrolle über nicht-menschliche Naturgewalten, diese »Natur« normalerweise mit geringerem Engagement, also distanzierter wahrgenommen wird als die »Gesellschaft«? Und weiter: Wenn man gegenwärtig von verschiedenen Graden des Engagements oder der Distanzierung spricht, dann bezieht man diese Aussagen allzu leicht ausschließlich auf individuelle Unterschiede des Verhaltens und Erlebens. Sicherlich kann der Grad von Distanzierung, den verschiedene Menschen der gleichen Gesellschaft in ähnlichen Situationen zeigen, recht unterschiedlich sein. Kann man, ungeachtet solcher individueller Differenzen in ein und derselben Gesellschaft, von verschiedenen Graden der Distanzierung und des Engagements im Standardverhalten und -erleben verschiedener Gesellschaften sprechen?

2

Die Art und Weise, in der einzelne Mitglieder einer Gruppe erleben, was immer ihre Sinne affiziert, die Bedeutung, die sie ihren Wahrnehmungen beilegen, ist von dem Standard des Wissens und damit auch der Begriffsbildung abhängig, den ihre Gesellschaft jeweils im Laufe ihrer Entwicklung erreicht hat. Obwohl also in Gesellschaften wie den unseren der Grad der Distanzierung im Wahrnehmen und Handhaben nicht-menschlicher Naturzusammenhänge von Individuum zu Individuum und von Situation zu Situation variieren mag, verkörpern die gemeinsamen Begriffe, deren sich alle einzelnen Menschen in ihrem Verkehr miteinander bedienen – Begriffe wie »Blitz«, »Baum« und »Wolf« oder wie »Elektrizität«, »Organismus, »Ursache« und »Natur« –, einen vergleichsweise sehr hohen Grad von Distanzierung, den die erwachsenen Mitglieder dieser Gesellschaften miteinander teilen. Das gleiche gilt für das sozial vermittelte Erlebnis der Natur als »Landschaft« oder als »schön«. Die individuelle Variationsbreite der Distanzierung ist, mit anderen Worten, durch die gesellschaftlichen Standards der Distanzierung begrenzt. Es sind diese gesellschaftlichen Standards, die in bestimmten Formen des Denkens und Sprechens über die Natur ebenso wie in der weithin institutionalisierten Nutzbarmachung der Natur für menschliche Zwecke ihren Niederschlag gefunden haben.[2] Verglichen mit früheren Zeiten hat die Beherrschung der Gefühle im Naturerleben, wie die Beherrschung der Natur selbst, zugenommen. Das Engagement ist schwächer geworden, wenn auch nicht ganz verschwunden. Selbst der wissenschaftliche Zugang zur Natur verlangt nicht die völlige Auslöschung mehr engagierter und affektiver Zugangsformen. Was die wissenschaftliche von vorwissenschaftlichen, also weniger distanzierten Einstellungen unterscheidet, ist das Mehr oder Weniger und die Art der Legierung von Tendenzen zu Distanzierung und Engagement.

Wie andere Menschen auch lassen sich Naturwissenschaftler bei ihrer Arbeit in gewissem Ausmaß von persönlichen Wünschen und Neigungen leiten; oft genug sind sie durch bestimmte Interessen von Gruppen, zu denen sie gehören, beeinflußt. Sie mögen die Förderung ihrer eigenen Karriere im Auge haben. Sie mögen hoffen, daß ihre Forschungsergebnisse mit Theorien, die sie bereits zuvor vertreten haben, oder mit den Forderungen und Idealen von Gruppen, mit denen sie sich identifizieren, übereinstimmen. Aber diese Tendenzen zum Engagement spielen in den Naturwissenschaften allenfalls bei der allgemeinen Ausrichtung der Forschungsarbeit, etwa bei der Wahl des Forschungsthemas, eine Rolle; sie werden in den meisten Fällen durch institutionalisierte Kontrollverfahren in Schach gehalten, die auf den einzelnen Naturwissenschaftler einen starken Druck ausüben, solche involvierenden Tendenzen dem Bemühen um (wie wir gewöhnlich sagen) »die Sache selbst«, also um ein distanzierteres Herangehen an seine Aufgabe, unterzuordnen. Die kurzfristigen Probleme persönlicher oder sozialer Art geben in solchen Fällen den Anstoß zur Untersuchung von Problemen einer anderen Art, von wissenschaftlichen Problemen, die nicht mehr in direkter Beziehung zu bestimmten Personen oder Gruppen stehen. Die ersteren, enger zeitgebunden, liefern dann nur die Antriebskraft; die letzteren, die durch sie angeregten wissenschaftlichen Probleme, gewinnen ihre Struktur und ihre Bedeutung aus dem weniger zeitgebundenen und begrenzt autonomen Entwicklungslauf des Doppelgespanns wissenschaftlicher Theorien und Beobachtungen, die auf diesem oder jenem Problemgebiet durch Generationen von Spezialisten erarbeitet worden sind.

Wie andere menschliche Tätigkeiten ist auch die wissenschaftliche Erforschung der Natur durch Wertungen mitbestimmt. Wer sagt, daß die Naturwissenschaften »nicht wertend« oder »wertfrei« seien, verwendet die Begriffe in irreführender Weise. Zu den entscheidenden Struktureigentümlichkeiten des Hauptstroms der naturwissenschaftlichen Forschung gehört deren allmähliche Emanzipation von spezifischen Typen der Wertung, also zum Beispiel von parteipolitischen und religiösen Wertungen oder im weiteren Sinn von Werttypen, die der Besorgnis um das Wohl und Wehe der eigenen Person oder den Interessen von sozialen Einheiten, mit denen man sich verbunden fühlt, entspringen. Statt ihrer ist in dieser Forschungsarbeit langsam ein anderer Typ der Wertung dominant geworden. Der Akzent verlagert sich auf die Entdeckung der inhärenten Ordnung von Ereigniszusammenhängen als die Aufgabe, deren Lösung für den Wert des Erkenntnisbemühens entscheidend ist. Die Stellung und Lösung dieser Aufgabe ist ganz gewiß nicht unabhängig von Menschen überhaupt, wohl aber von diesem oder jenem einzelnen Menschen.

Anders gesagt: In der Erforschung der Natur haben Menschen und insbesondere Wissenschaftler gelernt, daß jedes direkte Eindringen kurzfristiger Interessen und Bedürfnisse bestimmter Personen oder Gruppen in ihre Arbeit und jegliche Mitbestimmung der Forschungsresultate durch egozentrische Gesichtspunkte der Forschenden selbst den Erkenntniswert ihrer Arbeit aufs schwerste beeinträchtigt und deren Brauchbarkeit für die Forschenden und für ihre eigene Gruppe letzten Endes zunichte macht. Die Probleme, die Naturwissenschaftler formulieren und mit Hilfe ihrer Theorien zu lösen suchen, besitzen mit anderen Worten gegenüber persönlichen oder sozialen Tagesfragen einen relativ hohen Grad von Autonomie;* das gilt genauso für die Wertungen, die in ihr Forschungsprogramm einströmen. Ihre Arbeit ist nicht »wertfrei«, aber sie ist, im Unterschied zu der vieler Sozialwissenschaftler, durch fest etablierte Berufsstandards und andere institutionelle Sicherungen in relativ hohem Maße gegen die Durchdringung mit heteronomen Wertungen geschützt[3]. Hier ist der primäre Impuls von Menschen, auf kürzestem Wege von einem stark empfundenen Bedürfnis zu dessen rascher Erfüllung zu gelangen, relativ strikten Verfahrensregeln unterworfen worden, die einen längeren Weg erfordern.* Naturwissenschaftler suchen Mittel zur Befriedigung menschlicher Bedürfnisse mit Hilfe ei-

* Sterne im Text markieren den Ort der »Zusätze 1977/78« (S. 59ff; vgl. S. 269f).

nes Umwegs, des Umwegs über die Distanzierung. Sie verfolgen das Ziel, Problemlösungen zu finden, die potentiell für Menschen aller Gesellschaften relevant sind. Die für die Vorherrschaft des engagierten Denkens charakteristische Frage: »Was bedeutet es für mich oder für uns?« ist Fragen wie: »Was ist es?« oder »Wie sind diese Ereignisse miteinander verknüpft?« untergeordnet worden. In dieser Form ist das Distanzierungsniveau, das durch die Arbeit von Physikern oder Biologen repräsentiert wird, als Teil der wissenschaftlichen Tradition mehr oder weniger fest institutionalisiert worden. Es wird mit Hilfe einer hochorganisierten Ausbildung ständig erneuert und durch verschiedene Arten sozialer Kontrollen und sozial gezüchteter Affektkontrollen aufrechterhalten. Kurzum, es findet seinen Ausdruck sowohl in den begrifflichen Werkzeugen und den Grundannahmen von Wissenschaftlern wie in ihren Sprech- und Denkgewohnheiten und in ihren Verfahrensweisen.

Überdies breitet sich der Gebrauch von Begriffen und Verfahrensweisen dieses Typs von den Arbeitsstätten der wissenschaftlichen Spezialisten her über die ganze Gesellschaft hin aus. In den meisten Industriegesellschaften werden unpersönliche Formen der Erklärung von Naturereignissen und andere Begriffe, die auf der Vorstellung einer relativ autonomen Ordnung, eines von jeder bestimmten Beobachtergruppe unabhängigen Geschehensablaufes beruhen, wie selbstverständlich von Menschen benutzt, obwohl wahrscheinlich die wenigsten eine Ahnung von den langen Kämpfen um die Ausarbeitung und Verbreitung dieser Denkweisen haben.

Aber auch hier, in der weiteren Gesellschaft, repräsentieren diese distanzierteren Formen des Denkens nur eine von mehreren Schichten im Umgang der Menschen mit der nicht-menschlichen Natur. Andere, mehr involvierte und gefühlsgeladene Formen der Naturerfahrung sind keineswegs verschwunden. So mögen im Krankheitsfalle die eigenen Gedanken wieder und wieder zu der Frage abschweifen:

»Wer ist daran schuld?« Die Kindheitserfahrung des Schmerzes als Folge eines Angriffs von außen mag sich fühlbar machen und dann vielleicht ein gewisser Vergeltungsdrang, oder der Angriff erscheint unter dem Druck eines hypertrophen Gewissens als verdient, so daß man, zu Recht oder Unrecht, sich selbst die Schuld an der Krankheit gibt. Und doch kann man zugleich die distanziertere Feststellung des Arztes akzeptieren, daß die Krankheit in erster Linie das Ergebnis einer vollkommen blinden biologischen Ereigniskette ist und nicht irgendwelchen bewußten oder unbewußten Willensakten, sei es von Menschen, sei es von Göttern und Geistern, entspringt.

Kurzum: Engagiertere Formen des Denkens bleiben auch in Gesellschaften wie den unseren ein integraler Bestandteil der Naturerfahrung. Aber sie werden in diesem Erfahrungsbereich mehr und mehr durch andere Denk- und Wahrnehmungsformen überlagert, die an die Fähigkeit von Menschen, sich gleichsam von außen zu sehen und das, was sie »mein« oder »unser« nennen, als Teilsysteme eines umfassenderen Systems wahrzunehmen, größere Ansprüche stellen. In ihrer Naturerfahrung ist es Menschen im Laufe der Zeit gelungen, ein Bild des physikalischen Universums zu entwerfen und zu ertragen, das emotional höchst unbefriedigend ist und in der Tat, je weiter die Wissenschaft fortschreitet, desto unbefriedigender zu werden scheint, das aber zugleich mit den stetig wachsenden Ergebnissen systematischer Beobachtungen besser übereinstimmt. Sie haben gelernt, sich selbst im Umgang mit Naturereignissen größere Zurückhaltung aufzuerlegen, und haben im Austausch für die kurzfristigen Befriedigungen, die sie aufgeben mußten, eine erhöhte Macht über Naturgewalten, ein erhöhtes Vermögen, sie ihren Zwecken dienstbar zu machen, und damit in dieser Sphäre eine erhöhte Sicherheit und neue, langfristige Befriedigungen gewonnen.

3

So haben die Menschen als Gesellschaften in ihrem Umgang mit der Natur von ihrem Ausgangspunkt, den primären, naiv-egozentrischen und stärker affektgeladenen Denk- und Verhaltensformen, die wir heute unverdeckt nur noch bei Kindern beobachten, einen langen Weg zurückgelegt, den jeder Mensch als Individuum, abgekürzt, beim Heranwachsen immer wieder zurücklegen muß. Im einzelnen sind der Weg und der Grund dieses Wandels noch weitgehend unerforscht. Aber man kann in Umrissen einige seiner charakteristischen Strukturen und Mechanismen erkennen.

Als Menschen aufhörten (wie es einmal geschehen sein muß), vorhandene Steine unbearbeitet als Waffen gegen menschliche Feinde oder gegen Tiere zu gebrauchen, und ihre momentanen Impulse Schritt für Schritt so weit zu zügeln lernten, daß sie im voraus Steine zu Waffen und Werkzeugen verarbeiten konnten, als sie dann mit zunehmender Weitsicht allmählich das Sammeln wilder Früchte und Wurzeln durch den planmäßigen Anbau von Pflanzen ersetzten, bedeutete dies in jedem dieser Fälle eine dreifache Veränderung: eine Veränderung ihrer selbst als Individuen, ihrer selbst als Gesellschaften und ihrer selbst in ihrer Beziehung zur nicht-menschlichen Natur. Das gleiche läßt sich auch für jene späteren Stufen sagen, auf denen Veränderungen des menschlichen Denkens über die Natur mehr und mehr zur Aufgabe wissenschaftlicher Spezialisten wurden. Die Selbstkontrolle von Menschen, wie sie etwa in ihrer gedanklichen und praktischen Handhabung von Naturereignissen zum Ausdruck kommt, die Kontrolle ihres Zusammenlebens als Gesellschaften und die Kontrolle von nicht-menschlichen Naturgewalten bei ihrer Handhabung sind interdependent; sie entwickeln sich, mit einem niemals unbegrenzten Spielraum des Zurückbleibens und Vorauseilens, im Gleichschritt. Man kann demgemäß von der Dreieinigkeit der Grundkontrollen sprechen.

Ein besonders grundlegender Aspekt des Zusammenhangs jener Kontrollen und ihres Wandels verdient in diesem Kontext noch eine kurze Erörterung. Das Niveau und die Formen der Distanzierung, also der Selbstkontrolle, die durch die gesellschaftlichen Standards der gedanklichen Orientierung über Naturereignisse repräsentiert werden, waren in der Vergangenheit und sind noch heute abhängig von dem Niveau und den Formen der Kontrolle, die durch die gesellschaftlichen Standards der praktischen Handhabung dieser Ereignisse verkörpert werden; und umgekehrt. Dementsprechend müssen sich Menschen, so kann man rückblickend erkennen, in ihrem Ringen mit den nicht-menschlichen Naturgewalten sehr lange in einem Teufelskreis bewegt haben. Sie hatten wenig Kontrolle über die Naturgewalten, von denen doch ihr Überleben abhing. Völlig angewiesen auf Ereignisse, deren Zusammenhang miteinander, deren immanente Ordnung ihnen verschlossen war und deren Ablauf sie demgemäß nur in sehr begrenztem Maße sachgerecht beeinflussen konnten, lebten sie in extremer Unsicherheit. Ihr Leben wäre unerträglich gewesen, hätten sie nicht das Vermögen gehabt, sich das Ausmaß ihres Nicht-Wissens durch Phantasien zu verdecken, deren Affektgeladenheit die Unsicherheit ihrer Lage, die Ungewißheit ihres Kenntnisbestandes widerspiegelte. In ihrer Schutzlosigkeit und Blöße konnten sie gar nicht anders, als jedem Geschehen, das nach ihrem Verständnis für ihr Leben als Feind oder Freund von Belang war, mit starken Affekten zu begegnen. Sie waren zu tief engagiert, um Naturereignisse in aller Ruhe, wie distanzierte Beobachter, zu betrachten. So hatten sie einerseits kaum eine Chance, ihre eigenen heftigen Gefühle in bezug auf die Natur stärker zu kontrollieren und distanziertere Vorstellungen über Naturereignisse zu bilden, solange sie wenig Kontrolle über sie hatten; und sie hatten andererseits kaum eine Chance, ihre Kontrolle über die nicht-menschliche Natur auszudehnen, solange sie nicht ihre eigenen heftigen Gefühle in bezug auf sie besser zu zügeln lernten und ihre Selbstkontrolle verstärkten.*

Der Wandlungsprozeß in die Richtung einer erhöhten Kontrolle über Naturereignisse hatte eine Struktureigentümlichkeit, die man vielleicht als »Dynamik der zunehmenden Erleichterung« bezeichnen kann. Es muß für Menschen außerordentlich schwer gewesen sein, eine größere Kontrolle über die Natur zu gewinnen, solange ihr Vermögen der Naturkontrolle noch gering war; und je mehr es wuchs, je umfassender ihre Fähigkeit wurde, Naturereignisse entsprechend ihren eigenen Zwecken zu manipulieren, um so leichter wurde es für sie, ihren Kontrollbereich noch weiter auszudehnen, um so schneller wurde das Tempo des Fortschritts der Naturbeherrschung.

Aber wenn man die Struktur dieser Dynamik herausarbeitet, kann man die Tatsache nicht aus dem Auge verlieren, daß es sich bei der Ausdehnung des Wissens und der Kontrolle von Menschen im Bereich der nicht-menschlichen Natur lediglich um einen Teilprozeß handelt, der funktional immer aufs engste mit Wandlungen anderer Facetten der Menschheitsentwicklung verbunden ist. Nichts in unserer Erfahrung spricht dafür, daß Teilprozesse dieser Art stets in dieselbe Richtung ablaufen müssen. Einige der Phasen, in denen sie rückläufig wurden, sind aus der Vergangenheit bekannt. Wachsende soziale Spannungen und Konflikte mögen mit einer Abnahme der menschlichen Fähigkeit, natürliche und soziale Ereignisse zu kontrollieren, Hand in Hand gehen; sie mögen mit einer Abnahme der individuellen Selbstkontrolle, mit einer Zunahme der Phantasiegehalte im Denken und Handeln der Menschen verbunden sein. Ob solche Rückkoppelungsprozesse in die eine oder die andere Richtung gehen, hängt letzten Endes von der Gesamtsituation der betreffenden sozialen Einheiten ab.

4

Das stetige Wachstum des menschlichen Vermögens, Naturgewalten distanzierter wahrzunehmen und besser zu kontrollieren, im Verein mit der allmählichen Beschleunigung dieses Prozesses, hat paradoxerweise die Schwierigkeiten der Menschen noch verstärkt, die einem entsprechenden Wachstum ihrer Kontrolle über Prozesse des sozialen Wandels und über ihre eigenen Gefühle bei deren gedanklicher Bewältigung entgegenstehen.

Die Gefahren, die Menschen von nicht-menschlichen Kräften drohen, haben sich im Laufe der Jahrhunderte allmählich etwas verringert. Der distanziertere Zugang zu diesem Erfahrungsfeld hat nicht zuletzt dazu geführt, die menschliche Furcht in diesem Bereich einzuschränken; er macht es leichter, einem Umsichgreifen der Furcht weit über das hinaus, was realistisch als Bedrohung gelten kann, zu begegnen. Die frühere Hilflosigkeit angesichts unfaßlicher und unbeherrschbarer Naturgewalten hat langsam einem Gefühl größerer Sicherheit Platz gemacht; man hat gelernt (was man ja nicht a priori wissen konnte), daß es möglich ist, durch geduldige, systematische Forschung im Bereich des Naturgeschehens die Gewißheit der Orientierung zu vergrößern und das allgemeine Niveau des Wohlergehens zu heben.

Aber das Wachstum des menschlichen Vermögens, Naturgewalten zu begreifen und eigenen Zwecken dienstbar zu machen, ist verknüpft mit spezifischen Veränderungen in den Beziehungen der Menschen zueinander; es geht Hand in Hand mit der wachsenden Interdependenz einer wachsenden Anzahl von Menschen. Die allmähliche Beschleunigung in der Erweiterung der menschlichen Kenntnis und Nutzung nicht-menschlicher Kräfte, die ganz gewiß selbst an spezifische Wandlungen des menschlichen Zusammenlebens gebunden ist, hat ihrerseits dazu beigetragen, den Wandel des menschlichen Zusammenlebens zu beschleunigen. Im Zuge dieses Wandels wird das Netzwerk der menschlichen

Tätigkeiten zusehends komplexer, weiter gespannt und fester geknüpft. Mehr und mehr Menschengruppen und dementsprechend mehr und mehr Individuen werden in bezug auf ihre Sicherheit und Bedürfnisbefriedigung voneinander abhängig, gewöhnlich ohne daß dieser ungeplante Prozeß von den Betroffenen verstanden wird. Es ist, als ob zuerst Tausende, dann Millionen und Abermillionen durch diese Welt gingen, die Hände und Füße mit unsichtbaren Fäden aneinandergebunden. Niemand führt. Niemand steht außerhalb. Einige wollen hierhin, andere dorthin gehen. Sie fallen übereinander her und bleiben, Sieger oder Besiegte, aneinander gefesselt. Niemand kann die Bewegungen des Ganzen steuern, es sei denn, ein großer Teil von ihnen wäre imstande, die weiträumige Figuration, die sie zusammen bilden, zu verstehen und gleichsam von außen zu sehen. Die Beteiligten aber sind gewöhnlich außerstande, sich selbst als Teil dieser umfassenden Figuration wahrzunehmen, weil sie – eingebunden und verständnislos hierhin und dorthin getrieben, auf Wegen, die keiner von ihnen gewählt hat – absorbiert sind von den akuten und engen Problemen ihrer Kirchturmperspektive. Was immer mit ihnen geschieht, sie können es nur von ihrem begrenzten Standort in der Figuration aus wahrnehmen. Sie sind zu tief involviert, um sich selbst von außen zu sehen. Der Zwang, den Menschen auf Menschen ausüben, wirkt derart auf jeden von ihnen – und wird von vielen erlebt – als ein außermenschlicher Zwang, in der gleichen Weise wie eine Naturgewalt.

Der gleiche Prozeß, der die Abhängigkeit der Menschen von den unkontrollierbaren Launen der Natur vermindert, verstärkt ihre Abhängigkeit voneinander. Die gleichen Wandlungen, die den Menschen in bezug auf nicht-menschliche Kräfte größere Macht und Sicherheit geben, öffnen neue Quellen der Unsicherheit in ihrem Zusammenleben miteinander. Ähnlich wie früher in ihrem Umgang mit nichtmenschlichen Kräften sehen sich Menschen in ihren Beziehungen zueinander mehr und mehr vor Ereignisse, vor Pro-

bleme gestellt, die sich bei dem gegebenen Stand ihrer Orientierungsmittel immer noch ihrer Kontrolle entziehen. Ohne die Eigenart der Veränderungen zu begreifen, die zwar von Menschen herbeigeführt, aber nicht von ihnen beabsichtigt sind, werden sie unaufhörlich genötigt, sich an sie anzupassen und mit den Problemen, die aus ihnen erwachsen, recht und schlecht fertig zu werden. Und da diese Veränderungen häufig unvorhergesehene Gewinne für manche und Verluste für andere nach sich ziehen, ergeben sich in ihrem Gefolge immer wieder Spannungen und Konflikte zwischen Gruppen, die gleichzeitig unentrinnbar aneinander gefesselt sind. Machtproben und der Gebrauch organisierter Gewalt dienen oft als kostspielige Mittel der Anpassung an Wandlungen dieser verschlungenen Interdependenzen. In vielen Fällen gibt es noch keine anderen Mittel der Anpassung.
Unsicher und verwundbar, wie Menschen unter diesen Bedingungen sind, können sie keinen Abstand nehmen und den Verlauf der von ihnen herbeigeführten, aber nicht beabsichtigten gesellschaftlichen Ereignisse ruhig, wie distanzierte Beobachter, betrachten. Hier begegnet man also auf einer neuen, der zwischenmenschlichen Ebene, noch unbewältigt, dem gleichen Teufelskreis, wie er Menschen in ihrem Verhältnis zu dem nicht-menschlichen Naturgeschehen für Jahrtausende gefangen hielt und dessen Zwänge sie in diesem Bereich zum guten Teil schon gebrochen haben. Auf der einen Seite ist es für Menschen schwer, ihre eigenen starken Affekte in bezug auf Ereignisse, die ihr Leben in tiefe Mitleidenschaft zu ziehen drohen, besser zu kontrollieren und ihnen mit größerer Distanz entgegenzutreten, solange ihr Vermögen, den Verlauf dieser Ereignisse zu kontrollieren, noch gering bleibt. Auf der anderen Seite ist es schwierig für sie, ihr Verständnis und ihre Kontrolle dieser Ereignisse auszudehnen, solange sie ihnen nicht mit größerer Distanz entgegentreten und eine größere Kontrolle über ihre Leidenschaften im Erleben dieser Ereignisse gewinnen. Eine zirkuläre Bewegung zwischen geringer Ereigniskontrolle und geringer

Selbstkontrolle, eine Art Rückkoppelungsmechanismus spezifischer Art, läßt sich also nicht nur in den Beziehungen von Menschen zu nicht-menschlichen Naturgewalten, sondern auch in ihren Beziehungen zueinander beobachten. Aber sie läuft gegenwärtig in diesen zwei Sphären auf einem sehr verschiedenen Niveau ab. Im Verhältnis von Menschen zu nicht-menschlichen Kräften ist der sozial geforderte und sozial gezüchtete Standard sowohl der Selbstbeherrschung wie der Beherrschung der Beziehungszusammenhänge, also in diesem Falle der Naturzusammenhänge, relativ hoch; im Verhältnis von Menschen zu Menschen ist der Standard beider sehr viel niedriger.

Die Ähnlichkeiten zwischen dieser Situation und jener, der die Menschen vergangener Zeiten in ihren Beziehungen zu den Naturgewalten gegenüberstanden, werden oft durch die offensichtlichen Unterschiede verdunkelt. Daß Menschen ein erhebliches Maß an Kontrolle über Naturereignisse und einen recht hohen Grad der Distanzierung im praktischen und gedanklichen Umgang mit ihnen erwerben können, wissen wir bereits. Aber wir wissen noch nicht und können uns kaum vorstellen, wie ein vergleichbarer Grad der Distanzierung und Kontrolle in bezug auf gesellschaftliche Ereignisse zu erreichen ist. Und doch war es über Jahrtausende für diejenigen, die ehedem den für sie relativ wenig beherrschbaren Naturgefahren ausgeliefert waren, ebenso unmöglich sich vorzustellen, daß man Naturgewalten begreifen und handhaben könnte, wie wir es tun. Der Vergleich wirft Licht auf ihre wie auf unsere Situation.

5

Er wirft ebenfalls Licht auf die Unterschiede zwischen den Standards der Gewißheit und des Erkenntniswerts in den Naturwissenschaften und den Sozialwissenschaften der Gegenwart. Häufig wird impliziert, wenn nicht explizit ausgesprochen, daß die »Objekte« der ersteren sich allein aufgrund ihrer Beschaffenheit einer Erklärung durch wissenschaftliche Methoden, die einen hohen Grad an Zuverlässigkeit gewährleisten, leichter fügen als die der letzteren. Aber es gibt keinen Grund anzunehmen, daß gesellschaftliche Daten, daß die Beziehungen zwischen Personen dem menschlichen Denkvermögen letzten Endes nicht ebenso zugänglich sind wie die Beziehungen zwischen nicht-menschlichen Ereignissen. Auch gibt es keinen Anhaltspunkt für die Annahme, daß die menschliche Intelligenz ihrer Natur nach ungeeignet ist, Theorien und Modelle der Untersuchung sozialer Daten zu dem gleichen Niveau der Angemessenheit fortzuentwickeln, wie es bei der Erforschung physikalischer Daten längst erreicht ist. Was jedoch die beiden Problemfelder nachhaltig voneinander unterscheidet, ist die Situation der Forschenden und hier ganz besonders ihr Verhältnis zu ihren »Objekten«; es ist, in traditioneller Sprache, die Beziehung zwischen »Subjekten« und »Objekten«. Wenn diese Beziehung, wenn Situation und Einstellung der Forschenden in Anschlag gebracht werden, treten die Probleme und Schwierigkeiten des Aufstiegs der Sozialwissenschaften zum gleichen Standard der Distanzierung klarer hervor.

Das allgemeine Ziel wissenschaftlicher Arbeit ist das gleiche in beiden Gebieten; herausgeschält aus seinen philosophischen Verkrustungen, besteht es darin zu entdecken, wie und warum wahrgenommene Ereignisse miteinander zusammenhängen. Aber im Unterschied zu den Naturwissenschaften, die die Zusammenhänge vormenschlicher Ereignisse zu erhellen suchen, beschäftigen sich die Gesellschaftswissenschaften mit Zusammenhängen von Menschen. Auf dieser Wissenschaftsebene begegnen Menschen sich selbst und einander[4]; die »Objekte« sind zugleich »Subjekte«. Die Aufgabe der Sozialwissenschaftler ist es, die sich wandelnden Muster, die Menschen miteinander bilden, und die Natur dieser Bindungen, die Struktur dieses Wandels sich und anderen verständlich zu machen. Die Forscher selbst sind mit in diese

Muster einverwoben. Sie können nicht umhin, sie – direkt oder durch Identifizierung – als unmittelbar Beteiligte von innen zu erleben; und je größer die Spannungen und Belastungen, denen sie oder ihre Gruppen ausgesetzt sind, desto schwerer ist es für sie, den Akt der Detachierung von ihrer Rolle als unmittelbare Beteiligte zu vollziehen, der allem wissenschaftlichen Bemühen zugrundeliegt.

Gewiß mangelt es in den Sozialwissenschaften nicht an Bemühungen, sich von der eigenen Position als engagierter Exponent sozialer Ereignisse zu distanzieren und sich von der beschränkten Perspektive, die mit dieser Rolle verbunden ist, zu lösen; es fehlt nicht an Versuchen, ein breiteres begriffliches Rahmenwerk auszuarbeiten, innerhalb dessen die Tagesprobleme ihren Platz und ihren Sinn finden können. Vielleicht die beharrlichsten Anstrengungen in diese Richtung sind von den großen Pionieren der Soziologie im 19. und frühen 20. Jahrhundert unternommen worden. Aber ihre Arbeit zeigt auch recht unzweideutig die Schwierigkeiten, die unter gegenwärtigen Bedingungen einem solchen Bemühen im Wege stehen. Wie verschieden auch die Grundperspektiven dieser Pioniere waren, sie alle versuchten auf der einen Seite, die immanente Ordnung der sozialen Entwicklung der Menschheit zu entdecken – ihre »Gesetze«, wie einige von ihnen es nannten. Sie strebten nach einem umfassenden theoretischen Rahmenwerk von universaler Gültigkeit, innerhalb dessen die Probleme ihrer eigenen Zeit als spezifische Einzelprobleme erschienen und nicht mehr als das Zentrum, von dem her die Probleme anderer Zeiten ihre Relevanz und Bedeutung empfingen. Auf der anderen Seite aber waren sie so tief in die Probleme ihrer eigenen Gesellschaft involviert, daß sie in Wirklichkeit oft die gesamte Entwicklung der zwischenmenschlichen Beziehungen im Lichte der Hoffnungen und Ängste, der Wir- und Sie-Bilder sahen, die unmittelbar ihrer Parteinahme in den Kämpfen und Konflikten ihrer eigenen Zeit entsprangen. Diese beiden Einstellungsformen – die eine mehr engagiert, die sie die

ganze Entwicklung menschlicher Gesellschaften im Lichte der dringlichen Probleme ihrer eigenen Zeit wahrnehmen ließ, die andere mehr distanziert, die sie befähigte, die kurzfristigen Probleme ihrer eigenen Zeit im Lichte der langfristigen Gesellschaftsentwicklung zu sehen – waren in ihrer Arbeit so unentwirrbar miteinander verschlungen, daß es im Rückblick schwer ist, die eine von der anderen zu sondern. Daher fehlt es bisher auch an systematischen Untersuchungen dieser Pionierwerke, die überzeugend ihren Beitrag zur Entwicklung einer Gesellschaftstheorie von universaler Gültigkeit von solchen Ideen scheiden, die nur als Ausdruck ihrer Ideale und Glaubensvorstellungen in den Kämpfen ihrer eigenen Epoche von Bedeutung sind.
Seit der Zeit der großen Pioniere der Soziologie ist das solide Detailwissen über gesellschaftliche Ereignisse außerordentlich gewachsen. Auch die Arbeit an Theorien und deren Abstimmung auf ein breiteres Feld beobachtbarer Tatsachen hat in einigen Sozialwissenschaften erhebliche Fortschritte gemacht, wenn auch gewiß nicht in allen in gleichem Ausmaß[5]. In allen Menschenwissenschaften – hier mehr, dort weniger – bewegt sich die Forschung immer noch zwischen zwei Bewußtseinsebenen und zwei Einstellungsformen hin und her, von denen die eine mehr durch Engagement, die andere mehr durch Distanzierung geprägt oder, um ein Beispiel aus der Entwicklung der Naturerkenntnis heranzuziehen, mehr einem geozentrischen oder mehr einem heliozentrischen Ansatz verwandt ist. In den meisten Sozialwissenschaften blockieren relativ affektive Begriffsbildungen – Zeugnisse der ständig von neuem aufwallenden sozialen und politischen Spannungen – die stetige Forschungskontinuität, die ein so markantes Kennzeichen der führenden Naturwissenschaften geworden ist. Der Druck kurzfristiger sozialer Probleme, die nicht länger in der herkömmlichen Weise zu lösen sind, deren Lösung einen Umweg über die Distanzierung, eine Untersuchung durch wissenschaftliche Spezialisten erfordert, erhöht sich, wenn die menschlichen Beziehungen

selbst komplexer werden. Zugleich damit wächst auch die zersplitternde Spezialisierung der wissenschaftlichen Erforschung von Menschen überhaupt. Selbst als Forschungsziel rückt die Vorstellung eines integrierenden theoretischen Rahmenwerks, das die Probleme und Forschungsresultate der spezialisierten Menschenwissenschaften zusammenfaßt und vereinheitlicht, in immer weitere Ferne; vielen erscheint es unerreichbar, anderen nicht einmal wünschenswert. Denn die Konflikte und Reibungen, die Schwierigkeiten im Zusammenleben der Menschen, die die unbeherrschbaren Kräfte des sozialen Wandels immer von neuem erzeugen, bleiben überwältigend groß. Es ist schwer zu sagen, ob sich die Stärke der emotionalen Betroffenheit, also das Engagiertsein, auf der sozialen Ebene des menschlichen Lebens erhöht hat; aber sie ist sicherlich nicht geringer geworden.

Was immer sich etwa in der Soziologie seit den Tagen der großen Pioniere geändert haben mag, gewisse Grundmerkmale sind dieselben geblieben. Bis jetzt finden sich Sozialwissenschaftler immer von neuem in der Falle eines Dilemmas gefangen. Sie arbeiten und leben in einer Welt, in der beinahe überall menschliche Gruppen, ob klein oder groß, einschließlich ihrer eigenen, in schwere Positionskämpfe und oft genug in Überlebenskämpfe verwickelt sind. Gruppen im Aufstieg suchen ihre Lage zu verbessern im Kampf mit anderen, die ihnen den Aufstieg verwehren; bereits aufgestiegene versuchen das, was sie haben, gegen den Ansturm der neuen Gruppen zu behaupten; wieder andere steigen ab. Inmitten dieses ständigen Auf und Ab ist es beinahe unvermeidlich, daß die Art und Weise, wie die darin verwickelten Mitglieder solcher Gruppen soziale Geschehnisse erleben, wie sie über sie denken, von der unaufhörlichen Bedrohung ihrer Lebensweise, ihres Lebensstandards und vielleicht sogar ihres Lebens selbst aufs tiefste affiziert wird. Wissenschaftliche Spezialisten teilen mit anderen als Angehörige solcher Gruppen die Einbezogenheit in diese Konflikte und das entsprechende Engagement des Denkens. Wie ließe es sich unter solchen Umständen vermeiden, daß ihre Selbsterfahrung als Vertreter eines bestimmten sozialen und politischen Glaubens, der bedroht sein mag, als Mitglied einer Nation, einer Partei, einer Kirche oder Sekte, die mit anderen im Kampfe liegt, aufs stärkste von Affekten, von ihrem persönlichen Engagement mitgeprägt ist?

Gruppenbilder wie etwa von Klassen oder Nationen, die Rechtfertigungen ihres Eigenwerts, die Gruppen entwikkeln, bilden in der Regel ein Amalgam von realistischen Beobachtungen und kollektiven Phantasien (die wie die Mythen einfacherer Völker als Handlungsmotive real genug sind). Die ersteren von den letzteren zu sondern, diesen Gruppen einen Spiegel vorzuhalten, in dem sie sich sehen können, nicht wie sie einem engagierten Kritiker der Gegenseite, sondern wie sie einem distanzierteren Forscher erscheinen mögen, ist nicht nur an sich schon schwierig genug für jemanden, dessen Gruppe in solche Kämpfe verwickelt ist – ein realistischeres Bild, wenn es öffentlich vorgestellt wird, droht auch, den Zusammenhalt und das Solidaritätsgefühl der eigenen Gruppe und damit ihre Überlebensfähigkeit zu schwächen. Es gibt in der Tat in all diesen Gruppen einen Punkt der Distanzierung, über den keines ihrer Mitglieder hinausgehen kann, ohne in den Augen seiner Gruppe als Ketzer zu erscheinen (und es derart zu werden), mögen auch seine Vorstellungen oder Theorien noch so sehr mit den beobachtbaren Fakten übereinstimmen und sich dem annähern, was wir die »Wahrheit« nennen.

Aber wenn Sozialwissenschaftler, trotz ihrer höher spezialisierten Verfahren und ihrer technischeren Sprache, letzten Endes in ihrem Zugang zu Gesellschaftsproblemen nicht viel weniger durch vorgefaßte Ideen und Ideale, durch Leidenschaft und Parteinahme beeinflußt sind als der Mann auf der Straße, sind sie dann noch in der Lage, die Funktion eines Wissenschaftlers zu erfüllen? Verdient eine Untersuchung, eine Einzelanalyse oder Theorie das Beiwort »wissenschaftlich«, wenn sie in letzter Instanz auf dogmatischen Glaubenssätzen beruht, auf apriorischen Annahmen und auf Vorstellungen und Wertungen, die gegen eine mehr systematische und leidenschaftlose Prüfung des verfügbaren Datenmaterials und die daraus abgeleiteten Argumente hermetisch abgedichtet sind? Können Sozialwissenschaftler irgendeinen stichhaltigen Beitrag zur Lösung der Hauptprobleme auch nur ihrer eigenen Gruppe, ihrer eigenen Nation, Klasse, Berufsgruppe oder was immer, leisten, wenn sie die kanonisierten Glaubensartikel und Normen der einen oder anderen dieser Gruppen als selbstverständliche Grundlage ihrer Theorien benutzen, so daß ihre Forschungsergebnisse von vorneherein darauf abgestimmt sind, diese tragenden Glaubensannahmen und Wertungen der Gruppe zu bestätigen oder zumindest nicht an ihnen zu rütteln? Können sie ohne größere Distanzierung und Autonomie des Denkens hoffen, ihren Mitmenschen angemessenere Denkwerkzeuge, wirklichkeitsgerechtere Modelle zur Handhabung sozialer und politischer Probleme bereitzustellen – wirklichkeitsgerechtere Modelle als die traditionell gebräuchlichen, die unreflektiert von Generation zu Generation weitergereicht, oder als andere, die in der Hitze des Gefechts aufs Geratewohl entwickelt werden? Und selbst wenn sie solche Glaubensartikel nicht fraglos akzeptieren, werden sie nicht oft genug durch schlichte Gefühle der Solidarität und Loyalität, durch Konformitätsdruck oder vielleicht durch die Furcht vor dem Stigma des Außenseiters dazu genötigt, sie als den allgemeinen Bezugsrahmen ihrer Untersuchungen zu verwenden? Müssen sie nicht bisweilen mit gutem Grund fürchten, daß es ihrer eigenen Sache schaden und Waffen in die Hände von Gegnern spielen könnte, wenn sie die kanonisierten sozialen Glaubensartikel und Ideale einer der Gruppen, denen sie selbst angehören, systematisch einer leidenschaftsloseren wissenschaftlichen Prüfung unterwerfen, oder daß es, als Folge, sie selbst der Gefahr eines Scherbengerichts, wenn nicht von Schlimmerem, aussetzen würde?

Das Dilemma, das vielen der zeitgenössischen Ungewißheiten im Bereich der Menschenwissenschaften zugrundeliegt, ist, wie man sehen kann, nicht einfach ein Dilemma dieses oder jenes Historikers, Ökonomen, Politologen oder Soziologen (um nur diese Fächer zu nennen); es geht hier nicht um die Ratlosigkeit und Unsicherheit einzelner Sozialwissenschaftler, sondern um die der Sozialwissenschaftler als Berufsgruppe. Wie die Dinge liegen, ist ihre soziale Aufgabe als Wissenschaftler mit den Anforderungen, die sich aus ihrer Position als Mitglieder anderer Gruppen ergeben, oft unvereinbar; und die letzteren werden die Oberhand haben, solange der Druck der Gruppenspannungen und -leidenschaften so stark bleibt, wie er gegenwärtig ist.

Das Problem, vor dem Menschenwissenschaftler stehen, läßt sich also nicht einfach dadurch lösen, daß sie ihre Funktion als Gruppenmitglieder zugunsten ihrer Forscherfunktion aufgeben. Sie können nicht aufhören, an den sozialen und politischen Angelegenheiten ihrer Gruppen und ihrer Zeit teilzunehmen, können nicht vermeiden, von ihnen betroffen zu werden. Ihre eigene Teilnahme, ihr Engagement ist überdies eine der Voraussetzungen für ihr Verständnis der Probleme, die sie als Wissenschaftler zu lösen haben. Denn während man, um die Struktur eines Moleküls zu verstehen, nicht zu wissen braucht, wie man sich als eines seiner Atome fühlt, ist es für das Verständnis der Funktionsweise menschlicher Gruppen unerläßlich, auch als Insider zu wissen, wie Menschen ihre eigene und andere Gruppen erfahren; und man kann es nicht wissen ohne aktive Beteiligung und Engagement.

Dies also ist das Problem, vor das sich alle gestellt finden, die den einen oder anderen Aspekt menschlicher Gruppen erforschen: Wie ist es möglich, ihre beiden Funktionen als Beteiligte und als Forscher unzweideutig und konsequent auseinanderzuhalten? Wie können sie als Berufsgruppe in ihrer wissenschaftlichen Arbeit die unbestrittene Dominanz der letzteren sichern?

Das zu tun, ist so schwierig, daß viele Vertreter der Sozialwissenschaften gegenwärtig die Orientierung ihrer Untersuchungen an vorgefaßten und gleichsam religiös verankerten sozialen und politischen Idealen schlechthin für unvermeidlich halten. Sie betrachten diese heteronome Fundierung ihrer Aussagen oft nicht als Kennzeichen einer bestimmten Situation und innerhalb dieser eines bestimmten Dilemmas, sondern als Kennzeichen ihres Gegenstandsbereiches selbst. Dies ist das gemeinsame Selbstverständnis vieler gegenwärtiger Sozialwissenschaftler: sie gestehen einander, wie gegensätzlich auch ihre Grundannahmen sein mögen, einen sehr weiten Spielraum zu für die Verwendung dogmatischer Ideale und Wertungen als Basis ihrer Problemstellung, ihrer Auslese von Belegen, ihrer Entwicklung von Theorien; und dieser Spielraum wird gewöhnlich um so größer, je mehr der Druck der Spannungen und Leidenschaften in einer Gesellschaft steigt.

6

Die Chance der Sozialwissenschaftler, dieses Dilemma zu erkennen und in den Griff zu bekommen, wäre vielleicht größer, gäbe es nicht einen weiteren Aspekt ihrer Situation, der dazu beiträgt, die Natur dieser Schwierigkeiten zu verdunkeln: nämlich die in Jahrhunderten etablierte Vorherrschaft eines spezifischen Denkstils, der sich zum guten Teil im Umgang der Menschen mit physikalischen Geschehenszusammenhängen herausgebildet und sich in diesem Bereich als recht angemessen erwiesen hat. Er hat in erheblichem Maße die Umgangssprache und das Alltagsdenken mitgeformt, und es erscheint daher als selbstverständlich, daß er zur Lösung von Problemen auf anderen Ebenen der beobachtbaren Geschehenszusammenhänge, also auch der sozialen, nicht weniger geeignet ist. Einer der Hauptgründe für die Schwierigkeiten, mit denen Menschen in ihrem Bemühen um verläßlicheres Wissen über sich selbst zu ringen haben, ist die unkritische und oft dogmatische Übertragung von Denkformen und Begriffsbildungen, die sich auf der Ebene von Materie und Energie als relativ adäquat bewährt haben, auf andere Erfahrungsebenen, darunter die Menschen selbst. Nicht nur bestimmte Erwartungen darüber, wie wahrgenommene Daten miteinander zusammenhängen, auch bestimmte Begriffe der Verursachung oder der Erklärung, die zunächst Beobachtungen über die Beziehungen physikalischer Ereignisse abgewonnen und auf diese abgestimmt sind, werden verallgemeinert und wie selbstverständlich auf Untersuchungen über die Beziehungen von Menschen übertragen. Ein Beispiel für diese mechanische Übertragung der Modelle von einem Integrationsniveau auf andere ist die weit verbreitete Identifizierung der menschlichen »Vernunft« mit dem Gebrauch von Kategorien, die hauptsächlich in Verbindung mit der Erforschung der »Natur«, vorwiegend der physikalischen »Natur«, entwickelt wurden, und die Annahme, daß der Gebrauch anderer Denkformen notwendigerweise einen Hang zu Metaphysik und Irrationalität verrate.

Dieselbe Neigung zur Übergeneralisierung zeigt sich in vielen zeitgenössischen Antworten auf die Frage, was wissenschaftlich sei und was nicht. Im großen und ganzen benutzen Wissenschaftstheorien als ihr primäres Modell immer noch die physikalischen Wissenschaften – oft nicht einmal in ihrer gegenwärtigen, sondern in ihrer klassischen Gestalt. Aspekte von deren Forschungsverfahren, also etwa die Reduktion auf Quantitäten und die mit ihr verbundene Mathematisierung, werden weithin als der Schlüssel ihres Erfolges angesehen und danach, mit dem üblichen Kurzschluß, als das wesentliche Kennzeichen von Wissenschaften überhaupt. Durch die Abstrahierung solcher Aspekte von den Verfahren und Techniken der physikalischen Wissenschaften gelangt man zu einem allgemeinen Modell wissenschaftlichen Verfahrens, das unter dem Namen »die wissenschaftliche Methode« bekannt ist. Nominell repräsentiert es die gemeinsamen Charakteristika sämtlicher wissenschaftlichen, zum Unterschied von nicht-wissenschaftlichen, Typen der Problemlösung. Faktisch bildet es oft ein seltsames Gemenge von universellen Struktureigentümlichkeiten aller Wissenschaftsverfahren mit spezifischen Eigentümlichkeiten, die allein für die Verfahrensweisen der physikalischen Wissenschaften kennzeichnend sind und die mit dem besonderen Charakter physikalischer Probleme zusammenhängen. Der Universalbegriff »die wissenschaftliche Methode«, so wie er heute gebraucht wird, ähnelt, mit anderen Worten, einem Universalbegriff »Tier«, der ohne Bezug auf die evolutionäre Mannigfaltigkeit und Verwandtschaft der Tierarten von einer einzelnen Tierart, einer einzelnen Phase des Evolutionsprozesses abgeleitet würde, so daß sich in ihm Strukturen und Funktionen, die allen Tieren, zum Unterschied von unbelebten Dingen und von Pflanzen, gemeinsam sein mögen, mit anderen Struktureigentümlichkeiten mischen, die nur bei einer besonderen Tierart, etwa den Säugetieren, zu beobachten sind.

Man unterstellt dabei als selbstverständlich, daß »die wissenschaftliche Methode« von ihrem Ursprungsgebiet, den physikalischen Wissenschaften, auf alle anderen Gebiete, also auch auf die Menschenwissenschaften, übertragen werden könne, ungeachtet der oft sehr verschiedenen Art der Probleme, denen man auf einem anderen Integrationsniveau begegnet. Diese Methode erscheint gewissermaßen als ein magischer Universalschlüssel, der im Prinzip alle Tore der unbekannten Welt zu öffnen vermag. Besonders unter Sozialwissenschaftlern findet man immer wieder eine Neigung, die Schwierigkeiten und Unzulänglichkeiten ihrer Arbeit der Tatsache zuzuschreiben, daß es ihnen nicht gelingt, die Methoden der physikalischen Wissenschaften mit der gewünschten Strenge zu kopieren. Diese Konzentration der Aufmerksamkeit auf formalistische Probleme der »Methode« verstellt ihnen den Zugang zu anders gearteten Schwierigkeiten wie denen, die ihrer eigenen Situation, also auch

insbesondere ihrer Betroffenheit von den Problemen ihrer Gesellschaft, entspringen.
Die Überlegenheit der physikalischen Wissenschaften, ihrer Errungenschaften und ihres Status, ist selbst ein bedeutsamer Faktor in der Situation derer, die auf dem Gebiet der Menschenwissenschaften arbeiten. Wenn sie als Teilnehmer am Leben einer turbulenten Gesellschaft ständig Gefahr laufen, daß sie in ihrer Forschungsarbeit ihren Problemen und Theorien vorgefaßte und unerschütterliche Gruppenideale zugrundelegen, so laufen sie als Wissenschaftler Gefahr, von Modellen dominiert zu werden, die von der Erforschung physikalischer Ereignisse abgeleitet sind und den autoritativen Stempel der physikalischen Wissenschaften tragen.
Daß Menschen, die mit der Aufgabe konfrontiert sind, Probleme eines neuen Typs zu formulieren und zu erforschen, sich Begriffe und Verfahren zum Vorbild nehmen, die bereits in anderen Gebieten ihre Tauglichkeit bewiesen haben, ist an sich weder überraschend noch singulär. Es ist ein immer wiederkehrender Zug in der Menschheitsgeschichte, daß sich neue Künste und Fertigkeiten, darunter auch neue wissenschaftliche Spezialismen, in der Frühphase ihrer Entwicklung weiter an ältere Modelle anlehnen. Es bedarf einer gewissen Zeit, bis eine aufsteigende Gruppe von Spezialisten sich von dem jeweils etablierten Stil des Denkens und Handelns loslösen kann; und im Verlauf dieses Prozesses ist ihre Einstellung zu den älteren Gruppen, wie in anderen Emanzipationsprozessen, gewöhnlich zunächst einmal ambivalent: sie mögen eine Weile in ihrer unkritischen Unterordnung unter die Autorität und das Prestige der etablierten Standards zu weit gehen und zu lange darin verharren; und dann mögen sie wiederum zu weit gehen in ihrer Ablehnung und Verleugnung der Funktionen, die die älteren in der Entwicklung ihrer eigenen Modelle hatten oder haben. In vieler Hinsicht folgt das Heraustreten der jüngeren Sozialwissenschaften aus dem Schatten der älteren Naturwissenschaften diesem Muster.

Aber es hat wohl kaum je eine Situation gegeben, in der das Gefälle zwischen einem vergleichsweise hohen Niveau der Distanzierung, wie es durch die älteren, und dem vergleichsweise sehr viel niedrigeren Distanzierungsniveau, wie es durch die jüngeren Wissenszweige verkörpert wird, ebenso steil war wie hier. In den physikalischen Wissenschaften ist es nicht nur die Entwicklung und Anwendung einer spezifischen Methode der Problemlösung und der Überprüfung von Theorien, sondern vor allem auch die Art der Problemstellung und Theoriebildung selbst, die einen hohen Standard der Distanzierung voraussetzt. Auf die Sozialwissenschaften übertragen, wird dieselbe Methode nicht selten für die Erforschung von Problemen und Theorien benutzt, die unter dem Einfluß eines starken Engagements aufgestellt und untersucht werden. Deshalb gibt die Verwendung einer Methode, die der in den physikalischen Wissenschaften entwickelten ähnelt, den Sozialwissenschaften häufig den Anstrich eines hohen Niveaus der Distanzierung oder »Objektivität«, das denen, die diese Methode benutzen, in Wirklichkeit fehlt. Sie dient oft als ein Mittel, um Schwierigkeiten, die aus dem spezifischen Dilemma der Menschenwissenschaftler erwachsen, zu umgehen, ohne sich ihm zu stellen; in vielen Fällen schafft sie eine Fassade von Distanzierung, hinter der sich eine höchst engagierte Einstellung verbirgt.
Infolgedessen wird oft eine entscheidende Frage als gelöst und abgeschlossen betrachtet, die in Wirklichkeit noch offen ist: die Frage, welche Verfahren und Techniken der physikalischen Wissenschaften mit den Aufgaben der Sozialwissenschaften vereinbar sind und welche nicht. Die Abstrahierung eines allgemeinen Modells der wissenschaftlichen Methode von jenen spezifischen Forschungsverfahren und der für dieses Modell oft erhobene Anspruch, es sei das ausschlaggebende Kriterium jeder genuin wissenschaftlichen Forschung, haben dazu geführt, daß weite Problemfelder auch der Sozialforschung, die sich für eine Untersuchung mit Hilfe dieser Methode nicht eignen, vernachlässigt oder sogar ganz aus

dem Bereich systematischer Untersuchungen ausgeschlossen werden. Um diese Art von Methode anwenden und um sich so vor den Augen der Welt als wissenschaftlich ausweisen zu können, werden Forscher häufig dazu verleitet, irrelevante Fragen zu stellen und andere von vielleicht größerer Relevanz unbeantwortet zu lassen. Sie werden verleitet, ihre Probleme so zuzuschneiden, daß sie zu ihrer Methode passen, anstatt Methoden zu entwickeln, die sich zur Lösung relevanter Probleme eignen. Der ausschließende und scheinbar endgültige Charakter vieler zeitgenössischer Aussagen über die wissenschaftliche Methode findet seinen Ausdruck in der befremdlichen Idee, daß Probleme, die sich nicht mit Hilfe einer nach dem Vorbild der physikalischen Wissenschaften gestalteten Methode erforschen lassen, überhaupt kein Thema für Menschen seien, die sich mit wissenschaftlichen Untersuchungen beschäftigen.

Bei näherem Zusehen wird man vielleicht finden, daß die Tendenz, ein hochformalisiertes Bild von Wissenschaften dieses einen Typs, und besonders von ihrer Methode, als Norm und Ideal wissenschaftlicher Untersuchungen überhaupt hinzustellen, mit einem ganz bestimmten Bild vom Ziel der Wissenschaften zusammenhängt. Sie ist, so scheint es, mit der Annahme verknüpft, daß theoretisch-empirische Wissenschaften, ob Physik oder Soziologie, die gleiche Aufgabe haben wie reine Mathematik oder formale Logik, nämlich das Auffinden von verbalen oder anderen symbolischen Formeln, die eine absolute und endgültige »Wahrheit« repräsentieren, und entsprechend die Sonderung endgültig wahrer von ebenso endgültig falschen Aussagen.* Das Ziel aber, auf das empirisch-theoretische Wissenschaften zusteuern, ist nicht identisch mit dem von Disziplinen wie Logik und Mathematik, die allein mit der immanenten Ordnung bestimmter Beziehungssymbole befaßt sind, und kann es aufgrund der besonderen Natur dieser positiven Wissenschaften gar nicht sein. Gewiß kommt es auch bei empirisch-theoretischen Untersuchungen vor, daß Menschen Aussagen machen, die sich einfach als falsch erweisen. Aber in vielen Fällen sind in diesem Bereich simple Gegensatzpaare wie »wahr« und »falsch« als Symbole des Erkenntniswerts von Forschungsergebnissen untauglich. Repräsentanten der positiven Wissenschaften stellen oft Hypothesen oder Theorien auf, deren Verdienst es ist, daß sie *wahrer* oder, um einen weniger ehrwürdigen Begriff zu gebrauchen, daß sie *adäquater* sind, in sich schlüssiger und in besserer Übereinstimmung mit Tatsachenbeobachtungen als die jeweils vorhandenen Theorien und Hypothesen. Allgemein gesprochen, ist für diese wissenschaftlichen – zum Unterschied von nicht-wissenschaftlichen – Formen der Problemlösung charakteristisch, daß im Prozeß des Wissenserwerbs Fragen auftauchen und beantwortet werden, die jeweils das Ergebnis einer ununterbrochenen Hin- und Herbewegung zwischen zwei Wissensebenen sind: der Ebene allgemeiner Ideen, Theorien oder Modelle und der Ebene der Beobachtung und Wahrnehmung bestimmter Ereignisse. Die letztere bleibt, wenn sie nicht genügend durch die erstere befruchtet wird, ungeordnet und diffus; die erstere bleibt, wenn sie nicht genügend durch die letztere befruchtet wird, von Gefühlen und Phantasien beherrscht. Es ist, so könnte man sagen, das Bestreben von Wissenschaftlern, einen stetig wachsenden Fundus von Theorien oder Modellen und einen gleichermaßen wachsenden Fundus von Einzelbeobachtungen mit Hilfe einer ununterbrochenen kritischen Konfrontation immer wieder in Übereinstimmung miteinander zu bringen. Die tatsächlich verwendeten Methoden der empirisch-theoretischen Forschung variieren erheblich von Disziplin zu Disziplin, entsprechend der Verschiedenheit der Gegenstandsgebiete und demgemäß der Probleme, mit denen sie es zu tun haben. Was diesen Methoden gemeinsam ist, was sie als wissenschaftlich kennzeichnet, ist vor allem dies, daß sie Wissenschaftlern die Möglichkeit geben, zu prüfen und einen Konsens darüber zu gewinnen, ob jeweils neue Forschungsergebnisse im Zusammenhang des empirisch-theoretischen

Prozesses einen Fortschritt des menschlichen Wissens, verglichen mit dem jeweils vorangehenden Wissensbestand, darstellen oder nicht.

7

Bisher sieht es so aus, als ob Messungen und mathematische Operationen wie in den physikalischen so auch in allen anderen empirisch-theoretischen Wissenschaften als ein unfehlbares Sesam-öffne-dich dienen könnten. Erfahrung hat gezeigt, daß sich viele Probleme der nicht-physikalischen Wissenschaften auf diese Weise nicht lösen lassen. Ist es möglich zu erklären, warum das der Fall ist? Lassen sich die Grenzen derjenigen Forschungsverfahren bestimmen, die sich in den physikalischen Wissenschaften bisher in hohem Maße bewährt haben? Kann man insbesondere etwas mehr Klarheit in das Problem bringen, welche Grenzen mathematischen oder, da dieser Begriff in diesem Zusammenhang vielleicht zu weit ist, quantifizierenden Modellen und Techniken in den verschiedenen empirisch-theoretischen Wissenschaften gesetzt sind?
Offensichtlich haben quantifizierende Theorien und Verfahrensweisen in verschiedenen Problemgebieten nicht das gleiche Gewicht und nicht dieselbe Relevanz. In den physikalisch-chemischen Wissenschaften gibt es, soweit sich sehen läßt, keine Grenzen für den Anwendungsbereich von Verfahren, die nicht-quantitative Aspekte beobachtbarer Ereignisse mit Hilfe von quantitativen Daten, die durch Messungen gewonnen sind, zu bestimmen und zu erklären suchen; die Möglichkeiten der Reduktion anderer Charakteristika auf Quantitäten und der Errichtung höchst adäquater Theoriegebäude auf der Basis solcher Reduktionen scheinen unerschöpflich.*
In anderen Forschungsgebieten ist, wie gesagt, der Bereich der Anwendbarkeit von Messungen und quantifizierenden

Verfahren offensichtlich beschränkter; und Theoriegebäude, die allein auf quantifizierenden Verfahren beruhen, erweisen sich dort oft als weit weniger zureichend. Zeichnen sich Problemgebiete, die sich nicht ebensogut zur Anwendung quantifizierender Forschungsmethoden eignen wie die physikalischen Wissenschaften, durch besondere Struktureigentümlichkeiten aus, die für solche Differenzen der Reichweite und Relevanz quantifizierender Verfahren als Forschungsinstrumente verantwortlich sind?

Man könnte sich vorstellen, daß sich dieses Problem selbst ganz einfach durch den Hinweis auf quantitative Unterschiede lösen läßt, die sich bei den Objekttypen der verschiedenen empirisch-theoretischen Wissenschaften beobachten lassen. Wenn man von Untersuchungen auf der Ebene von Molekülen, Atomen und subatomaren Gebilden übergeht zu Forschungen auf der Ebene von Organismen und ihrer Entwicklung als Gattungen und Einzelwesen und von hier wiederum zur Erforschung von Menschen als Gesellschaften und Individuen, dann werden die Probleme, auf die man trifft, einem weithin herrschenden Konsens gemäß immer komplexer. Die größere Komplexität aber wird häufig auf die Tatsache zurückgeführt, daß die Zahl der aufeinander einwirkenden Teile, Faktoren, Variablen und dergleichen wächst, wenn man von der anorganischen Stufe zu der von Organismen und schließlich zu der von Menschen aufsteigt. Diese rein quantitative Zunahme der Faktoren, so läuft das Argument, hat zur Folge, daß Messungen und mathematische Operationen überhaupt zunehmend komplizierter und schwieriger werden.

Man stößt hier auf ein Grunddogma, das von den physikalischen Wissenschaften in viele andere Wissensgebiete gewandert ist. Dieses Grunddogma besagt, daß das Verhalten zusammengesetzter Beobachtungseinheiten, mit Hilfe von Messungen, aus dem Verhalten ihrer einfacheren Teileinheiten zu erklären ist. Wenn man diese Idee akzeptiert, dann wird es nötig, jede der Teileinheiten oder gegebenenfalls der

Faktoren oder Variablen, die das Verhalten einer solchen zusammengesetzten Einheit beeinflussen, zunächst einmal zu isolieren und für sich zu messen, um ihre Quantitäten und so auch ihre Beziehungen zu anderen Meßeinheiten zu bestimmen. Je größer – so das Argument – die Zahl der isoliert zu messenden Teileinheiten oder Variablen wird, um so größer wird die Zahl der Messungen und um so komplizierter die Art der mathematischen Operationen, die zur Bestimmung ihres Verhältnisses zueinander nötig sind. Im Lichte dieser Hypothese wäre von einem Wissenschaftstyp zum anderen, entsprechend der wachsenden Zahl der Faktoren, die jeweils in Rechnung zu stellen sind, ein fortschreitend höherer Einsatz an Menschenkraft, an Computern und mathematischen Techniken, an Zeit und Geld erforderlich. Diese wachsenden Anforderungen, so folgert man, machen die quantifizierende Forschungsarbeit immer schwieriger und schließlich unmöglich. Hier liegt nach dieser Auffassung der Grund dafür, warum man sich auf vielen Forschungsgebieten resignierend mit weniger präzisen und weniger befriedigenden Untersuchungsverfahren bescheiden muß.

Diese Erklärung der beobachtbaren Grenzen quantifizierender Verfahren ist selbst ein gutes Beispiel für die Ausweitung von Denkformen, die bei der Erforschung physikalischer Daten als höchst tauglich befunden wurden, zu einem universellen Denkstil. Die Wahl eines Modells, das zunehmende Komplexität durch eine Menge von mehr und mehr Faktoren oder Variablen darstellt, ist selbst durch eine allgemeine Erwartung bestimmt, die offensichtlich von Erfahrungen bei der Untersuchung physikalischer Geschehenszusammenhänge abgeleitet ist, die aber sehr leicht den Charakter eines apriorischen Glaubens annimmt: durch die Erwartung, daß Forschungsprobleme jeder Art allein durch Messungen von Quantitäten befriedigend gelöst werden können.

Diese Erwartung aber, die auf dem erwähnten atomistischen Grunddogma basiert, kann nur innerhalb sehr genau abgesteckter Grenzen als Kompaß für die Formulierung von Problemen und Theorien dienen. Die Eigentümlichkeiten verschiedener Beobachtungseinheiten, mit denen sich verschiedene wissenschaftliche Disziplinen befassen, beruhen nicht allein auf der Zahl der ineinanderwirkenden Teile, Variablen, Faktoren oder Bedingungen, sondern vor allem auch auf der Art und Weise, in der diese zusammensetzenden Teile miteinander verknüpft, aufeinander abgestimmt, kurzum: organisiert und integriert sind. Man kann diese Unterschiede zwischen den Hauptgruppen der empirisch-theoretischen Wissenschaften, also den physikalischen, den biologischen und den Menschenwissenschaften, vielleicht am besten deutlich machen, wenn man als Bezugsrahmen für ihre unterscheidenden Gegenstandstypen hochgeneralisierte Modelle der Integrationseinheiten ansetzt, die für die jeweiligen Forschungsbereiche charakteristisch sind, und diese Modelle ihrerseits, gleichsam in einem Modell der Modelle, nebeneinanderstellt entsprechend dem Grad und der Art, wie die zusammensetzenden Teile dieser Integrationseinheiten aneinander gebunden sind.

Das Kontinuum eines so aufgebauten Modells der Modelle hat zwei Pole. Am einen Ende stehen allgemeine Modelle von Einheiten wie Haufen, Mengen, Vielheiten, Agglomerationen, deren zusammensetzende Teile nur zeitweilig, in der lockersten Weise aneinander gebunden sind und auch unabhängig voneinander existieren können, ohne ihre spezifischen Eigenschaften zu verändern. Der andere Pol wird gebildet durch Modelle von Einheiten wie offene Integrationsgefüge und Prozesse, also von Figurationen, die in hohem Maße autonom und zur Selbststeuerung fähig sind, die aus einer Hierarchie von ineinander verschachtelten Teilfigurationen und -prozessen bestehen und deren zusammensetzende Teile so hochgradig interdependent sind, daß sie von ihrer zusammengesetzten Einheit nicht ohne radikale Veränderungen ihrer eigenen wie der Struktur der größeren Einheit selbst isoliert werden können.

Zwischen diesen beiden Polen liegt eine aufsteigende Skala von Modellen[6], die nach dem Grad der Differenzierung und Integration ihrer zusammensetzenden Einheiten angeordnet sind.

Wenn man in diesem Kontinuum der Modelle von Paradigmen locker gefügter zu anderen hochorganisierter Einheiten fortschreitet, wenn Modelle einfacher Mengen Modellen sich selbst steuernder, offener Figurationen und Prozesse mit mehr und mehr Ebenen Platz machen, verändern – oder verlieren sogar – viele der Forschungswerkzeuge, die für die wissenschaftliche Untersuchung von Einheiten des ersten Typs entwickelt wurden, ihre Bedeutung. Denkmittel und Techniken, die dort die Hauptwerkzeuge der Forschung bilden, haben hier vielfach allenfalls eine Hilfsfunktion.

Weniger adäquat in diesem Sinne wird der Begriff der unabhängigen Variable einer Beobachtungseinheit, die im übrigen invariant gehalten wird, und damit auch eine Art des Beobachtens und Experimentierens, die auf der Voraussetzung beruht, daß der Untersuchungsgegenstand ein Haufe potentiell unabhängiger Variablen und ihrer Wirkungen ist.

Weniger adäquat wird auch der Begriff eines wissenschaftlichen Gesetzes als des allgemeinen theoretischen Symbols für bestimmte Verknüpfungen von Teileinheiten einer größeren Einheit. Denn es ist eine der stillschweigenden Annahmen, die sowohl der Idee wie der Aufstellung eines wissenschaftlichen Gesetzes zugrundeliegen, daß die Ereignisse, von denen man in der Form eines Gesetzes aussagen will, daß die Struktur ihres Zusammenhanges notwendig und unveränderlich sei, ihre Eigentümlichkeiten nicht irreversibel verändern, wenn sie von anderen Verknüpfungen oder voneinander abgeschnitten werden. Der Typ eines Geschehenszusammenhangs, dessen Regelmäßigkeit einigermaßen befriedigend in der Form eines Gesetzes ausgedrückt werden kann, ist dadurch charakterisiert, daß ein solcher Zusammenhang, obwohl für sich passager, doch einem permanenten Muster folgt: er kann unzählige Male beginnen und enden, ohne das

Verhalten anderer Teileinheiten des größeren Beziehungsgeflechtes, innerhalb dessen er stattfindet, oder die Eigenschaften des größeren Geflechts selbst zu beeinflussen. Kurzum: Allgemeine Gesetze für besondere Fälle sind Instrumente zur Lösung von Problemen, deren Bezugsrahmen als Menge begriffen wird[7].

Je mehr das Rahmenwerk der Probleme einer Wissenschaft in seinen Eigentümlichkeiten einem sich weitgehend selbst steuernden Integrationsgefüge oder Prozeß ähnelt, je größer mit anderen Worten die Chance ist, daß zusammensetzende Teile permanent miteinander verknüpft sind und darum ihre Struktur unwiderruflich verändern müssen, wenn diese Verknüpfung zerschnitten wird, desto größer wird die Wahrscheinlichkeit, daß Gesetze als Forschungswerkzeuge nur noch eine subsidiäre Rolle spielen; desto mehr braucht man als vorrangige Denkmittel, um Regelmäßigkeiten von Teilzusammenhängen zu erforschen und darzustellen, Figurations- und Prozeßmodelle, die unzweideutig der Tatsache Rechnung tragen, daß Teilereignisse miteinander verbunden sind als zusammensetzende Einheiten einer größeren Funktionseinheit, ohne die sie nicht oder nicht in dieser Weise geschehen würden.

Auch jene altehrwürdigen Denkoperationen, die wir als »Induktion« und »Deduktion« kennen, behalten nicht über das ganze Kontinuum der Modelle hin den gleichen Charakter. In ihrer klassischen Form sind sie eng verknüpft mit gedanklichen Auf- und Abbewegungen zwischen diskreten, isolierten Universalien – etwa Allgemeinbegriffen, Gesetzen oder Hypothesen – auf der einen und einer unendlichen Vielheit bestimmter Ereignisse auf der anderen Seite. Auch hier werden die letzteren so behandelt, als könnten sie ihre kennzeichnenden Eigentümlichkeiten bewahren, wenn sie isoliert und unabhängig von allen anderen Zusammenhängen untersucht werden.

Wenn Modelle von Vielheiten Modellen hochintegrierter Strukturgebilde untergeordnet werden, gewinnt ein anderer

Typ von Forschungsoperationen stärker die Oberhand, der die Operationen von Induktion und Deduktion in einem gewissen Maße modifiziert: nämlich Auf- und Abbewegungen zwischen Modellen der umfassenderen Einheit und solchen ihrer Teileinheiten.

Es ist nicht leicht, irgendwelche eingeführten Begriffe zu finden, die klar und deutlich die unterscheidenden Qualitäten und den komplementären Charakter dieser beiden Operationen ausdrücken. Vielleicht könnte man diejenigen Schritte der Forschung »analytisch« nennen, bei denen die theoretische Repräsentation eines umfassenderen Gebildes mehr oder weniger als Hintergrund behandelt wird, vor dem Probleme seiner zusammensetzenden Teile als das primäre Untersuchungsobjekt und als ein potentielles Prüffeld für theoretische Repräsentationen der größeren Einheit hervortreten; und man könnte diejenigen Schritte »synoptisch« (um nicht zu sagen »synthetisch«) nennen, die auf die Ausarbeitung einer kohärenteren theoretischen Repräsentation einer Gesamtfiguration als vereinheitlichendes Rahmenwerk und potentielles Prüffeld für relativ unkoordinierte theoretische Repräsentationen der zusammensetzenden Teilfigurationen abzielen. Aber wie die technischen Begriffe auch lauten mögen, man kann sagen, daß die Lösung von Problemen, deren Rahmenwerk eine hochintegrierte Einheit repräsentiert, auf lange Sicht von der Koordination und Balance von Schritten in beide Richtungen abhängt.

Auf kurze Sicht mag die Synopse der Analyse vorauslaufen. Ihre theoretischen Ergebnisse haben dann im schlimmsten Fall den Charakter von Spekulationen, im besten Fall, wenn sie sich mit einem größeren Bestand von Beobachtungs- und Theoriefragmenten in Einklang bringen lassen, den von Arbeitshypothesen. Viele der Ideen, die von den Pionieren der Soziologie im 19. Jahrhundert als Resultat ihrer hauptsächlichen Beschäftigung mit dem Menschheitsprozeß als ganzem vorgestellt wurden, sind Beispiele für diese Stufe. Ein anderes Mal mag die Analyse der Synopse vorauslaufen. In diesem Fall besteht das Wissen aus einem Wust von Beobachtungs- und Theoriefragmenten, für die ein einheitlicheres theoretisches Rahmenwerk noch nicht in Sicht ist. Ein Großteil der Arbeit von Soziologen in einigen Jahrzehnten des 20. Jahrhunderts kann als Beispiel für diese Stufe dienen. Viele von ihnen entwickelten, in Reaktion auf die spekulativeren Momente in der Arbeit der vorangegangenen Systembauer, ein Mißtrauen gegen jede übergreifende Perspektive und schon gegen den bloßen Gedanken einer zusammenfassenden Theorie; sie beschränkten sich mehr und mehr auf die Erforschung isolierter Problemkomplexe, die so annähernd wie möglich mit Methoden anderer Wissenschaften erforscht werden konnten. Sie benutzten diese Methoden, obwohl ihnen selbst fehlte, was Vertreter dieser anderen Wissenschaften bereits besaßen: ein einheitlicheres, höher integriertes Gefüge theoretischer Begriffe und Modelle als gemeinsamer Bezugsrahmen für isolierte Untersuchungen von Teilzusammenhängen.

Im Falle von Beobachtungseinheiten wie Mengen und Populationen ist es ein angemessenes Forschungsziel, theoretische Modelle einer zusammengesetzten Einheit als ganzer zu entwickeln, indem man diese als die Summe ihrer Komponenten behandelt und ihre Eigentümlichkeiten auf die ihrer zusammensetzenden Teile zurückführt. Aber die Reduktion auf Teileinheiten wird desto weniger angemessen, je weiter man innerhalb des Kontinuums der Modelle zu höher organisierten Gebilden aufsteigt. Da auf diesen Integrationsstufen die zusammensetzenden Teile ihren spezifischen Charakter verlieren, wenn ihr Zusammenhang mit anderen zerbrochen wird, da sie, was sie sind, nur als funktionale Teile einer Funktionseinheit bestimmter Art – oder sogar einer individuellen Einheit – werden und bleiben, ist die Untersuchung zeitweiliger Isolate in diesem Fall nur dann von Nutzen, wenn ihre Ergebnisse wieder und wieder auf ein Modell der übergeordneten Figuration zurückbezogen werden; die Eigentümlichkeiten von Teileinheiten können hier nicht adäquat erfaßt werden ohne die Richtschnur eines theoretischen Modells der Gesamteinheit. Auf einer frühen Stufe in der Entwicklung eines Problemfeldes mögen solche Modelle, wie die Landkarten noch wenig erforschter Regionen, voll weißer Flecken und vielleicht voller Irrtümer sein, die nur durch weitere Untersuchungen von Teileinheiten korrigiert werden können. Aber wie weit auch die einen oder die anderen zurückhinken mögen, Untersuchungen beider Art, ob auf der Ebene des ganzen Integrationsgefüges oder auf der Ebene von Teileinheiten, werden in ihrem Erkenntniswert erheblich geschmälert, wenn sie sich nicht auf ein gewisses Maß an Korrespondenz und Koordination stützen können, das Wissenschaftlern die Möglichkeit gibt, den Brennpunkt ihrer Beobachtungen und Überlegungen frei von der einen zur anderen Ebene zu verschieben.

8

Die Schwierigkeit ist, daß oft mehr als zwei Ebenen zu berücksichtigen sind. Figurationen und Prozesse einer hohen Organisationsstufe haben oft Teileinheiten, die ihrerseits hochorganisierte Figurationen und Prozesse sind; und diese wiederum mögen sich entwickelnde Organisationseinheiten, wenngleich mit einem geringeren Grad von Autonomie, als Teile haben. In der Tat können solche Figurationen innerhalb von Figurationen, solche Prozesse innerhalb von Prozessen aus vielen miteinander verflochtenen und verschachtelten Ebenen von unterschiedlicher relativer Stärke und Kontrollgewalt bestehen. Diejenigen Forscher, die auf einer von ihnen nach Wissen graben, brauchen daher freie Kommunikationsschächte zu ihren Kollegen, die in den vielen Stollen über und unter ihnen arbeiten, und zugleich ein klares Bild von der Position und den Funktionen ihres eigenen Problemgebiets und von ihrer eigenen Situation innerhalb des umfassenderen Integrationsgefüges.

In der Praxis sind diese Kommunikationsverbindungen oft mangelhaft oder nicht vorhanden. Probleme auf verschiedenen Ebenen werden häufig von verschiedenen Spezialistengruppen untersucht, die kaum je über ihr eigenes Arbeitsfeld hinaussehen. Viele von ihnen ziehen aus begrenzten Erfahrungen mit Problemen, die für eine bestimmte Ebene oder auch nur für einen ihrer Aspekte charakteristisch sind, Schlußfolgerungen für die Lösung von Problemen, deren Bezugsrahmen viele Ebenen oder vielleicht die gesamte Figuration umfaßt. Und wenn eine dieser Gruppen, wenn – wie es im Falle der Physiker tatsächlich geschehen ist – Spezialisten für die Untersuchung von Einheiten, die ein relativ niedriges Organisationsniveau repräsentieren, in der Erforschung ihrer Ebene und in der Entwicklung entsprechender Techniken anderen Gruppen weit voraus sind, wird die wahllose Nachahmung ihrer Modelle und Methoden bei der Untersuchung höher organisierter Einheiten ein Gewirr falscher Problemstellungen herbeiführen.
Denn nicht nur die übergeordnete Figuration, auch jede ihrer Unterfigurationen kann Zusammenhangsstrukturen und Regelmäßigkeiten aufweisen, die von denen ihrer jeweiligen Teilfigurationen verschieden und nicht von ihnen ableitbar sind. Theoretische Modelle und Forschungsmethoden, die auf die Untersuchung von weniger differenzierten und integrierten Einheiten zugeschnitten sind, können deshalb als Werkzeuge für die Erforschung höher organisierter Einheiten im besten Falle nur partiell geeignet sein, selbst wenn die letzteren die ersteren oder ihnen homologe Gebilde als zusammensetzende Teile enthalten.
Es gibt viele Beispiele für die Schwierigkeiten, die sich ergeben können, wenn man Modelle, die auf die Untersuchung von Teilfigurationen einer bestimmten Organisationsebene eingestellt sind, bei der Untersuchung von Figurationen einer anderen Ebene bis hin zur obersten Integrationseinheit verwendet.
Man erinnere sich zum Beispiel an die alte Kontroverse um

die Tauglichkeit physikalischer Strukturgebilde wie Maschinen als Erklärungsmodelle für biologische Strukturgebilde wie Tiere und Menschen. Wenn man der traditionellen Denkweise anhängt, kann man gewöhnlich nur zwei mögliche Lösungen für das Kernproblem dieser Kontroverse sehen. Man kann entweder physikalische Gebilde der einen oder anderen Art als perfekte Modelle für Organismen anerkennen und, ausdrücklich oder nicht, annehmen, ein Organismus als ganzer sei ein Komplex physikalischer Ereignisse auf genau derselben Ebene wie physikalische Ereignisse außerhalb von Organismen. Oder man kann sich vitalistische Modelle zu eigen machen und annehmen, in Organismen seien spezifische nicht-physikalische Kräfte am Werk, die für die beobachtbaren Unterschiede zwischen belebten und unbelebten Gebilden verantwortlich sind.

Um die eine oder die andere dieser beiden Alternativen zu akzeptieren, muß man jeweils eine ganze Reihe von Unstimmigkeiten in Kauf nehmen. Wie in anderen Fällen, in denen es schwierig ist, nicht einfach eine Lösung für ein Problem zu finden, sondern sich überhaupt ein mögliches Modell einer Lösung vorzustellen, das einigermaßen gut auf das verfügbare Belegmaterial paßt, ist es nicht so sehr das Belegmaterial, das einer Überprüfung bedarf, sondern die Art der verfügbaren Modelle. Zumindest seit den Tagen von Descartes ringen Menschen mit der Frage, ob lebende Figurationen durch Analogien mit unbelebten Figurationen angemessen erklärt werden können. Die Schwierigkeiten, auf die sie dabei stoßen, sind eng mit der Denktradition verknüpft, die dekretiert, daß das Verhalten zusammengesetzter Einheiten aus dem ihrer Teileinheiten erklärt werden müsse. Es wird leichter, ein besser passendes Modell für die Lösung dieser Frage zu konzipieren, wenn man anerkennt, daß es Problemtypen gibt, die einen anderen Zugang erfordern – Probleme, die nur dann einer Lösung nähergebracht werden können, wenn man sich klarmacht, daß die beobachteten Einheiten Eigentümlichkeiten haben, die sich nicht aus denen ihrer Teile erschließen lassen.

Menschengeschaffene Maschinen, wie wir sie kennen, sind nicht allen, sondern nur einigen Ebenen in der hierarchischen Ordnung relativ hochorganisierter und autonomer Gebilde, wie sie selbst Tiere einfacherer Art repräsentieren, homolog. Da jede Figuration einer höheren Ordnung andere Struktureigentümlichkeiten haben kann als jene Figurationen einer niedrigeren Stufe, die ihre Teile bilden, und da Tiere, je weiter man auf der evolutionären Stufenleiter hinaufsteigt, Figurationen innerhalb von Figurationen auf einer ständig wachsenden Zahl von Ebenen repräsentieren, kann man erwarten, daß das Verhalten und die Eigentümlichkeiten von Organismen nur partiell denen von Maschinen oder von Ketten chemischer Reaktionen entsprechen; man kann erwarten, daß Organismen Struktureigentümlichkeiten aufweisen, die denen physikalischer Gebilde nur in mancher Hinsicht ähnlich, in anderer aber von ihnen verschieden sind – und daß man doch nichts als Haufen physikalischer Partikel findet, wenn der Organisationszusammenhalt ihrer vielen Ebenen zerstört wird oder wenn zusammensetzende Teile isoliert untersucht werden.

Aber man könnte in diesem Fall nicht länger erwarten, daß sich alle Probleme von Organismen letzten Endes durch Analogien mit Maschinen oder mit anderen physikalischen Gebilden lösen lassen oder daß die biologischen Wissenschaften sich allmählich in physikalische Wissenschaften umwandeln werden. In lebenden Gebilden sind physikalische Prozesse auf eine Weise strukturiert und organisiert, die eine weitere Strukturierung und Organisierung dieser Prozesse auslöst. Und wenn es Menschen gelänge, Artefakte eines erheblich höheren Niveaus der Organisation und Kontrolle mit einer sehr viel größeren Zahl von Ebenen als alle bisher bekannten Maschinen zu konstruieren – Artefakte, die ihre eigene Struktur aus weniger hoch organisierten Materialien aufbauen und wiederaufbauen, die wachsen und sich entwickeln, die fühlen und sich fortpflanzen könnten –, dann müßte man für ihre Konstruktion und Erforschung neben physikalischen auch biologische Kategorien und Modelle verwenden.

In Kontroversen zwischen Vitalisten und Mechanisten gehen beide Seiten mehr oder weniger selbstverständlich davon aus, daß das Erklärungsmodell, wonach Untersuchungen der Eigenschaften von Teileinheiten den Schlüssel für die Probleme des Ganzen liefern oder eines Tages liefern werden, ein Universalmodell sei. Tatsächlich ist es ein spezifisches, ein Teilmodell, das nur für die Untersuchung von Einheiten auf einer relativ niedrigen Organisationsebene angemessen ist[8].

Oder man denke an die vieldiskutierte Frage nach der Beziehung zwischen dem Verhalten höherer Tiere und dem von Menschen. Versuche, Menschen- aus Tierverhalten zu erklären, sind nicht ungewöhnlich. Und doch kann man wiederum die Funktionsweise und Struktur von Figurationen, die ein höheres Organisations- und Kontrollniveau verkörpern, nicht allein von anderen her begreifen, die weniger hoch organisiert sind, selbst wenn die ersteren von den letzteren abstammen. Während Menschen zum Teil wie andere Tiere funktionieren, funktionieren und verhalten sie sich als ganze wie kein anderes Tier.

Der Wandel zu einer verstärkten kortikalen Steuerung (um nur einen Aspekt dieser Unterschiede zu erwähnen) bietet ein lehrreiches Beispiel für die Art und Weise, wie eine Zunahme der Kontroll- und Koordinationsgewalt einer Teilstruktur auf einer sehr hohen Ebene in der Hierarchie miteinander verschachtelter Strukturen Hand in Hand geht mit Veränderungen in der Balance und in der Funktionsweise von Strukturen auf allen Ebenen und mit einer Transformation der umfassenderen Figuration selbst. Unterschiede wie diesen wird man heranziehen müssen, um klarer und sicherer festzustellen, daß und warum es irrig ist zu erwarten, die

Menschenwissenschaften könnten sich früher oder später in einen Zweig der biologischen Wissenschaften umwandeln – auch wenn Ergebnisse von Untersuchungen über Aspekte von Menschen, die in die Kompetenz der letzteren fallen, ein unentbehrliches Element der ersteren bilden.

Ähnliche Probleme und ähnliche Schwierigkeiten tauchen schließlich, wieder auf einer anderen Ebene und in anderer Gestalt, in dem lange währenden Streit um das Verhältnis von »Individuum« und »Gesellschaft« auf. Wiederum scheint nur die Wahl zwischen zwei gleich unbefriedigenden Alternativen zu bleiben. Trotz aller möglichen Kompromißversuche verteilt sich das Gros der Meinungen bisher auf zwei mehr oder weniger unversöhnliche Lager. Man kann sich näher bei denen ansiedeln, die Gesellschaften als Haufen oder Massen von Einzelmenschen mit ihren Eigentümlichkeiten und ihrer Entwicklung, nämlich einfach als das Resultat individueller Absichten und Handlungen verstehen; oder man kann sich näher bei denen ansiedeln, die Gesellschaften, die soziale Prozesse in all ihren vielfältigen Aspekten mehr oder weniger so verstehen, als existierten sie in irgendeinem Sinne außerhalb und getrennt von den einzelnen Menschen, die sie bilden.

Gemeinsam ist auch hier wieder beiden Seiten ein Denkstil, eine normative Vorstellung über die Art der Erklärung von Ereignissen überhaupt, die sich speziell im Bemühen der Menschen um die Erklärung und Kontrolle des physikalischen Naturgeschehens als überaus zweckdienlich erwiesen hat. Das Dilemma aber beruht in diesem Fall nicht nur auf der unkritischen Übertragung von Denkmodellen von einem Gebiet auf ein anderes. Bemühungen um die Ausarbeitung besserer theoretischer Modelle für das Verhältnis von Individuum und Gesellschaft werden mehr noch durch die Tatsache behindert, daß dieses Verhältnis in unserer Zeit einer der Brennpunkte, wenn nicht *der* Brennpunkt, im Kampf der Wertsysteme, der sozialen Glaubensartikel und Ideale geworden ist, die einige der mächtigsten Menschenverbände voneinander trennen. In der weiteren Gesellschaft rufen Fragen wie die, was die Rechte und Pflichten von Individuen in der Gesellschaft sein sollen oder ob das Wohl der Gesellschaft dem der Individuen übergeordnet sein soll, eine Fülle erbitterter praktischer Auseinandersetzungen hervor. Antworten auf solche Fragen gelten in vielen Fällen als das Schibboleth, an dem die Anhänger verschiedener sozialer und politischer Glaubensbekenntnisse Freund und Feind erkennen. So kommt es, daß die durch die Spannungen und Leidenschaften rivalisierender Gruppen ständig verstärkte Frage, wie das Verhältnis von Individuum und Gesellschaft sein *soll*, in Diskussionen und Untersuchungen immer wieder die andere Frage verdeckt und verschleiert, wie dieses Verhältnis faktisch *ist;* und diese Verdeckung geht so weit, daß die einfache Tatsachenfrage häufig beinahe unverständlich erscheint. Jeder Versuch, sie klar und deutlich von den sozialen und politischen Streitfragen zu unterscheiden und abzusetzen, die oft in ähnlichen Begriffen ausgedrückt werden, stößt auf beinahe unüberwindliche Schwierigkeiten. Da aber nun einmal diese Tatsachenfrage eines der Grundprobleme der Sozialwissenschaften darstellt, ist ihre Verflochtenheit mit kontroversen Sollfragen eine der Hauptbarrieren für die Weiterentwicklung dieser Wissenschaften und besonders der Soziologie.

Was bisher über andere Formen von Beziehungen zwischen zusammensetzenden Teilen und zusammengesetztem Ganzen gesagt wurde, kann dazu beitragen, dieses Problem, wenn nicht zu lösen, so doch zumindest zu klären. In vieler Hinsicht unterscheidet sich die Beziehung zwischen Menschen als Individuen und Menschen als Gesellschaften von diesen anderen Fällen. Sie ist recht einzigartig, und nicht alle ihre Züge entsprechen ganz der Struktur von Teileinheit/Gesamteinheit. Zugleich aber zeigt sie viele Eigentümlichkeiten dieser Struktur und wirft viele der auch sonst damit verbundenen Probleme auf.

Alle Gesellschaften, soweit man sehen kann, haben die allgemeinen Kennzeichen von strukturierten Figurationen mit Unterfigurationen auf mehreren Ebenen, von denen Individuen als Individuen nur eine bilden. Als Gruppen organisiert, bilden Individuen zahlreiche andere Unterfigurationen. Sie bilden Familien; und dann wieder, auf einer höheren Ebene, als Gruppen von Gruppen, Dörfer oder Städte, Klassen oder Industriesysteme und viele ähnliche Formationen, die ineinander verschachtelt sind und zusammen eine umfassendere Figuration mit einem jeweils spezifischen Machtgleichgewicht bilden können, wie etwa Stämme, Stadtstaaten, Feudalreiche oder Nationalstaaten. Die umfassendere Struktureinheit mag ihrerseits Teil einer anderen, weniger hoch organisierten, weniger gut integrierten Einheit sein: Stämme mögen miteinander einen Stammesbund bilden, Nationalstaaten ein System der Machtbalance. In dieser Hierarchie ineinander verschachtelter Gesellschaftseinheiten muß die größte Einheit keineswegs die am höchsten integrierte und organisierte sein; in der Geschichte der Menschheit war sie es bisher noch nie. Aber in welcher Form auch immer, diejenige Figuration in der Hierarchie der Figurationen, die die höchste Stufe der Integration und der organisierten Macht repräsentiert, ist zugleich die Einheit mit der höchsten Fähigkeit, ihren eigenen Kurs zu steuern. Wie andere offene Figurationen kann sie desintegrieren, wenn der Druck der inneren oder äußeren Spannungen zu stark wird. Solange ihre Organisation mehr oder weniger intakt bleibt, hat sie einen höheren Grad von Autonomie als irgendeine ihrer zusammensetzenden Teilfigurationen.

Und es ist die Struktur und Entwicklung dieser Integrationseinheit, die in letzter Instanz die Struktur und Entwicklung ihrer Teileinheiten, einschließlich ihrer individuellen Mitglieder, bestimmt. Verschiedene Ebenen in dieser Hierarchie von Figurationen, wie Individuen als solche oder als Familien oder Klassen, besitzen ein größeres oder kleineres Maß an Autonomie; sie können zum Beispiel miteinander kooperieren oder gegeneinander kämpfen. Aber der Spielraum für autonomes Handeln variiert je nach den Eigentümlichkeiten der übergeordneten Figuration wie auch nach der Stellung der Teilfigurationen innerhalb ihrer; dasselbe gilt für die Grundstruktur der Persönlichkeit ihrer individuellen Mitglieder. Denn von den Eigentümlichkeiten und der Entwicklung dieser umfassenderen Formation hängen die des institutionalisierten Beziehungsgeflechts ab, das wir »Familie« nennen; und Familien veranlassen die Organisation und Integration von Funktionen in einzelnen Kindern, die als Erwachsene die Aufgabe haben werden, die Institutionen der größeren Integrationseinheit fortzuführen, zu entwickeln und vielleicht zu verändern. Durch dieses und andere homöostatische Mittel wird erreicht, daß die letztere wenigstens einige ihrer unterscheidenden Merkmale von Generation zu Generation bewahrt.

Mag also die Beziehung zwischen »Individuum« und »Gesellschaft« noch so einzigartig sein, sie hat mit anderen Teileinheit/Gesamteinheit-Beziehungen, wie sie für hochorganisierte, sich selbst steuernde Figurationen charakteristisch sind, dieses gemeinsam, daß sich die Regelmäßigkeiten, die Attribute und das Verhalten sowohl der Unterfigurationen auf verschiedenen Ebenen als auch und vor allem der übergeordneten Figuration selbst nicht einfach in Begriffen beschreiben lassen, die den jeweiligen Teileinheiten angemessen sind. Ebenso wenig können die zusammengesetzten Gebilde als Wirkung erklärt werden, deren Ursache die zusammensetzenden Teile seien. Und doch sind sie nichts außerhalb und getrennt von diesen.

Soziologen, die an soziale Gegebenheiten, bewußt oder unbewußt, so herangehen, als seien Gesellschaften nichts als Haufen einzelner Menschen, und die entsprechend die ersteren aus den letzteren zu erklären suchen, können die Tatsache nicht in den Griff bekommen, daß Gruppen, die von Individuen gebildet werden, wie andere Organisationen von Teileinheiten, ihre besonderen Struktureigentümlichkeiten haben, die für einen Beobachter unverständlich bleiben,

wenn seine Aufmerksamkeit auf einzelne Menschen als solche gerichtet ist und nicht zur gleichen Zeit auf die Strukturen und Figurationen, die Individuen miteinander bilden.
Soziologen, die an soziale Gegebenheiten, bewußt oder nicht, so herangehen, als ob sie unabhängig von den Individuen existierten, die sie bilden, sind sich gewöhnlich darüber im klaren, daß Gegebenheiten dieser Art ihre nicht reduzierbaren Regelmäßigkeiten besitzen. Aber sie erwarten und haben gelernt zu erwarten, daß sich die Regelmäßigkeiten zusammengesetzter Einheiten aus denen ihrer Teile ableiten lassen, und sind vielleicht durch die Tatsache verwirrt, daß sie die von ihnen beobachteten Regelmäßigkeiten nicht einfach und eindeutig aus individuellen Regelmäßigkeiten ableiten können. So verfallen sie leicht in eine Weise des Sprechens und Denkens, die unterstellt, daß soziale Gegebenheiten in irgendeinem Sinne unabhängig von einzelnen Menschen existieren. Sie neigen zu dem Trugschluß, besondere Regelmäßigkeiten seien gleichbedeutend mit einer besonderen Existenz – so wie häufig die Tatsache, daß Organismen Regelmäßigkeiten zeigen, die nicht aus denen unorganisierter physikalischer Ereignisse abgeleitet werden können, als Hinweis auf ein Etwas in Organismen aufgefaßt wird, das eine von physikalischen Ereignissen unabhängige Existenz habe. Hier wie anderswo bleibt Menschen, die nicht in Figurationen zu denken vermögen, nur die Wahl zwischen zwei gleich mißlichen Alternativen, zwischen einem atomistischen und einem hypostasierenden Ansatz.
Manche Probleme können einer Lösung vor allem deshalb nicht nähergebracht werden, weil die verfügbare Tatsachenbasis dafür zu schmal ist, andere vor allem deshalb, weil sie als Probleme falsch gestellt sind: allgemeine Ideen, Klassifizierungsschemata, der ganze Denkstil mögen infolge einer unkritischen Übertragung gedanklicher Modelle von einem Zusammenhang auf einen anderen fehlgebildet oder einfach inadäquat sein. Einige der Schwierigkeiten, denen man in den Sozialwissenschaften begegnet, gehören zu diesem Typ.

Sie beruhen nicht so sehr auf einem unzulänglichen Faktenwissen, sondern auf unzulänglichen Grundideen, Kategorien und Einstellungen als Richtschnur für die Beobachtung und Handhabung von Fakten. Seit Menschen den Gedanken gefaßt haben, daß man nicht nur physikalische, sondern auch soziale Ereignisse »wissenschaftlich« erforschen könne, stehen alle, die sich an diese Aufgabe machen, mehr oder weniger unter dem Einfluß zweier Modelle, die in verschiedenem Zusammenhang von zwei machtstärkeren Gruppen entwikkelt worden sind: der Art, wie Probleme bezüglich sozialer Ereignisse in der weiteren Gesellschaft, und der Art, wie Probleme bezüglich der »Natur« im Bereich der Naturwissenschaften gestellt und gelöst werden. Es ist zu fragen, wieweit jedes dieser Modelle der wissenschaftlichen Untersuchung sozialer Ereignisse angemessen ist. Damit weist man zugleich auf ein umfassenderes Problem hin, das der Überprüfung bedarf: auf das Problem der Beschaffenheit und des Erwerbs menschlichen Wissens überhaupt.

Modelle des ersteren Typs werden von Sozialwissenschaftlern oft unabsichtlich benutzt. Vertreter der Sozialwissenschaften befassen sich mit Ereignissen eines Lebensbereichs, in dem die Bedrohung der Menschen durch unbeherrschbare Gefahren ständig sehr groß ist. Es ist für sie schwierig, die Ideen und Begriffe, die sie in ihrer spezialisierten Arbeit als Wissenschaftler benutzen, von denen ihres alltäglichen sozialen Lebens zu scheiden. Das hypothetische Modell, das zur Untersuchung von Problemen dieser Art verwendet werden kann, ist ein Kontinuum zwischen zwei extremen Ausprägungen der Struktur und der Situation von Menschen, deren eine durch absolutes Engagement und ein völliges Fehlen jeglicher Distanzierung (wie etwa bei jungen Säuglingen) und deren andere durch absolute Distanzierung und ein Nichts an Engagement gekennzeichnet ist.

Modelle des zweiten Typs, die der Naturwissenschaften, werden von Vertretern der Sozialwissenschaften oft, wenn auch nicht immer, absichtlich kopiert. Seltener aber prüfen

Sozialwissenschaftler zugleich, in welcher Hinsicht diese Modelle mit ihrer spezifischen Aufgabe zusammenstimmen. Unter dem Druck von Ungewißheiten, die auch etwas mit der Stärke ihres emotionalen Engagements zu tun haben, greifen sie allzu leicht nach diesen Modellen als fix und fertigen, autoritativen Mitteln, um Gewißheit zu erlangen; und sie tun dies oft genug, ohne klar zu unterscheiden, ob die so gewonnene Gewißheit sich auf wissenswerte oder auf ziemlich belanglose Zusammenhänge bezieht. Wie man gesehen hat, führt diese mechanische Übertragung der Modelle von einem Wissensfeld auf ein anderes häufig zu einer Art von Pseudo-Distanzierung, zu verfehlten Problemstellungen und zu massiven Einengungen des Gegenstandsbereiches der Forschung. Das hypothetische Modell, das zur Untersuchung von Problemen dieser Art verwendet werden kann, ist ein Kontinuum von Modellen zusammengesetzter Einheiten, die nach dem Grad der Interdependenz von Teileinheiten angeordnet sind.

Probleme der physikalischen Wissenschaften haben im großen und ganzen als Bezugsrahmen Modelle von Einheiten eines relativ niedrigen Organisationsgrades. Probleme, die sich auf Einheiten eines gleich niedrigen Organisationsgrades beziehen, d. h. auf Populationen im statistischen Sinne des Wortes, fehlen auch in den Sozialwissenschaften nicht ganz. Aber in ihrem Falle bilden Einheiten dieses Typs immer Teile von anderen, weit höher organisierten Einheiten. Begriffe, Erklärungen und Verfahren, die bei Untersuchungen der ersteren benutzt werden, sind bei der wissenschaftlichen Erforschung der letzteren bestenfalls von begrenztem Nutzen; denn im Gegensatz zu Einheiten einer geringeren Organisation kann hier das Wissen, das man über die Eigentümlichkeiten isolierter Teile gewinnt, nur im Lichte des Wissens über Eigentümlichkeiten der ganzen Einheit beurteilt und interpretiert werden.

Wenn es für Sozialwissenschaftler schwierig ist, eine größere Autonomie ihrer wissenschaftlichen Theorien und Begriffe gegenüber gesellschaftlichen Glaubensaxiomen und Idealen (die sie vielleicht teilen) zu erlangen, so ist es für sie nicht weniger schwierig, eine größere Autonomie in der Entwicklung ihrer wissenschaftlichen Modelle gegenüber denen der älteren, erfolgreicheren und fester etablierten physikalischen Wissenschaften zu erreichen. Die Kernfrage ist, ob es gelingen kann, sich in einer Situation, in der Menschen als Gruppen auf vielen Ebenen ernste Gefahren füreinander darstellen, zu einer distanzierteren, adäquateren und autonomeren Form des Nachdenkens über soziale Ereignisse voranzuarbeiten. Vielleicht die wichtigste Erkenntnis, die aus den hier vorgestellten Überlegungen zu gewinnen wäre, ist die Einsicht in das, was oben – vorläufig genug – als »Dynamik der zunehmenden Erleichterung« bezeichnet wurde: je niedriger der soziale Standard der Kontrolle in der Handhabung von Objekten und je niedriger die Standards der Distanzierung und Adäquatheit im Nachdenken über sie, desto schwerer ist es, diese Standards zu heben. Wieweit es unter gegenwärtigen Bedingungen für Gruppen wissenschaftlicher Spezialisten möglich ist, die Standards der Autonomie und Adäquatheit im Nachdenken über soziale Ereignisse zu heben und sich selbst die Disziplin größerer Distanzierung aufzuerlegen, kann nur die Erfahrung zeigen. Ebenso wenig kann man im voraus wissen, ob die Bedrohung, die Menschengruppen auf vielen Ebenen füreinander darstellen, noch immer zu groß ist, als daß sie in der Lage wären, ein umfassenderes Bild ihrer selbst zu ertragen und danach zu handeln – ein Bild, das weniger von Wünschen und Ängsten gefärbt und konsequenter im Wechselverkehr mit leidenschaftslosen Einzelbeobachtungen entwickelt ist. Und doch, wie anders kann man die Klammer des Teufelskreises durchbrechen, in dem ein hoher Affektgehalt der Ideen und eine niedrige Fähigkeit, die Bedrohungen von Menschen durch Menschen zu kontrollieren, einander wieder und wieder verstärken?

Zu S. 14: Naturwissenschaftliche Untersuchungen sind ganz und gar nicht »wertfrei«, aber der Typ der Wertungen, der in den Arbeiten von Naturwissenschaftlern vorherrscht, ist nicht durch außerwissenschaftliche Gesichtspunkte bestimmt. Darin unterscheiden sich beim gegenwärtigen Stand die Naturwissenschaften von den Sozialwissenschaften. In den letzteren ist der Einfluß von Wertungen, die von außerhalb, von der Parteinahme in Konflikten der weiteren Gesellschaft, in die wissenschaftliche Arbeit einströmen, also der Einfluß von heteronomen Wertungen, sehr groß. In den ersteren, in den Naturwissenschaften, ist der Einfluß dieses Typs der Wertungen, der früher bei dem menschlichen Bemühen um Erklärungen dessen, was wir Naturzusammenhänge nennen, nicht weniger groß war, in sehr hohem Maße eingedämmt worden. Eine Wertskala anderen Typs hat hier den Vorrang gewonnen. Der Erkenntniswert eines Forschungsresultats wird nun primär durch seine Funktion für ein bisher ungelöstes Sachproblem, für die Aufdeckung des immanenten Zusammenhangs von Ereignissen, bestimmt; ihr wird seine Funktion für die Person der Forschenden oder für außerwissenschaftliche Gruppen untergeordnet. Das ist gemeint, wenn hier von einer relativ autonomen Wertung gesprochen wird. Die Unterscheidung von heteronomen und autonomen Wertungen tritt an die Stelle der irreführenden Unterscheidung von »wertenden« und »wertfreien« Wissenschaften.
Aber man darf die Unterscheidung zwischen autonomen und heteronomen Wertungen nicht als statisch oder absolut verstehen. Es handelt sich immer um ein höheres oder geringeres Maß, also um verschiedene Balance- und Dominanzverhältnisse der Autonomie und der Heteronomie von Erkenntnissen. Damit zeigt sich deutlicher, was sich implicite bereits ankündigte: daß nämlich die Skala zwischen den imaginären Polen absoluter Autonomie und Heteronomie

der Wertung sich mit der, die zwischen den Polen des radikalen Engagements und der radikalen Distanzierung liegt, deckt. Je größer das Engagement, desto größer die Neigung zu heteronomen Wertungen; je größer die Distanzierung, desto größer die Neigung zu autonomen Wertungen.
In diesem Zusammenhang muß es zunächst einmal mit einer solchen allgemeinen Formulierung sein Bewenden haben. Aber das theoretische Modell, das sich in dieser Formulierung ankündigt, ist alles andere als empiriefremd. Im Gegensatz zu dem empiriefremden statischen Modell der klassischen philosophischen Erkenntnistheorie, dessen Kernstück der stillschweigend angesetzte, aber schlechterdings nicht beobachtbare Abgrund zwischen einer »Innenwelt« und »Außenwelt« des einzelnen Menschen ist, steht das Modell einer gleitenden Skala von Balanceverhältnissen zwischen Engagement und Distanzierung, Heteronomie und Autonomie der Wertungen in engster Tuchfühlung mit beobachtbaren Strukturwandlungen von Menschen als Gesellschaften und als Individuen. Es läßt sich überprüfen durch Untersuchungen der Verwandlung des menschlichen Sprechens und Denkens von ihrer magisch-mythischen zu ihrer wissenschaftlichen Gestalt, durch Untersuchungen der Verwandlung des frühkindlichen in erwachsenes Verhalten und Erleben oder auch durch systematische Vergleiche von Menschenwissenschaften und Naturwissenschaften auf dem gegenwärtigen Stand der Entwicklung. In allen diesen Fällen sind die erstgenannten Glieder der Unterschiedspaare, verglichen mit den letztgenannten, Repräsentanten eines mehr engagierten Verhaltens und Erfahrens, einer höheren Ich- und Wir-Bezogenheit der Kommunikationen, einer größeren Heteronomie der Wertungen. In allen diesen und in vielen anderen Fällen kann das theoretische Modell, um das es hier geht, als überprüfbares und revidierbares Orientierungsmittel bei der Untersuchung von Problemen dienen, die sich aus solchen Vergleichen beobachtbarer Erlebens- und Verhaltensformen ergeben.

Zu S. 14: Durch magische Praktiken konnte man sich – in der eigenen Vorstellung – ganz direkt Abhilfe in Nöten, Erfüllung von Wünschen sichern. Magier können sagen: ich werde dich hier und jetzt von deinem Leiden befreien. Wissenschaftler, die ehedem etwa zur Bekämpfung einer Gelbfieberseuche eingesetzt wurden, die heute an der Bekämpfung des Krebses arbeiten, mögen aufs stärkste von dem Leiden der Kranken und Sterbenden betroffen sein; aber solange sie nicht durch unpersönliche und oft überaus langwierige Forschungsarbeit die Erklärung für die Krankheitserscheinungen gefunden haben, können sie sich nicht anheischig machen, die Kranken zu heilen. Das heißt, sie können zur Abhilfe in menschlichen Problemen nur auf dem Umweg über die Forschung beitragen.

Zu S. 19: Erst wenn man sich den Zwang dieses Teufelskreises klar macht, kann man die außerordentliche Langsamkeit der Menschheitsentwicklung in ihren frühen Stadien verstehen. Erst dann kann man sich des naiven Egozentrismus entledigen, mit dem man heute, da sich die Zähne der Falle in bezug auf das nicht-menschliche Naturgeschehen etwas geöffnet haben, da man als Ergebnis eines blinden Prozesses bereits gelernt hat, wie man sich selbst kontrollieren müsse, um die außermenschliche Natur kontrollieren zu können, diese relativ späte Phase der Menschheitsentwicklung als selbstverständlichen und ewigen Zustand der Menschheit hinstellt. Man verkörpert sie durch Begriffe wie »Verstand« oder »Natur«, die es so erscheinen lassen, als sei die eigene Art, Naturereignisse gedanklich zu verarbeiten, von Zeit und Ewigkeit her, von »Natur« in Menschen eingebaut. Man begegnet hier einem Zentralproblem der gesamten Menschheitsentwicklung, das man sich aufgrund des naiven, durch unsere ganze Begriffswelt verkörperten Egozentrismus bisher noch verdeckt: Wie war es Menschen überhaupt möglich, die Zähne der erwähnten Falle zu öffnen und dem *circulus vitiosus* zu entrinnen?

Zu S. 36: Die Vorstellung, daß die Methode der Forschung das entscheidende Kriterium für deren Wissenschaftlichkeit sei, und die damit eng verbundene, daß das Ziel der Forschung die Entdeckung der endgültigen »Wahrheit« sei, führt unter anderem dazu, daß der Unterschied zwischen empirisch-theoretischen Wissenschaften und Forschungsgebieten wie reiner Mathematik und formaler Logik verschwimmt. Im Falle der letzteren kann man mit einem gewissen Recht sagen, daß sie auf die Entdeckung endgültig wahrer Erkenntnisse und auf deren Sonderung von ebenso absolut falschen Urteilen ausgerichtet sind. Aber auf die positiven Wissenschaften angewandt, bleibt der Begriff der absoluten, der endgültigen Wahrheit als Kennzeichnung ihres Forschungsziels zweideutig und inadäquat.

Um ganz kurz auf den Unterschied zwischen reiner Mathematik und Logik auf der einen und den theoretisch-empirischen Wissenschaften auf der anderen Seite hinzuweisen: Die ersteren befassen sich ausschließlich mit der Untersuchung der von Menschen ungeplanten immanenten Ordnung menschengeschaffener Beziehungssymbole. In diesem Falle braucht man sich nicht darum zu kümmern, ob und wieweit sich menschliche Symbole als Ausdruck für nichtmenschengeschaffene Ereigniszusammenhänge eignen. Man braucht, um sein Erkenntnisziel zu erreichen, keine Experimente zu machen. Auf die rein mathematisch-logischen Wissenschaften läßt sich die begriffliche Unterscheidung zwischen Theorie und Empirie nicht anwenden. Sie sind, wenn man sich so ausdrücken darf, eingleisige Wissenschaften. Man kann in ihnen gewiß verschiedene Abstraktionsebenen unterscheiden – etwa Symbole für Beziehungen von Symbolen und wiederum Symbole für deren Beziehungen –, aber es geht immer um die Schlüssigkeit der Denkoperationen, in denen sich die immanente Ordnung der Symbole entfaltet; und eben weil es sich hier allein um die innere Konsistenz der Symboloperationen handelt, kann man die Ergebnisse ihrer Untersuchung, wenn man so will, in der

herkömmlichen Manier als endgültig »wahr« oder »falsch« bezeichnen.
Aber bei den theoretisch-empirischen, den positiven Wissenschaften verhält es sich anders. Sie sind auf die Erforschung von Geschehenszusammenhängen abgestimmt, die sich zwar durch menschliche Symbole darstellen lassen, die aber nicht von Menschen geschaffen und dementsprechend ihrer Natur nach keine Symbole sind. Im Unterschied zu den rein mathematisch-logischen Wissenschaften sind die empirisch-theoretischen Wissenschaften zweigleisig. Das Gemeinsame ihres Vorgehens ist nicht das, was man heute physikalistisch als »die wissenschaftliche Methode« bezeichnet, sondern eine spezifische Form der Interdependenz zwischen theoretischen und empirischen Forschungen. Sie verlangen eine ständige Steuerung empirischer Einzeluntersuchungen durch zusammenfassende Theorien und eine ständige Überprüfung dieser Theorien durch empirische Untersuchungen. Die grundsätzliche Interdependenz und der Wechselverkehr zwischen empirischen und theoretischen Untersuchungen sind die Struktureigentümlichkeiten, die alle empirisch-theoretischen Wissenschaften miteinander teilen und die sie von nicht-wissenschaftlichen Erkenntnisbemühungen unterscheiden. Das isolierende Herausschneiden eines einzelnen Forschungsunternehmens aus der fortlaufenden Dialektik dieses Wissenschaftsprozesses, die die Voraussetzung für die Abstempelung seiner Resultate als endgültig wahr ist, hat bestenfalls instrumentelle Bedeutung. Im Fortgang der Forschung erweist sich, wie Erfahrung uns gelehrt hat, das, was zunächst als absolut endgültiges Forschungsresultat erscheinen mag, zwar nicht notwendigerweise als falsch, aber jedenfalls als ein Teilergebnis. Dementsprechend ist es eine Simplifizierung, die irreführt, das Auffinden einer endgültigen und absoluten Wahrheit oder Falschheit auch als das Ziel dieser zweigleisigen Wissenschaften hinzustellen.
Um der Zielsetzung empirisch-theoretischer Wissenschaften gerecht zu werden, bedarf es erheblich differenzierterer Be-

griffe als »wahr« und »falsch«. Was Forschungsergebnisse in diesen Bereichen voneinander unterscheidet, ist oft genug nicht eine solche absolute Dichotomie, sondern ein relatives Weniger und Mehr an »Wahrheit« oder, besser: Adäquatheit. Mit dieser Verwendung komparativer statt polarer Begriffe bringt man zum Ausdruck, daß jede Forschung im Bereich der empirisch-theoretischen Wissenschaften relativ offen und unabgeschlossen ist. Auch bei der Wahl seiner Begriffe tut man gut daran, für die Möglichkeit Raum zu lassen, daß den heutigen Untersuchungsergebnissen, die über die gestrigen hinausgehen, morgen andere folgen werden, die über die heutigen hinausgehen – die »wahrer«, »adäquater«, »umfassender« sind als sie. Die philosophische Vorstellung der absoluten Wahrheit als Ziel der Naturwissenschaften oder irgendwelcher anderen empirisch-theoretischen Wissenschaften ist ein Erbstück aus früheren Zeiten, in denen man dem Prozeßcharakter aller Wissenschaften eine weit geringere und einzelnen Theorien, für sich betrachtet, eine weit höhere Relevanz zuschrieb. Mit den beobachtbaren Zielsetzungen der Wissenschaftler des 20. Jahrhunderts hat diese Vorstellung wenig zu tun. Deren Ziel läßt sich am klarsten bestimmen durch den Begriff des Fortschritts: sie suchen Fortschritte zu machen über den jeweils existierenden Bestand des Wissens in ihrem Fache hinaus.

Zu S. 38: In der Tat, die theoretische Physik hat sich so entwickelt, daß in vielen Fällen rein mathematische Operationen zunächst ohne Bezug auf irgend etwas Beobachtbares durchgeführt werden, und es ist oft gar nicht einfach, deren zunächst rein quantitative Ergebnisse in eine nicht-mathematische Sprache zu übersetzen und auszudrücken, was sie eigentlich im Zusammenhang einer Welt, die ja nicht aus von Menschen geschaffenen Symbolen besteht, bedeuten. Das Erstaunliche ist, daß die derart gefundenen nicht-mathematischen Deutungen der Ergebnisse rein mathematischer Operationen sich oft, wenn auch nicht immer, als zutreffend erweisen, wenn sie experimentell überprüft werden. Die Erklärung dafür, warum komplexe mathematische Operationen mit menschengeschaffenen mathematischen Symbolen sich bei der experimentellen Nachprüfung als korrekt bewähren, also als mit Beobachtungen übereinstimmend, steht noch aus. Das Problem ist früher manchmal erörtert worden; heute ist der Gebrauch mathematischer Operationen zur Lösung physikalischer Probleme dermaßen zu einer selbstverständlichen Routine geworden, daß das Problem, warum mathematische Operationen Vorhersagen über nicht-symbolische Geschehenszusammenhänge erlauben, weitgehend aus dem Blickfeld entschwunden ist. Aber es ist nützlich, sich daran zu erinnern, daß hier eine offene und keineswegs unwichtige Frage liegt.

Anmerkungen

1 Es ist immer noch vorherrschender Usus, psychische und soziale Eigentümlichkeiten von Menschen nicht einfach als verschiedene, sondern als in letzter Instanz getrennt existierende und unabhängige menschliche Aspekte zu behandeln. Wenn dies die stillschweigende Annahme ist, die dem eigenen Denken und Sprechen zugrunde liegt, dann müssen Begriffe wie »engagiert« und »distanziert«, so wie sie hier gebraucht werden, unklar bleiben. Sie sind anderen, vielleicht vertrauteren Begriffen gerade deswegen vorgezogen worden, weil sie nicht mit den Sprachgewohnheiten zusammenstimmen, die auf der als selbstverständlich erscheinenden Annahme einer prinzipiellen Unabhängigkeit der psychischen und der sozialen Aspekte von Menschen beruhen. Sie legen nicht, wie einige geläufige wissenschaftliche Begriffe es tun, den Gedanken nahe, daß es zwei getrennte Gruppen menschlicher Funktionen oder Attribute gibt, die einen psychischen, die anderen sozialen Charakters, die nur von Fall zu Fall, für eine begrenzte Zeitspanne mit eindeutigem Anfang und eindeutigem Ende, in Form einer Kausalverknüpfung miteinander in Verbindung treten, im übrigen aber unabhängig voneinander existieren. Begriffe wie »engagiert« und »distanziert«, »involviert« und »detachiert« machen es möglich, zum Ausdruck zu bringen, daß soziale und psychische Wandlungen unterscheidbare, aber untrennbare Vorgänge sind.
Was damit für die Beziehung eines Menschen zu anderen Menschen – für »soziale« Beziehungen – gesagt ist, gilt nicht weniger für die Beziehung eines Menschen zu nicht-menschlichen Gegenständen. Auch in diesem

Falle gebietet unsere Denktradition, begrifflich die Beziehungsaspekte von den psychischen Aspekten zu trennen. Insbesondere in der philosophischen Tradition ist es üblich geworden, Erörterungen über die Beziehung des menschlichen »Subjekts« zu den nicht-menschlichen Natur»objekten« scharf gegen alle Erörterungen über die psychischen Aspekte des »Subjekts« abzusichern. Als Orientierungsmittel sind Begriffe wie »engagiert« und »distanziert« anderen, gebräuchlicheren vorzuziehen, die uns – wie etwa die Begriffe »subjektiv« und »objektiv« – eine statische und unüberbrückbare Kluft zwischen zwei verschiedenen Wesenheiten, »Subjekt« und »Objekt«, vorspiegeln.
Um ein kurzes Beispiel für die Potentiale ihres Gebrauchs zu geben: Ein Philosoph sagte einmal: »Wenn Paul über Peter spricht, erzählt er uns mehr über Paul als über Peter.« Man kann diesen Satz auf allgemeine Weise so erläutern: Wenn Paul über Peter spricht, sagt er immer zugleich auch etwas über sich selber aus. Pauls Aussage ist »engagiert«, wenn in ihr seine eigenen Charakteristika die von Peter überschatten, oder allgemeiner: wenn in der Aussage die Struktureigentümlichkeiten des Wahrnehmenden über die des Wahrgenommenen dominieren. Wenn Pauls Aussage mehr über Peter mitzuteilen beginnt als über ihn selbst, beginnt sich die Balance zugunsten der Distanzierung zu verschieben.

2 Der Ausdruck »Natur« ist in diesem Aufsatz im großen und ganzen gebraucht als eine Abkürzung für nicht-menschliche Natur. Er bezieht sich also auf diejenigen Ebenen des Naturgeschehens, mit denen sich die physikalischen und biologischen Wissenschaften beschäftigen. Diese kurze Bemerkung muß in diesem Zusammenhang genügen als Hinweis darauf, daß ich die Vorstellung von einer gleichsam existentiellen Verschiedenheit von »Natur« und »Gesellschaft«, oder je nachdem auch von »Natur« und »Kultur« oder »Geschichte«, nicht teile. In dem beobachtbaren Universum läßt sich eine Hierarchie von Integrationsebenen erkennen. Eine von ihnen, die komplexeste, ist die Menschenwelt. Jede von ihnen hat Strukturen eigener Art und verlangt dementsprechend auch Untersuchungsmethoden eigener Art. Es ist lediglich eine Projektion dieser verschiedenen Untersuchungsmethoden, also des Unterschiedes zwischen Naturwissenschaften und Menschenwissenschaften (oder »Kulturwissenschaften«, »Geschichtswissenschaften« usw.), die es so erscheinen läßt, als ob die Gegenstandsbereiche »Natur« und »Gesellschaft« existentiell so getrennt seien wie die Naturwissenschaften und die Gesellschaftswissenschaften. *(Zusatz 1977)*

3 Es ist einigermaßen verwirrend, wenn der Begriff »Wert« in bezug auf Wissenschaften für solche »Werte« reserviert wird, die in wissenschaftliche Theorien und Verfahren gleichsam von außen eindringen. Nicht nur hat dieser enge Gebrauch des Wortes zu der seltsamen Schlußfolgerung geführt, daß es möglich sei, die Verbindung zwischen der Tätigkeit des

»Wertens« und den »Werten«, die ihr als Richtschnur dienen, zu zerschneiden, er hat auch den Anwendungsbereich von Begriffen wie »Wert« oder »Wertung« gemeinhin so eingeschränkt, daß sie nur noch auf das anwendbar erscheinen, was sonst als »Vorurteil« oder »Voreingenommenheit« bekannt ist. Aber auch wer sich zum Ziel nimmt, den Zusammenhang von Ereignissen, ihre immanente Ordnung herauszufinden oder, wie es manchmal ausgedrückt wird, der »Wahrheit« näherzukommen, betrachtet implicite die Entdeckung dieses Zusammenhangs oder der »Wahrheit« als »Wert«. In diesem Sinne hat jedes wissenschaftliche Bemühen moralische Implikationen. Statt zwischen zwei Typen von Wissenschaften zu unterscheiden, von denen die eine »wertfrei«, die andere »wertend« ist, erscheint es sowohl einfacher wie treffender, in wissenschaftlichen Aussagen zwei Typen von Wertungen zu unterscheiden, die eine autonom, die andere heteronom, von denen einmal diese, einmal jene dominierend sein kann.

4 Das Problem der »Selbstbegegnung« ist zweifellos sehr viel komplexer, als hier gezeigt werden kann. Es spielt bei der Erforschung der Natur ebenso eine Rolle wie bei der Erforschung der Gesellschaft; denn der Mensch ist ein Teil von beiden. Jede tiefere Veränderung des menschlichen Naturbildes geht deshalb Hand in Hand mit einer Veränderung des Bildes, das Menschen von sich selbst haben. Das gleiche gilt für jede Veränderung ihres Bildes von dem gesellschaftlichen Universum. Der Erfolg oder Mißerfolg aller Versuche, eine engagiertere durch eine distanziertere Betrachtung sozialer Ereignisse zu ersetzen, ist daher geknüpft an das Vermögen von Menschen, ihr Selbstbild in der gleichen Richtung, im Sinne einer größeren Distanzierung, zu revidieren. Das ist schwierig, weil die Ergebnisse einer solchen Revolution so gut wie immer hochgeschätzten und emotional befriedigenden Idealen und Glaubensaxiomen zuwiderlaufen. In dieser Hinsicht stellt sich das Problem zunehmender Distanzierung in den Sozialwissenschaften kaum anders als in der Entwicklung der Naturwissenschaften.

Allerdings ist es immer noch ein offenes Problem, wieweit Menschen imstande sind, sich selbst ins Auge zu sehen, sich wahrzunehmen, wie sie sind, ohne den schimmernden Panzer von Phantasien, der sie vor vergangenem, gegenwärtigem und zukünftigem Leiden schützt. Man kann mit einiger Gewißheit sagen, daß das Vermögen zu unverhüllter Selbstwahrnehmung steigt und fällt mit dem Grad an Sicherheit, den Menschen jeweils erreicht haben. Aber wahrscheinlich hat dieses Vermögen seine Grenzen.

Wie immer es sich damit verhält, gegenwärtig können solche Probleme nur in Gesellschaften erörtert werden, die ein hohes Maß an Individualisierung erzeugen und verlangen. In solchen Gesellschaften werden Menschen durch ihre Erziehung dahin gebracht, sich selbst, vielleicht mehr als jemals zuvor, als Wesen zu erfahren, die voneinander durch sehr feste Mauern geschieden sind. Man kann kaum bezweifeln, daß dieses Bild seiner selbst als *homo clausus* die Lösung der Aufgabe, sich selbst aus größerer Distanz als Teil eines Beziehungsgeflechts zu sehen, das von vielen gebildet wird, und die Eigenart und Struktur dieses Geflechts zu untersuchen, in hohem Maße erschwert, wenn nicht unmöglich macht.

5 Die offensichtlichen Unterschiede im Entwicklungsstand verschiedener Sozialwissenschaften haben vielleicht noch nicht ganz die Aufmerksamkeit gefunden, die sie verdienen. Ähnlich wie die Unterschiede in der Entwicklung der Natur- und der Sozialwissenschaften im allgemeinen sind sie für jede Erkenntnis- und Wissenschaftstheorie von Bedeutung.

Aber ich muß es mir an dieser Stelle versagen, auf die durch solche Differenzen aufgeworfenen Probleme einzugehen. Dazu wäre es nötig, die soziologische Erkenntnistheorie, die in diesen Beobachtungen über Engagement und Distanzierung nur implicite vorgestellt wird, zu explizieren. Doch mag es nützlich sein, wenigstens im Vorbeigehen ganz kurz darauf hinzuweisen, daß im Rahmen einer solchen soziologischen Theorie der Erkenntnis die Entwicklung des wissenschaftlichen wie des Denkens überhaupt und die Wandlungen in der Situation der Denkenden nicht mehr unabhängigen Untersuchungsgebieten zugeordnet werden; sie bleiben als verschiedene, aber untrennbare und interdependente Facetten ein und desselben Menschheitsprozesses miteinander verbunden. Mit Hilfe eines solchen integrierenden Rahmenwerks wird es dann auch möglich, die verschiedenen Entwicklungsstufen des Denkens und Wissens, wie sie etwa auch durch den verschiedenen Entwicklungsstand der Sozial- und der Naturwissenschaften repräsentiert werden, mit größerer Genauigkeit zu bestimmen. Begriffe wie »Grad der Distanzierung«, »Niveau der Angemessenheit« oder »Kontrollniveau« dienen gewissermaßen als Bestimmungseinheiten für solche Unterschiede.

Auf dieser Linie könnte man zum Beispiel sagen, daß unter gegenwärtigen Bedingungen Anthropologen eine bessere Chance haben, Theorien über menschliche Beziehungen zu einem höheren Niveau der Angemessenheit zu entwickeln, als etwa Soziologen, die mit der Untersuchung ihrer eigenen, hochdifferenzierten Gesellschaften oder anderer Gesellschaften des gleichen Typs beschäftigt sind. Anthropologen haben eine bessere Chance nicht nur, weil es einfacher ist, kleine und nicht allzu komplex strukturierte Gesellschaftseinheiten zu überblicken und relativ gut passende Theorien über sie zu entwickeln, sondern auch, weil die Forscher selbst in der Regel weniger direkt in die untersuchten Probleme involviert sind. Sie untersuchen in den meisten Fällen Gesellschaften, zu denen sie nicht gehören, andere Soziologen meistens Gesellschaften, deren Mitglieder sie sind.

Aber das bisher Gesagte beschreibt nur eine Facette der Beziehung zwischen der Einstellung und der Situation der Denkenden. Um ein vollständigeres Bild zu gewinnen, müßte man in Betracht ziehen, daß in der anthropologischen Feldarbeit Menschen mit einer distanzierteren Persönlichkeitsstruktur anderen mit einer mehr engagierten, mehr affektgeladenen Persönlichkeitsstruktur begegnen. Die distanzierteren theoretischen Denkwerkzeuge, die Anthropologen entsprechend ihrer Situation leichter zu entwickeln vermögen, können dann innerhalb bestimmter Grenzen selbst als Schutzschild gegen die Einflüsse mehr engagierter Denkformen nicht nur auf ihre wissenschaftliche Arbeit, sondern vielleicht sogar auf ihre Persönlichkeitsstruktur dienen. Diese Schutzwirkung kann selbst dann erhalten bleiben, wenn es zwischen den sozialen Einheiten, zu denen sie als Mitglieder gehören, und anderen, denen sie vor allem als Forscher begegnen, zu wachsenden Spannungen kommt.

Was bisher gesagt wurde, mag genügen, um darauf hinzuweisen, daß es für das vergleichende Studium des Entwicklungsstandes verschiedener Menschenwissenschaften angemessener und fruchtbarer sein mag, das Augenmerk auf die Beziehungen zwischen Beobachtern und Beobachtungsgegenstand zu richten, als entweder auf die Beobachter oder auf ihren Gegenstand oder vielleicht sogar auf ihre »Methode« allein.

Zusatz 1977: Es ist möglich, daß dieser Gedankengang nur dann völlig verständlich wird, wenn man berücksichtigt, daß der unmittelbare Beleg, auf den er sich bezieht, das Verhältnis von Anthropologie und Soziologie in Großbritannien ist. Dort hat die Anthropologie, ganz gewiß nicht ohne Zusammenhang mit ihrer Funktion für das britische Kolonialreich, eine verhältnismäßig lange Tradition. Sie ist repräsentiert durch eine Reihe von Männern, deren Name und deren Leistung weit über England hinaus bekannt geworden sind, Männer wie Malinowski, Evans-Pritchard, Radcliffe-Brown u. a. m. Das Prestige der Soziologie in England hingegen blieb, trotz Spencer und Hobhouse, im großen und ganzen hinter dem der Anthropologie zurück.

6 Selbst in der elementaren Form, in der es hier vorgestellt wird, mag ein solches Reihenmodell die Verwirrung klären helfen, die oft aus einer allzu scharfen Dichotomie zwischen Mengen und Konfigurationen (»Systemen«) entspringt. Nicht alle Bezugsrahmen physikalischer Probleme sind in der Nähe des Mengenpols des Modells angesiedelt. Nicht alle Bezugsrahmen biologischer oder soziologischer Probleme haben ihr Äquivalent in der Nähe des anderen Pols. Sie sind in jedem dieser Forschungsbereiche weiter gestreut, als häufig angenommen wird. Und obwohl wahrscheinlich das Gros von ihnen in jedem dieser Bereiche einem bestimmten Abschnitt des Reihenmodells zugeordnet werden kann, überschneiden sich in vielen Fällen die Bezugsrahmen der Probleme verschiedener Disziplinen, wie sie in diesem Modell abgebildet sind.

7 Im Falle des zweiten thermodynamischen Gesetzes ist ein experimentel-

les und statistisches Gesetz als eine Aussage über Qualitäten der Bezugseinheit insgesamt, d. h. des physikalischen Universums, interpretiert worden. Wenn man jedoch Erfahrungen aus anderen Bereichen hier heranziehen darf, ist es nicht immer ganz unbedenklich anzunehmen, daß Struktureigentümlichkeiten, die man an Teileinheiten einer Figuration beobachtet hat, auch Eigentümlichkeiten der Figuration als ganzer seien. Ob man in dem erwähnten Fall berechtigt ist, Regelmäßigkeiten, die in einem Teilbereich, in zeitlicher wie in räumlicher Hinsicht, einer Figuration beobachtet wurden, als Regelmäßigkeiten des Gesamtgefüges zu interpretieren, können allein Physiker entscheiden.

Aber die hier angestellten Überlegungen über Gesetze werden, so oder so, von diesem Fall kaum betroffen. In der Physik, wie in anderen wissenschaftlichen Disziplinen, ist der Bezugsrahmen der Forschungsprobleme alles andere als einheitlich. Obwohl in der Mehrheit der Fälle die Beobachtungseinheiten einfach als Haufen begriffen werden, gibt es andere Beispiele, wo sie als Einheiten gesehen werden, deren Struktureigentümlichkeiten denen organisierter Figurationen nahekommen. Gleichwohl zeigen die Figurations- und Prozeßmodelle, die in den physikalischen Wissenschaften ausgearbeitet worden sind, verglichen mit denen einiger biologischer und Sozialwissenschaften, im großen und ganzen eine relativ hohe Unabhängigkeit der Teileinheiten und einen relativ niedrigen Grad der Organisation.

Vielleicht oder auch nicht liegt hier der Grund für die Tatsache, daß in den physikalischen Wissenschaften mit dem Aufstieg von Modellen, die einige der Charakteristika organisierter Figurationen an sich tragen, zwar der Status von Gesetzen im klassischen Sinne des Wortes etwas gesunken ist, daß aber diese Veränderung nicht sehr markant zu sein scheint. Was dagegen, wie es scheint, an Gewicht gewonnen hat, ist die implizite Erwartung, daß die diversen Gesetze, die bei der Untersuchung isolierter Zusammenhänge entdeckt wurden, sich mit der Zeit zusammenfügen und ein umfassendes theoretisches Gerüst für das Verhalten der weitesten Figuration als ganzer bilden werden. Vielleicht ist noch nicht ganz klar, warum man erwarten sollte, daß die zusammenhanglosen Einzelzusammenhänge, deren Regelmäßigkeiten man mehr oder minder zuverlässig bestimmt hat, sich in der Folge miteinander verbinden und ihren Platz in einem kohärenten Ganzen finden werden. Wer eine solche Erwartung hegt, nimmt jedenfalls an, daß schließlich alle Mengen, eingeschlossen die von Energie und Materie, sich als organisierte Figurationen irgendwelcher Art oder als Aspekte und Teile einer solchen erweisen werden.

8 Man braucht kaum darauf hinzuweisen, daß dasselbe Argument auch für die alte Auseinandersetzung über die Beziehung dessen, was traditionellerweise »Körper« und »Seele« genannt wird, zutrifft. Auch in diesem Fall sind Lösungsvorschläge in rein physikalischer und in rein metaphysi-

scher Richtung gewöhnlich Repräsentanten ein und desselben Denkstils und gleich ungeeignet. Ob monistisch oder dualistisch, ob sie der »Seele« Qualitäten der »Materie« oder der »Materie« Qualitäten der »Seele« zuschreiben – alle diese Ansätze versuchen, eine zusammengesetzte Einheit aus ihren Teileinheiten zu erklären.

II
Die Fischer im Mahlstrom

I

Aufgrund einer langen Tradition beschäftigen sich Soziologen vorwiegend mit Problemen auf einer einzelnen Gesellschaftsebene – der innerstaatlichen. Andere Ebenen werden berührt oder auch als nicht eigentlich soziologisch einer anderen Sozialwissenschaft überlassen. Zwischenstaatliche Probleme zum Beispiel werden eigentlich nicht als soziologische Probleme betrachtet. Sie werden als »politisch« klassifiziert, werden als Probleme der »internationalen Beziehungen« eingeordnet und dementsprechend dem Forschungsbereich der Politikwissenschaft zugewiesen.
Im Rahmen der Figurationssoziologie lassen sich solche Trennungen nicht aufrechterhalten, insbesondere wenn deutlich wird, daß Figurationen, die Menschen miteinander bilden, so gut wie immer im Fluß, also Prozesse sind. Figurationen können Individuen miteinander bilden. Innerstaatlich können regionale Gruppierungen oder soziale Formationen durch funktionelle Interdependenzen auf die verschiedenste Weise aneinander gebunden sein, zum Beispiel Klassen in der Form von Klassenkonflikten, Länder in der Form eines Bundesstaates. Aber auch Staaten bilden Figurationen miteinander. Viele vertraute Gegebenheiten, wie die der zwischenstaatlichen Spannungsbalancen oder der Abtrift zum Atomkrieg, lassen sich ohne Figurationsanalyse nicht erfassen und nicht erklären.
Das gilt ganz besonders, wenn man den Prozeßcharakter von Figurationen in Rechnung stellt. Es war schon immer nicht ganz realistisch, in Gedanken innerstaatliche Probleme und zwischenstaatliche Probleme voneinander zu trennen. Aber je weiter sich die Interdependenzverflechtungen über die ganze Menschheit hin ausgebreitet haben und je enger die Verflechtung der verschiedenen Staaten der Menschheit geworden ist, um so weniger einträglich ist es, die Erforschung dieser beiden Ebenen der menschlichen Gesellschaft nach Fächern zu trennen. Im 20. Jahrhundert ist das, was

innerhalb eines Staates vor sich geht, insbesondere die Verteilung der innerstaatlichen Machtgewichte, von dem, was sich zwischen den Staaten abspielt, insbesondere von den Machtverhältnissen der Staaten, weniger abtrennbar als je zuvor. Wo immer man hinblickt, stößt man auf die Interdependenz der innerstaatlichen und der zwischenstaatlichen Prozesse.

Zu diesen beiden tritt als dritte und vierte Ebene die Beziehung der Menschen zu den Naturgewalten und zu sich selbst. Man ist sich dieser Beziehung zu Naturgewalten vielleicht nicht als einer Ebene der Sozialbeziehungen bewußt; dennoch ist sie das. Menschen leben in einer labilen Balance – und kämpfen oft genug – mit den Naturgewalten außerhalb und innerhalb ihrer selbst und suchen Kontrolle über sie zu gewinnen in einer Art und Weise, die nicht besonders verschieden ist von der Art und Weise, in der sie miteinander in Balance leben und vielleicht Kontrolle über einander zu gewinnen suchen. Die Entwicklung ihres Zusammenlebens miteinander, sei es innerhalb von Staaten, sei es im zwischenstaatlichen Bereich, läßt sich von der Entwicklung ihres Zusammenlebens mit nicht-menschlichen Naturgebilden und -prozessen und mit sich selbst in keiner Weise ablösen.

Hier findet man sich also vor die Notwendigkeit gestellt, ein mehrdimensionales Gesellschaftsmodell zu entwickeln oder – wenn man so will – ein Modell mit mehreren Ebenen, deren Beziehungen zueinander hier zunächst als Problem vorgestellt werden können, ohne daß man es in diesem Zusammenhang weiterzuführen braucht. Es liegt auf der Hand, daß der Prozeß der menschlichen Naturbeziehung, der Prozeß des Zusammenlebens von Menschen innerhalb einer einzelnen Überlebenseinheit wie der eines Stammes oder eines Staates und der Prozeß ihres Zusammenlebens in der Form einer Pluralität von Überlebenseinheiten ebenso wie der ihres Zusammenlebens mit sich selbst schlechterdings nicht voneinander zu trennen sind.

Auf den letzten dieser Prozesse allerdings kann ich hier nur im Vorübergehen hinweisen. An Bedeutung steht er ganz gewiß nicht hinter den anderen zurück. Aber der Prozeß, in den jeder Mensch mit sich selbst verwickelt ist, als Ebene der Menschheitsentwicklung, fällt in den Bereich der Zivilisationstheorie. Hier genügt es, daran zu erinnern, daß der Mensch ein Prozeß ist. Dies gehört zwar zu den elementarsten Erfahrungen der Menschen, wird aber in der Reflexion aufgrund einer überwältigend starken Tendenz zur Zustandsreduktion gewöhnlich unterdrückt. Man spricht vielleicht davon, daß der Mensch einen Prozeß durchläuft, wie man ja auch sagt, daß der Wind weht, obgleich doch eben das Wehen der Wind *ist.* So mag sich auch das sprachliche Herkommen in uns etwas sträuben, wenn man den Satz hört: Der Mensch ist ein Prozeß. Aber vielleicht hilft diese Aussage dem Vorstellungsvermögen voran.

Hier hat man also einen kurzen Aufriß eines Prozeßmodells auf vier Ebenen, deren Balancen und deren Veränderungen ständig ineinanderwirken. Im folgenden konzentriere ich mich auf bestimmte Aspekte dieser Prozesse und beschränke mich dabei im wesentlichen auf zwei der vier Ebenen: auf die sozio-naturale und die zwischenstaatliche Ebene. Der Prozeßaspekt, den ich hier besonders im Auge habe, ist eigentümlich. Es handelt sich um einen sozialen ›Mechanismus‹, der eine bremsende, wenn nicht gar eine blockierende Wirkung auf die Prozeßdynamik haben kann, aber je nach den Umständen auch eine beschleunigende Wirkung. Er ist vom Ansehen her, besonders in der Form der Abtrift zu einem Atomkrieg, so gut wie jedermann bekannt, aber man sieht ihn gewöhnlich nicht als einen wiederkehrenden Prozeßaspekt, dem man – mit Variationen – auf allen vier Ebenen begegnet. Aus Gründen, die selbst der Untersuchung wert sind, ist seine Mechanik bisher unerforscht geblieben. So ist es vielleicht an der Zeit, ihm zu theoretischer Dignität zu verhelfen.

Man findet zuweilen, daß Menschen, als Gruppen wie als Individuen, in einer Weise verstrickt sind, sei es mit der

Natur, mit anderen Menschen, anderen Gruppen oder auch mit sich selbst, die es ihnen schwer macht, sich der Verstrikkung zu entziehen: die Art, in der sie verstrickt sind, also – wenn man diesen Ausdruck einmal im erweiterten Sinne gebrauchen darf – die Figuration, die sie etwa als Stamm mit der Natur, als Staat mit anderen Staaten oder auch als Bewußtseinsselbst und als Körperselbst miteinander bilden, übt in diesem Fall Zwänge auf sie aus und bestimmt zum guten Teil ihre Entscheidungen und ihr Handeln. Die eigentümliche Zwangsapparatur, um die es sich dabei handelt – man könnte auch sagen: die Falle, in der sich Menschen gefangen finden –, läßt sich besonders bei ihrer Begegnung mit ständigen und für sie unausweichlichen Gefahren beobachten, also im Zuge von dem, was man vielleicht als kritische Prozesse bezeichnen kann. Das Elementarste, was sich über diese Zwangsapparatur sagen läßt, ist, daß es sich um eine Zirkularbewegung, ja oft um eine Eskalation handelt: ein hohes Gefahrenniveau findet sein Gegenstück in einem hohen Affektniveau des Wissens und so auch des Denkens über diese Gefahr und des Handelns in bezug auf sie, also in einer hohen Phantasiegeladenheit der Vorstellungen von den Gefahren, die zur ständigen Reproduktion des hohen Gefahrenniveaus und so auch zur Reproduktion von Denkweisen führt, die mehr phantasie- als wirklichkeitsorientiert sind.
Ich habe seit geraumer Zeit darüber nachgedacht, welchen Begriff man standardisieren kann, um solche Probleme der weiteren Untersuchung zugänglich zu machen; denn dazu bedarf man ja eines Symbols der gedanklichen Synthese, eines unzweideutigen Konzepts als Mittel der Kommunikation wie der Orientierung. Früher habe ich gelegentlich im Hinblick auf solche Verstrickungen von einem »erstarrten Clinch« oder auch einem »Teufelskreis« gesprochen. Inzwischen erscheint es mir am einfachsten, einen bereits vorhandenen und einigermaßen gängigen Ausdruck, Gregory Batesons Ausdruck *double-bind*, von der sozial-psychiatrischen Ebene zu übernehmen, ihn unter Fortlassung aller Bezüge

zur Schizophrenie auf die soziologischen Ebenen zu übertragen und ihn so mit abgewandelter Bedeutung als »Doppelbinder« einzudeutschen.

2

Vielleicht kann man das, was mit dem Ausdruck »Doppelbinder« gemeint ist, durch eine Episode aus Poes Erzählung über den Sturz in den Mahlstrom etwas deutlicher machen.
Man erinnere sich: Während die Fischer langsam in den Abgrund des Strudels gezogen wurden, trieben sie noch eine Zeitlang mit anderen Wrackstücken die Wände seines enger werdenden Trichters entlang. Zuerst waren beide Brüder – der jüngste war bereits im Sturm untergegangen – zu sehr von Furcht überwältigt, um klar denken und genau beobachten zu können, was um sie herum geschah. Nach einer Weile jedoch, so erzählt uns Poe, vermochte einer der Brüder seine Furcht abzuschütteln. Während der ältere, durch die nahende Katastrophe gelähmt, hilflos im Boot kauerte, faßte sich der jüngere Mann und begann, mit einer gewissen Neugierde um sich zu schauen. Nun, als er alles mit größerer Ruhe zusammen sah, beinahe als ob er nicht davon betroffen wäre, bemerkte er gewisse Regelmäßigkeiten in den Bewegungen der Trümmer, die zusammen mit dem Boot in Kreisen herumgetrieben wurden. Kurz: Durch Beobachten und Überlegen kam er zu einer »Idee«; ein zusammenhängendes Bild des Prozesses, in den er verwickelt war, eine »Theorie«, begann in seinem Denken Gestalt anzunehmen. Indem er mit geschärfter Aufmerksamkeit um sich sah und nachdachte, gelangte er zu dem Schluß, daß zylindrische Gegenstände langsamer sanken als Gegenstände jeder anderen Form und kleinere Gegenstände langsamer als größere. Aufgrund dieses synoptischen Bildes der Regelmäßigkeiten in dem Prozeß, in den er verwickelt war, und nachdem er deren Bedeutung für seine eigene Situation erkannt hatte, unternahm er

die angemessenen Schritte. Während sein Bruder in Furcht erstarrt blieb, band er sich selbst an ein Faß. Vergeblich forderte er den Älteren auf, dasselbe zu tun; dann sprang er über Bord. Das Boot mit dem Bruder sank schneller und wurde am Ende von dem Abgrund verschlungen. Das Faß hingegen, an dem er hing, wurde weit langsamer in die Tiefe gezogen, so daß sich der Fischer, als die Neigung der Trichterwände allmählich wieder weniger steil und die Kreiselbewegungen des Wassers weniger heftig wurden, an der Oberfläche des Meeres wiederfand und schließlich unter die Lebenden zurückkehrte.

Der Fischer sah sich, kurz gesagt, in einen kritischen Prozeß verwickelt, der zuerst völlig seiner Kontrolle entzogen schien. Eine Zeitlang mag er sich an irgendwelche imaginären Hoffnungen geklammert haben. Phantasien von einem Wunder, einer Hilfe durch unsichtbare Personen mögen ihm durch den Sinn gegangen sein. Nach einer Weile jedoch beruhigte er sich. Er begann, kühler zu denken; und indem er zurücktrat, seine Furcht kontrollierte und sich selbst gleichsam aus größerer Distanz als Menschen betrachtete, der mit anderen, mit wilden Naturgewalten, eine bestimmte Konstellation bildete, brachte er es fertig, seine Gedanken von sich weg auf die Situation zu lenken, in der er gefangen war. Nun erkannte er die Elemente in dem unkontrollierbaren Prozeß, die er benutzen konnte, um dessen Verlaufsbedingungen für sein eigenes Überleben besser zu kontrollieren. Indem er in seiner Vorstellung die Struktur und Richtung des Ereignisflusses symbolisch repräsentierte, entdeckte er einen Weg des Entkommens. Das Niveau der Selbstkontrolle und das Niveau der Prozeßkontrolle waren in dieser Situation, wie man sehen kann, interdependent und komplementär.

3

Allerdings ist, was man in dieser Erzählung antrifft, ein kritischer Prozeß eines spezifischen Typs. Menschen haben in diesem Fall noch eine Chance, sowohl ihre eigenen starken Affekte als auch einige Aspekte der kritischen Situation selbst zu kontrollieren. Sie haben noch eine Chance, die Zusammenhänge relevanter Teilaspekte des Prozesses mit einer gewissen Distanzierung zu beobachten und unbehindert durch selbstbezogene Phantasien, also in einer relativ sachgerechten oder »realistischen« Weise, eine mögliche Lösung für das Problem ihres eigenen Überlebens zu finden; sie sind noch in der Lage, eine integrierende symbolische Repräsentation (ein »Modell«, eine »Theorie«) dieser Zusammenhänge zu bilden, auf deren Grundlage sie dann handeln und ihre Situation gemäß ihren Erfordernissen verändern können[1].

Nicht alle Formen und Stadien kritischer Prozesse bieten denen, die in sie verwickelt sind, solche Chancen. Es gibt Prozesse, bei denen das Empfinden einer drohenden Gefahr so überwältigend stark ist, daß die meisten Menschen zu einer relativen Distanzierung und zur Kontrolle ihrer Furcht unfähig werden, auch wenn der Prozeß selbst, wie sie bei größerer Gelassenheit und einigem Nachdenken aus größerer Distanz erkennen könnten, ihnen immer noch Chancen der Kontrolle und somit eines schadlosen Entkommens eröffnet.

Dann aber gibt es auch kritische Prozesse, die so weit fortgeschritten sind, daß den in sie verstrickten Menschen keine Chance mehr bleibt, ihre physische und psychische Integrität zu erhalten oder auch nur ihr Überleben zu sichern. Wie groß auch ihre Distanzierung, ihre Fähigkeit zu realistischem Nachdenken sein mag, der Prozeß hat für sie den Punkt erreicht, an dem es kein Zurück mehr gibt. Sie können sich nicht retten, was immer sie denken oder tun. Der Fischer im Mahlstrom wäre, wenn sein Boot bereits tiefer zum

Grund des Trichters hinabgezogen worden wäre, kaum in derselben Weise imstande gewesen, realistisch nachzudenken und unbetroffen durch Furcht oder Verzweiflung ein ziemlich passendes symbolisches Modell des Prozesses, in den er verstrickt war, als Richtschnur seines Handelns zu entwickeln. Und selbst wenn er noch ein solches Modell hätte entwickeln können, hätte es ihm nichts mehr genützt. Seine Position innerhalb des Prozesses hätte ihm keine Chance mehr gegeben, die für ihn relevanten Aspekte der Situation durch irgendeine Tat zu verändern, die ihn vor dem Tode hätte bewahren können.

Auch ist ein kühler Kopf in einer gefährlichen Situation nicht immer der beste Garant der Rettung oder des Überlebens. Ein Krieger zum Beispiel mag keine andere Wahl haben, als sich wild und kühn in den Kampf zu stürzen. In einer solchen Situation kann Wagemut realistischer sein als ein hohes Maß an Vorsicht und Affektkontrolle oder lange Pausen vorwegnehmender Überlegung. Kraft, Geschicklichkeit, Tapferkeit und ein hitziges Temperament können hier für einen Menschen einen größeren Überlebenswert haben als eine hohe Fähigkeit zur Selbstbeherrschung – auch wenn ein bißchen Überlegung immer nützlich sein wird.

Es gibt schließlich die Möglichkeit, daß Menschen mehr zufällig als geplant auf einen Ausweg aus einer kritischen Situation stoßen. Aber auch das kann nur geschehen, wenn die Struktur des Prozesses den darin verstrickten Menschen Schlupfwege des Entrinnens läßt. Wenn riesige Meteoriten vom Himmel regnen, auf einer Stufe der Gesellschaftsentwicklung, auf der Menschen weder das Wissen noch die Mittel haben, um einer solchen Katastrophe zu begegnen, oder auf der sie zwar das Wissen und die Mittel haben, aber nicht auf sie vorbereitet sind, stehen die Überlebenschancen für die Bewohner der betroffenen Landstriche ziemlich schlecht. Einige mögen dennoch durch Zufall oder Glück der Vernichtung entgehen. Wenn die Niederschläge anhalten und die ganze Erde überziehen, können auch Voraussicht und Glück nicht mehr viel helfen.

4

Die Parabel von den Fischern unterstreicht die funktionale Interdependenz zwischen der Gefühlsbalance eines Menschen und dem weiteren Prozeß, auf den sie eingestellt ist. Sie läßt die mögliche Kreisläufigkeit dieser Beziehung plastischer hervortreten. Die Haltung des älteren Bruders weist auf die Kreisläufigkeit hin. Hohe Exponiertheit gegenüber den Gefahren eines Prozesses erhöht die Emotionalität menschlicher Reaktionen. Hohe Emotionalität der Reaktion verringert die Chance einer realistischen Beurteilung des kritischen Prozesses und damit einer realistischen Praxis ihm gegenüber. Eine relativ unrealistische Praxis unter dem Druck starker Affekte verringert die Chance, den kritischen Prozeß unter Kontrolle zu bringen. Kurzum: Unfähigkeit zur Kontrolle geht gewöhnlich Hand in Hand mit hoher Emotionalität des Denkens und Handelns; dadurch bleibt die Chance zur Gefahrenkontrolle auf einem niedrigen Niveau, wodurch wiederum die Emotionalität der Reaktion auf einem hohen Niveau gehalten wird, und so weiter.
Diese Art von Kreisläufigkeit – ein physio-psychologischer und sozio-psychologischer Doppelbinder – ist in der Entwicklung menschlicher Gesellschaften keineswegs selten. Wenn sie nicht längst wahrgenommen und bisher kaum in Begriffe gefaßt wurde, so liegt dies wohl daran, daß der gegenwärtig vorherrschende Kanon des Denkens mit seinem charakteristischen Kategorialapparat ihrer Entdeckung entgegenarbeitet. Menschen, die in einer physikalistischen Tradition erzogen sind, pflegen Erklärungen nur in mechanischen Ursache-Wirkung-Zusammenhängen zu suchen. In diesem Denkrahmen erscheint die ganze Welt als ein Haufen ontologisch unabhängiger Einzelprozesse – was an Interde-

pendenz vorhanden ist, erscheint wie etwas Zusätzliches, das nachträglich zu primär unabhängig existierenden Einheiten oder Ereignissen noch hinzukommt. Das Verständnis existentieller Interdependenzen steckt noch in den Anfängen. Wieder und wieder reden Menschen so, als ob ein Erkenntnis»subjekt«, ein »Mensch ohne Welt« oder ein »Verstand ohne Gegenstand« für sich, als unabhängige Einheit, existiere, und auf der anderen Seite, jenseits einer Kluft, als ebenso unabhängige Einheit die Welt, die unter Namen wie »Umwelt« oder »Objekte« eingeordnet wird.

Dabei ist ganz unübersehbar, daß Menschen in ihrer ganzen Existenz auf eine Welt eingestellt sind – ihre Lungen auf die Luft, ihre Augen auf das Sonnenlicht, ihre Beine auf die feste Erde und ihr Herz auf andere Menschen. Die Interdependenz ist grundlegend; sie bestimmt, wie »Objekte« auf »Subjekte«, »Subjekte« auf »Objekte«, nicht-menschliche Naturereignisse auf Menschen und Menschen auf die nichtmenschliche Natur wirken. Wie immer man es nennen will, es handelt sich um eine ontologische, eine existentielle Interdependenz. Der ontologische Dualismus, die Vorstellung einer Welt, die in »Subjekte« und »Objekte« gespalten ist, führt in die Irre. Sie vermittelt den Eindruck, daß »Subjekte« ohne »Objekte« existieren könnten. Sie verleitet Menschen zu fragen, was von beiden die Ursache und was die Wirkung sei. Wo Einheiten ontologisch in einer Beziehung funktionaler Interdependenz zueinander stehen, wie etwa Magen und Hirn, wirtschaftliche und politische Institutionen oder auch Menschen und nicht-menschliche Natur, begegnet man Zusammenhängen eines Typs, der durch ein mechanisches Ursache-Wirkung-Modell nicht mehr zureichend erfaßt werden kann. Zirkularprozesse und Doppelbinder als eine ihrer Unterformen, sind in diesem Falle die Regel.

Selbst die Klassifizierung als Rückkoppelungs-Mechanismus kann die Kreisläufigkeit solcher Prozesse nicht mit dem Ursache-Wirkung-Modell versöhnen. Das letztere ist kein Prozeß-Modell; es ist eine kurzfristige und statische Zusammenhangsform – eine Art von harmonischer Ungleichheit: die Ursache hat alle Macht, die Wirkung anscheinend keine. Der Rückkoppelungs-Mechanismus ist ein Mechanismus, aufgrund dessen Abweichungen von einer Hauptachse in der einen oder der anderen Richtung selbsttätig korrigiert werden. Der Begriff des Doppelbinders läßt sich schon deswegen nicht zureichend durch den Hinweis auf physikalische Zusammenhangsformen bestimmen, weil es sich dabei um eine Zwangslage von Menschen handelt – deren Art, diese Zwangslage zu erleben, ihre Gefühls- und Bewußtseinslage, ihre Mentalität, ihre Persönlichkeitsstruktur, die selbst durch die betreffende Zwangslage mit erzeugt ist, trägt Entscheidendes dazu bei, daß diese Zwangslage und die Gefahren, die sie mit sich bringt, für sie unentrinnbar bleiben. Ob es sich um die Beziehung von Menschen zu dem handelt, was wir Natur nennen, oder um die Beziehung von Menschen zueinander, im Zentrum eines Doppelbinderprozesses steht ein Machtkonflikt. Die Gefahren, die er für die in ihn verwickelten Menschen mit sich bringt, sind eben deswegen für sie schwer zu überwinden, weil ihre eigene Mentalität, die durch die Bedrohung mit geprägt wird, die Bedrohung immer von neuem reproduziert. Es ist möglich, drei Phasen eines Doppelbinders zu unterscheiden; aber sie lassen sich nicht trennen, die Übergänge sind fließend. Bei fluktuierenden Machtkämpfen kann die Spannung selbst auf gleicher Höhe bleiben; oder die Fluktuationen der Machtkämpfe haben den Charakter einer Eskalation, bei der sich die Spannung ständig erhöht; oder sie haben den Charakter eines Durchbruchs: die allmähliche Verminderung der Spannung erlaubt dann eine Veränderung der sie aufrechterhaltenden Mentalität (der Persönlichkeitsstrukturen, der Glaubens- und Werthaltungen, der Affektlage usw.), die ihrerseits wieder zur Verminderung der Spannung, zur Verringerung der Gefahren beiträgt.

Das sind vorläufige Formulierungen. Aber da die Erkenntnis, daß die eigene Mentalität der von einer Zwangslage Be-

troffenen zur Unentrinnbarkeit der Zwangslage beitragen kann, noch relativ neu ist, bleibt viel Zeit für weitere Forschung. Was gesagt wurde, genügt vielleicht, um sichtbar zu machen, daß es sich bei einem Doppelbinder um einen sozialen Prozeß handelt. Die Dynamik seines immanenten Wandlungspotentials bleibt wirksam, auch wenn die Aktualisierung dieses Potentials blockiert ist oder in einem sehr langsamen Prozeß ihren Ausdruck findet.
Zwei Beispiele mögen hier genügen, um dem theoretischen Skelett etwas mehr empirische Substanz beizugeben. Die Wahl der Beispiele mag unerwartet sein, aber das Anwendungsgebiet ist weit. Die Beispiele können deutlicher machen, was es mit dieser Art von Kreisläufigkeit auf sich hat und in welcher Verbindung sie mit den theoretischen Problemen von Engagement und Distanzierung stehen.
Das erste Beispiel betrifft die Beziehung zwischen vorwissenschaftlichen, magisch-mythischen Vorstellungen, auch von der Natur, und dem Niveau der Gefahren im Leben der Menschen, die die Welt und sich selbst in dieser Weise wahrnehmen. Das zweite betrifft die gegenwärtige Abtrift zu einem Atomkrieg. Vielleicht ist es zunächst nicht einfach, in diesen beiden Episoden, in der eines physio-sozialen und der eines rein sozialen Prozesses, Beispiele für ein und dasselbe theoretische Modell, für einen Doppelbinderprozeß, zu erkennen. Genau das aber ist der springende Punkt.

5

Menschen, die vorwissenschaftliche Gesellschaften miteinander bilden, sind in viel höherem Maße als Menschen wissenschaftlicher Gesellschaften den Launen der Natur, einschließlich ihrer eigenen, ausgeliefert. Ihre Fähigkeit, sich vor unwillkommenen Naturvorgängen zu schützen und sie ihren eigenen Bedürfnissen dienstbar zu machen, ist vergleichsweise beschränkt. Mitglieder entwickelterer Gesell-

schaften haben den Vorteil eines immensen sozialen Wissensfundus. Dank einer vielleicht ungewöhnlichen Kontinuität der Wissensübermittlung von Generation zu Generation über mehrere Jahrtausende hin wurden sie die Erben großer Reichtümer in der Form von Wissen und den damit verbundenen Praktiken. Der stupende Wissenszuwachs der letzten vier- oder fünfhundert Jahre ist die stark beschleunigte Spätphase eines langen vorangegangenen Gesellschaftsprozesses, in dem Fortschritte des Wissens weitaus zufälliger und episodischer und das Tempo des Fortschritts sehr viel langsamer war. Aufgrund der Vorarbeit dieser früheren Zeiten ist der in wissenschaftlichen Gesellschaften verfügbare Wissensschatz umfassender und, zumindest in bezug auf die nicht-menschlichen Ebenen des Universums, realistischer geworden, d. h. mehr auf den tatsächlichen Lauf der Ereignisse abgestimmt als auf das Diktat menschlicher Wünsche und Ängste und der mit ihnen verknüpften Phantasien. Im Verein mit dem Wissenswachstum ist der Sicherheitsbereich, den Menschen für sich im vormenschlichen Naturgeschehen bauen, also der ihrer Kontrolle zugängliche Bereich, sehr viel größer geworden, als er je zuvor war.
Jede geplante soziale Praxis findet in einem Strom ungeplanter und zielloser, wenngleich strukturierter Prozesse auf verschiedenen interdependenten Ebenen statt. Sie sind bekannt unter verschiedenen Namen, wie etwa »Natur«, »Gesellschaft« oder »Selbst«. Das Ausmaß der Kontrolle, die Menschen über diese Prozesse auszuüben vermögen, und die Art ihrer Kontrolle variieren von Gesellschaft zu Gesellschaft je nach deren Entwicklungsstand. Über die Jahrtausende hin haben Menschengruppen daran gearbeitet, mit Hilfe des wachsenden sozialen Fundus ihres Wissens einen zunehmend größeren Sicherheitsbereich für sich selbst in das unbekannte und unkontrollierbare Universum hineinzubauen – einen Bereich bekannter Zusammenhänge, die sie mehr oder weniger kontrollieren können. Als Ergebnis dieses Prozesses sind Menschen heute auf bestimmten Gebieten – also

vor allem in bezug auf die physikalischen, weniger auf die menschlichen Ebenen – besser imstande als ihre Vorfahren, ihren Weg durch den Strom blinder und unbeherrschbarer Prozesse zu steuern, ähnlich wie Menschen in Schiffen ihren Weg durch die unbeherrschbaren Wasser des Ozeans oder in Raumschiffen durch die unkontrollierbaren Prozesse des Sonnensystems steuern. Auf diese Weise, durch die Ausdehnung ihrer Kontrolle innerhalb des unkontrollierbaren Ereignisflusses, ist es den Menschen in fortgeschritteneren Gesellschaften gelungen, sich einen größeren Schutzraum zu schaffen, der darauf angelegt ist, die Gefahren, denen sie auf den nicht-menschlichen Ebenen des Gesamtprozesses begegnen, so weit wie möglich von ihnen fernzuhalten. Bis jetzt ist es ihnen noch nicht gelungen, einen gleichermaßen umfassenden und realistischen Wissensfundus auf den menschlichen oder sozialen Ebenen zu entwickeln. Daher sind sie noch nicht imstande, die Gefahren, die Menschen füreinander und für sich selbst bilden, in gleich hohem Maße unter Kontrolle zu bringen. Im Bereiche dieser sozialen Ebenen ist die Doppelbindersituation noch weitgehend ungebrochen am Werke – eine niedrige Fähigkeit zur Gefahrenkontrolle und ein hoher Phantasiegehalt des Wissens halten einander gegenseitig aufrecht, steigern sich vielleicht sogar noch gegenseitig. Hier begegnet man also selbst in den entwickelteren Gesellschaften unserer Tage in der Beziehung der Menschen und insbesondere der Staaten zueinander der gleichen Situation, in der sich Menschen einfacherer Gesellschaften auf allen Ebenen, also auch in ihrer Beziehung zu Ereignissen der nicht-menschlichen Natur, verfingen und verfangen.

Wie andere Erben großer Reichtümer sind die Mitglieder wissenschaftlicher Gesellschaften nicht sonderlich daran interessiert zu wissen, wie es ihre Ahnen in früheren Tagen bewerkstelligt haben, den Schatz menschlichen Wissens, wenn auch ungeplant und mit vielen Rückschlägen, zu vermehren und auf diese Weise zu dem Vermögen beizutragen, das sie, die Lebenden, geerbt haben. Die Erben haben, wie es scheint, eine gewisse Scheu, sich auszumalen, was es bedeutete, mit der sozialen Ausrüstung eines Wissensschatzes, der sehr viel kleiner und in vieler Hinsicht unsicherer war als ihr eigener, für die Notwendigkeiten des Lebens zu sorgen und um das Überleben zu kämpfen. Vielleicht fühlen sie, daß ein realistischeres Wissen von dem langen Wissensprozeß ihrem Bild von sich selbst als unabhängigen und autarken Individuen, die ihr Wissen und ihre Selbstbeherrschung ganz ihrem eigenen Lernen und Vernunftdenken, also sich selbst verdanken, widersprechen würde oder daß es dem leisen Überlegenheitsgefühl schädlich werden könnte, das sie gegenüber Menschen aus Gesellschaften mit einem kleineren sozialen Fundus an Wissen und einer geringeren Fähigkeit zum Gleichmaß der Selbstbeherrschung haben. Mitglieder fortgeschrittenerer Gesellschaften scheinen manchmal zu glauben, daß der weitere Umfang, der geringere Phantasiegehalt und der größere Realismus ihres Naturwissens nicht ihrer Position in der Abfolge der Gesellschaftsentwicklung zuzuschreiben ist, sondern irgendwelchen überlegenen persönlichen Qualitäten – der »Rationalität«, »Zivilisiertheit« oder der »Vernunft« –, die sie kraft ihrer eigenen Natur besitzen und die Menschen auf früheren Stufen dieser Entwicklung, einschließlich ihrer eigenen Vorfahren, nicht oder nur in kleineren Dosen besaßen oder besitzen. Sie mögen von diesen Menschen sagen: »Sie sind eben abergläubisch und irrational«, was vielleicht wie eine Erklärung klingt, in Wirklichkeit aber nichts erklärt. Es bedeutet einfach: »Wir sind besser.«

Diese Gruppen unserer Ahnen – oder vergleichbare gegenwärtige Gruppen, die nicht in der Erbfolge eines Wissensvermögens ähnlich dem wissenschaftlicher Gesellschaften stehen – konnten nicht alles wissen, was heute den Mitgliedern der letzteren zugänglich ist. Aber einige von ihnen haben zu diesem Wissen beigetragen. Die Fortschritte des Wissens vollziehen sich, wie die auf anderen Entwicklungsfeldern, in einer strikten Folgeordnung. Um es komprimiert auszudrücken: Fortschritt C kann nicht gemacht werden, bevor die Fortschritte A und B gemacht sind, und D wiederum nicht vor C usw. So setzt die Metallgewinnung die Beherrschung des Feuers voraus, die Herstellung von Wagen die von Rädern, das heliozentrische Weltbild das geozentrische und das relativistische diese beiden. Eine fest strukturierte Folgeordnung von Modell 1 zu Modell 2 zu Modell 3 usw., wie sie aus der geplanten Entwicklung technischer Prototypen weithin bekannt ist, bestimmt auch die Folgeordnung der ungeplanten Langzeitentwicklung des Wissens. Der viel begrenztere, viel mehr phantasie- und gefühlsgeladene Wissensfundus früherer Generationen war ein notwendiger – wenn auch nicht hinreichender – Vorläufer des sehr viel umfassenderen und vergleichsweise realistischeren und distanzierteren Wissensfundus, der das Leben und Erleben in entwickelteren Gesellschaften formen hilft.

Es ist nicht so schwer zu verstehen, daß das Wissen jedes menschlichen Individuums von dem in seiner oder ihrer Gesellschaft verfügbaren Wissensfundus abhängt. Auch ist es nicht schwer zu verstehen, daß die Struktureigentümlichkeiten dieses Wissensfundus ihrerseits eine Funktion seiner Stellung in einer diachronischen Folgeordnung sind. Sie tragen, mit anderen Worten, das Gepräge eines bestimmten Stadiums in einem langen, generationenübergreifenden Wissensprozeß. Es gibt eine Fülle empirischer Belege, die diese Feststellung stützen. Und doch fällt es Menschen, die mit dem reicheren und in manchen Teilen vergleichsweise realistischen Wissen entwickelterer Gesellschaften aufgewachsen sind, in der Regel nicht leicht zu verstehen, daß ihr eigener Kanon des Denkens und ihr eigenes Erleben der Natur als eines unpersönlichen, ziellosen, aber strukturierten Prozesses ein Spätprodukt einer langen Entwicklung ist. Es fällt ihnen schwer zu akzeptieren, daß Menschengruppen, deren Wissensfundus und deren Schutzraum von Kontrollen eine frühere Stufe repräsentieren und dementsprechend viel kleiner sind, die Welt nach einem anderen Kanon erleben und begreifen. Dieser Kanon jedoch ist eine Vorform, also eine Bedingung, und zugleich eine Schicht ihres eigenen. Selbst reich an Wissen, können sie sich nicht vorstellen, was es für Menschengruppen bedeutet, arm an Wissen und entsprechend arm an Gütern zu sein. Sie leiden, mit anderen Worten, an einer merkwürdigen Hemmung ihrer Vorstellungskraft: sie können sich nicht vorstellen, wieviel von dem, was sie wissen, Menschen nicht wissen können.

6

Die Struktur des Nicht-Wissens von Menschen in den Worten von Menschen zu bestimmen, die bereits wissen, ist keine einfache Aufgabe. Alle diese Worte verkörpern ein Niveau der Synthese oder, wenn man will, der Abstraktion, das für eine spätere Stufe in einem Wissensprozeß repräsentativ ist. So mag man zum Beispiel fragen, wie Menschen früherer Gesellschaften die Natur erlebten. Da aber diese Menschen nicht alles wußten, was wir wissen, nahmen sie Vögel und Elefanten, Bäume, Berge, Wolken und was immer sonst, nicht als einen einheitlichen Geschehenszusammenhang wahr, der in der Form mechanischer Ursachen und Wirkungen verknüpft ist und unpersönlichen Gesetzen folgt – mit einem Wort: nicht als »Natur«. Sie hatten keine begrifflichen Symbole des sehr hohen Synthese- und Abstraktionsniveaus, das für Begriffe wie »Ursache«, »Zeit« oder »Natur« charakteristisch ist. Wenn man daher fragt, wie sie die »Natur« erlebten, hat man die Antwort bereits vorentschieden. Sie orientierten sich in ihrem Denken und Sprechen über die Welt um sie herum nicht in diesen Kategorien. Sie nahmen die Welt nicht als aufgespalten in die Welt der Menschen und die Welt der Natur, in »Subjekt« und »Objekt« wahr. Sie erlebten sie als eine Welt mehr oder weniger lebender Wesen, die um ihre eigene Gruppe zentriert und durch große

Macht- und Statusdifferenzen geteilt war. Nur die machtlosesten dieser Wesen wurden von ihnen auf eine Weise behandelt und erlebt, die unserem praktischen und gedanklichen Umgang mit »Objekten« nahekommt – obgleich man natürlich auf diesen frühen Stufen nie sicher sein konnte, ob sie wirklich machtlos waren. Die Mayas hatten eine Geschichte, daß am Ende der Tage die Töpfe, Pfannen und alle anderen Haushaltsgeräte für die Schläge und Stöße, die sie von Menschen erlitten hatten, Rache nehmen und nun ihrerseits die Menschen schlagen und herumstoßen würden.

Wenn man herausfinden will, was Menschen früherer Stufen von all dem, was in unserer Gesellschaft bekannt ist, wußten oder unmöglich wissen konnten, muß man sich vor Augen halten, daß der Wissensprozeß nicht einfach additiv verläuft, daß nicht einfach hier ein bißchen und dort ein bißchen Wissen hinzugefügt wird. Im Zuge dieses Prozesses wandelt sich die ganze Struktur des menschlichen Wissens und so auch des Erlebens ebenso wie die ganze Art und Weise des Denkens. Denn die Operation, die wir »Denken« nennen, ist ein integraler Bestandteil des sozialen Wissensschatzes von Menschen. Wie jedes andere Wissen muß auch Denken, die stumme Manipulation sozialer Symbole, gelernt werden; und wenn man es gelernt hat, kennt oder »weiß« man es.

Einst konnten Menschen nicht sagen und daher nicht wissen, daß zwei mal zwei vier ist, weil sie in dem Prozeß ihrer Entwicklung noch kein soziales Bedürfnis nach der Ausbildung begrifflicher Symbole des relativ hohen Synthese- und Abstraktionsniveaus hatten, das unsere Zahlen repräsentieren. Aber das heißt nicht, daß sie nicht zwischen zwei Stökken und vier Stöcken oder zwischen Herden von 50 und von 200 Tieren unterscheiden konnten. Wenn es für sie von vitaler Bedeutung war, entwickelten Menschen gewiß auf einer frühen Stufe verbale oder gestische Symbole, die es ihnen ermöglichten, sich über Dinge wie die Größe einer Gruppe von Tieren zu orientieren und miteinander zu verständigen. Aber sie gingen dabei nicht notwendigerweise, wie wir es tun, stückweise vor; sie zerlegten nicht im Geiste die Herde in einzelne Tiere und korrelierten diese »Atome« der Herde mit einem System abstrakter Zahlen. Was sie wahrnahmen und aufgrund sozialer Einübung mit einem Blick zu bestimmen vermochten, waren verschiedene Konfigurationen. Sie erkannten mit einer sehr großen Unterscheidungskraft verschiedene Gestalten von Herden, von Feindesgruppen oder von anderen Dingen, die für sie lebenswichtig waren. Wo Menschen auf einer späteren Stufe zählen und messen, vollzogen sie auf einer früheren Stufe oft, was man eine unreflektierte oder primäre Synthese nennen könnte. Auf diese Weise waren sie, innerhalb der schmaleren Bandbreite ihrer vitalen Interessen, imstande, verschiedene Gestalten sehr genau und mit sehr viel mehr Einzelheiten als Menschen fortgeschrittenerer Gesellschaften voneinander zu unterscheiden. Die Gestalten freilich, die sie wahrnahmen und durch soziale Symbole repräsentieren konnten, waren gewöhnlich punktartig. Sie zeigten an, was hier und jetzt zu sehen war. Symbole für Prozesse zu entwickeln, war damals wie heute um einiges schwieriger.

In derselben Weise ist es möglich, daß Menschen Entfernungen zwischen Orten nicht in der Form unserer hoch präzisierenden und relativ unpersönlichen Begriffe wissen, die – wie etwa unsere »Kilometer« und »Meilen« – ein hohes Niveau der Verallgemeinerung repräsentieren. Und doch waren sie, wenn Entfernungen für sie von Bedeutung waren, sehr wohl imstande, kommunizierbare Gesten für »Schlaf« zu entwickeln, mit deren Hilfe sie anderen die Entfernung zwischen Orten mitteilen konnten; sie gaben etwa an, wie oft man schlafen mußte, wie oft Licht zu Dunkelheit wurde, bevor man von hier nach dort gelangte. Statt durch soundsoviele Kilometer repräsentierten sie Entfernungen deutlich, wenn auch weniger präzise, indem sie z. B. viermal eine Geste mit der Bedeutung »Schlaf« machten. Der Unterschied ist bezeichnend. Die relative Vagheit mancher Teile ihres Wissens, verglichen mit dem unsrigen, ist charakteristisch für ihre Lebensweise; in unsere Genauigkeit übersetzt, kann es leicht verfälscht werden.

Man kann viele andere Beispiele solcher Unterschiede finden. Es ist sehr wahrscheinlich, daß Menschen auf einer früheren Stufe nicht wußten und in der Tat nicht wissen konnten, daß die dünne Sichel des jungen Mondes und das dicke, runde Gesicht des Vollmondes verschiedene Erscheinungsformen ein und derselben Sache sind. Sie mögen verschiedene Worte für beide gehabt haben, aber nicht notwendigerweise ein einheitliches Wort wie unser »Mond«, das schließlich gegenüber Begriffen für verschiedene Aspekte des Mondes, die man hier und jetzt sehen kann, eine Synthese auf höherer Ebene repräsentiert.

Auch konnten Menschen, denen der integrierende Begriff eines unpersönlichen, mechanischen und zwecklosen Ablaufes von Naturereignissen nach allgemeinen Gesetzen fehlte, nicht sicher sein, daß die Sonne nach ihrem Untergang wieder am Himmel erscheinen würde. So fürchteten die Azteken, zu bestimmten Zeiten bestehe eine besonders große Gefahr, daß die Sonne, die sie als einen Gott ansahen, von ihrer Reise nicht mehr zurückkehren und so die Menschen verlassen werde. Ihr Wiedererscheinen, so glaubten sie, konnte in solchen Fällen nur durch spezifische Riten und Opfer, vor allem Menschenopfer, sichergestellt werden.

Mitglieder wissenschaftlicher Gesellschaften haben, wie es scheint, große Schwierigkeiten zu verstehen, daß Mitglieder von Gesellschaften auf einer früheren Entwicklungsstufe oft nicht zu unterscheiden vermochten, was sie selbst leicht und selbstverständlich unterscheiden. So besitzen sie selbst als Teil ihres Wissenserbes eine sehr präzise und realitätsgerechte begriffliche Unterscheidung zwischen belebten und unbelebten Dingen. Diese Unterscheidung ist so klar und so leicht durch Realitätsprüfungen zu bestätigen, daß sie zu der Annahme neigen, sie sei ihrem eigenen Kopf entsprungen. Tatsächlich dauerte es eine sehr lange Zeit, bis sich diese Unterscheidung zu ihrem gegenwärtigen Niveau der Realitätsadäquatheit entwickelte. Sie ist ein Ergebnis der gemeinsamen begrifflichen Arbeit einer langen Kette von Generationen, verbunden mit der immer wieder erneuerten Realitätsprüfung ihrer Begriffe im Schmelztiegel ihrer Erfahrungen und Reflexionen. Es ist schließlich nicht besonders schwer zu verstehen, daß Menschen auf einer vergangenen Stufe noch nicht wissen konnten, daß ein Vulkan oder das wilde Meer, die sie zu vernichten drohten, dennoch keine Lebewesen waren und daß sie, wenn sie Menschenleben vernichteten, dies unabsichtlich taten.

Ebenso ist es unvorstellbar, daß Menschen seit jeher das sehr breite Wissen über sich selbst, über Menschen, hatten, das nötig ist, um ganz sicher zu sein, daß ein Mensch sich nicht in einen Leoparden oder einen Baum verwandeln kann. Eine solche Gewißheit war zunächst um so schwerer zu erlangen, als Menschen solche Dinge ja in ihren Träumen vorkommen sahen. Dort erlebten sie immer wieder, wie sie selbst oder andere Menschen sich in, was immer es war, eine Schlange oder einen Affenbrotbaum, verwandelten. Wie konnten Menschen *ab ovo* wissen, daß viele Dinge, die in Träumen geschehen, in Wirklichkeit nicht geschehen können? Wie konnten sie wissen, daß zwischen Traum und Wirklichkeit ein Unterschied ist und worin dieser Unterschied besteht? Für kleine Kinder verschwimmt die Grenze zwischen Phantasie und Wirklichkeit zunächst. Sie lernen die Unterscheidung zwischen Phantasie und Wirklichkeit, zusammen mit anderen Wissensstücken, gemäß dem Standard, der von ihrer Gesellschaft jeweils erreicht ist.

Die Tatsache, daß viele Menschengruppen auf einer früheren Entwicklungsstufe Dinge als belebt ansehen, von denen wir wissen, daß sie unbelebt sind, findet einen Ausdruck in dem klassifizierenden Etikett, das wir ihnen anheften: sie werden oft »Animisten« genannt. Bezeichnungen wie diese helfen jedoch nicht zu erklären, warum Gesellschaften einer früheren Stufe Dinge als lebendig erfahren, von denen wir heute wissen, daß sie vollkommen leblos sind; ebensowenig erklären sie, warum in allen bekannten Fällen die animistische Stufe des Wissens der wissenschaftlichen vorangeht. Eine Klassifizierung weniger entwickelter Gesellschaften in Linnéscher Manier, d. h. durch die Feststellung von Unterschieden ohne die Feststellung von Beziehungen, trägt kaum zu einem besseren Verständnis der Männer und Frauen bei, die die Welt in dieser Weise erleben[2].

In diesem Zusammenhang ist es nützlich, auf die Beziehung zwischen der menschlichen Wissensentwicklung und Zivilisierungsprozessen einzugehen. Ich habe bereits gesagt, daß Menschen einer früheren Stufe, deren Wissensfundus, und zwar besonders in bezug auf das, was wir »Natur« nennen, sehr viel kleiner war als der unsere, die nicht die Ergebnisse eines kontinuierlichen Wissenswachstums über Jahrtausende hin geerbt hatten, Ereignisse nicht in derselben Weise verknüpfen, also nicht ganz so denken konnten, wie wir es tun. Ihre Standardformen des Denkens waren in einem viel höheren Maße von ihren eigenen Affekten, von ihren eigenen Wünschen und Ängsten durchsetzt. Sie waren in einem höheren Maße auf Phantasien, kollektiver und individueller Art, abgestimmt. Und weil jene Menschen einen kleineren und weniger konsequent realitätsorientierten Wissensfundus hatten, war auch ihre Fähigkeit zur Kontrolle der Gefahren, denen sie ausgesetzt waren, und zu einer allseitigen und maßvollen Selbstkontrolle kleiner. Größer war daher die Unsicherheit, in der sie permanent lebten, und größer auch ihr Interesse an Fragen wie: »Was bedeutet es für mich oder für uns?« oder: »Ist es gut oder schlecht für mich oder für uns?« Größer war, mit anderen Worten, die unschuldige Selbstbezogenheit, höher das Niveau der Affektivität aller Erfahrungen, aller Begriffe und Denkoperationen. Die Stärke und Tiefe der Gefühlsbeteiligung, des Engagements der Menschen an allen Ereignissen, die nach ihrer Ansicht ihr Leben beeinflussen konnten, ließ wenig Raum für die Beschäftigung mit Problemen, die für ein höheres Niveau der Distanzierung, der emotionalen Zurückhaltung charakteristisch sind – also mit Fragen wie: »Was ist es, und warum ist es so?« oder: »Was ist es für sich genommen, unabhängig von seiner Bedeutung für mich oder für uns?«

Wieder mag eine kurze Geschichte das Verständnis dieses Unterschieds erleichtern. Es ist die Geschichte eines französischen Generals, wahrscheinlich aus dem 19. Jahrhundert, der einheimische Truppen in den wärmeren Teilen Afrikas befehligte. Er erhielt die Ordre, mit seinen Truppen so schnell wie möglich zur Mittelmeerküste zu ziehen. Entsprechend brach er mit seinen Soldaten in Eilmärschen nach Norden auf und kam für eine Weile sehr gut voran. Dann aber, eines Nachts, trat eine Mondfinsternis ein. Am nächsten Morgen weigerten sich die Truppen, den Marsch fortzusetzen. Der General berief ihre Führer in sein Zelt und erfuhr, daß nach ihrem Glauben die Mondfinsternis bedeutete, man solle jedes Unternehmen, mit dem man gerade beschäftigt sei, für zwei oder drei Tage ruhen lassen. Die Mondfinsternis sei ein Omen. Der Prophet Johannes, so erzählten ihm die Führer, hänge sein Gewand vor den Mond als ein Zeichen für sein Volk auf Erden, daß sie ihre Tätigkeit sofort unterbrechen sollten. Einem solchen Befehl zuwiderzuhandeln, sei äußerst gefährlich. Der General, der ihre tiefe Betroffenheit nicht recht verstand, erwiderte: Wenn es das sei, was sie störe, jene Mondfinsternis der letzten Nacht, so brauchten sie sich wirklich keine Sorgen zu machen. Er werde ihnen, wenn sie wollten, erklären, was letzte Nacht geschehen sei.

Die Truppenführer waren einverstanden und antworteten, sie wollten sehr gerne hören, was der Herr General ihnen zu sagen habe. Der General bat sie, sich im Zelt um seinen Tisch zu setzen. Er nahm zwei Streichholzschachteln und einen Stein, legte sie auf den Tisch und bezeichnete mit ihrer Hilfe die Positionen von Erde, Sonne und Mond in ihrem Verhältnis zueinander. Dann erklärte er ihnen, indem er mit den drei Gegenständen die entsprechenden Kreisbewegungen durchführte, auf einfache Weise den Mechanismus einer

Mondfinsternis. Er bemerkte, daß sie ihm aufmerksam mit den Augen folgten. Als er geendet hatte, blickte er erwartungsvoll in die Runde und fügte hinzu: wie sie sähen, sei es eine ganz unkomplizierte Sache. Die Führer bewegten zustimmend ihre Köpfe; sie waren höfliche Männer und dankten dem General, daß er sich die Mühe gemacht habe, ihnen all diese interessanten Dinge zu erzählen. »Also gut«, sagte der General, »wie Sie sehen, gibt es wirklich keinen Grund zur Sorge. Wir müssen jetzt so schnell wie möglich weiterziehen.« »Nein,« entgegneten die Führer, »das können wir nicht tun; denn wie der Herr General gesehen hat, hat sich der Mond in der letzten Nacht verfinstert, und das bedeutet, wie jeder weiß, daß der Prophet Johannes uns ein Zeichen gibt, daß wir jedes Unternehmen, mit dem wir gerade beschäftigt sind, unterbrechen sollen.« Einigermaßen verzweifelt versuchte der General, ihnen nochmals die Zusammenhänge einer Mondfinsternis zu erklären, und sie wiederholten geduldig und höflich, daß der Herr General gewiß recht habe, aber die Verdunkelung des Mondes sei das Werk des Propheten, und es sei ganz und gar unmöglich, seine Warnung zu mißachten.

Hier findet man *in nuce* den Schlüssel zu dem Unterschied, von dem ich soeben gesprochen habe. Das Denken dieser Menschen auf einer Stufe größerer Ungewißheit kreist wie selbstverständlich um das Problem: »Was bedeutet das ungewöhnliche Ereignis für uns?« Es steht für sie ohne weiteres fest, daß die Mondfinsternis der letzten Nacht ein Signal aus der Geisterwelt an sie ist, eine Warnung vor einer nicht näher bestimmten Gefahr, die vor ihnen liegt. Die Selbstbezogenheit ihrer Erlebensweise ist spontan und unreflektiert. Ihre Frage lautet nicht: »Was ist der immanente Mechanismus dieses Ereignisses?« Die Frage, auf die sie eine Antwort brauchen, lautet: »Was ist die Bedeutung dieses Ereignisses für uns?« Die Erklärung der Mondfindernis in rein mechanischen Begriffen, die der General ihnen gibt, ist für seine Truppen ohne Belang; sie ist für sie einfach sinnlos. Sie entspricht nicht den emotionalen Bedürfnissen von Menschen, die normalerweise auf einem Gefahrenniveau leben, das sehr viel höher ist als das normale Gefahrenniveau wissenschaftlicher Gesellschaften.

Die Schwierigkeit besteht darin, daß die Kommunikationssperre in diesem Fall wie in anderen eine wechselseitige ist. Der General, der unschuldige Repräsentant einer wissenschaftlichen Gesellschaft, betrachtet seinen eigenen Kanon des Erlebens und Denkens einfach als rational, als eine Sache, die jeder Mensch, dem sie erklärt wird, zu verstehen vermag. Darum kann er die totale Verständnislosigkeit seiner Truppenführer nicht begreifen. Diese wiederum können sein totales Unverständnis für ihre Denkweise nicht begreifen. Und doch ist es nicht schwer zu verstehen, daß Menschen mit einem kleineren Wissensschatz und daher mit einer geringeren Fähigkeit zur Kontrolle von Ereignissen, die ihr Wohlergehen und ihr Überleben betreffen, alle Ereignisse in höherem Maße in persönlichen Kategorien erleben.

Damit eröffnet sich ein weiterer Zugang zu der sogenannten animistischen Form ihres Erlebens. Eine Kausalerklärung ist für diese Menschen sinnlos: sie kann ihre emotionalen Bedürfnisse nicht befriedigen. Etwas Außergewöhnliches ist geschehen. Die erregten Gefühle lösen eine Frage nach seiner Bedeutung für die eigene Person oder Gruppe aus. Diese Frage erfordert eine Antwort in Gestalt einer Mitteilung von einem Lebewesen an ein anderes. Das traditionelle Wissen ihres Stammes stellt eine Antwort in diesen Kategorien bereit. Auch in diesem Fall wird ein sozialer Wissensfundus von Generation zu Generation weitergereicht, der die Grundlage für die Orientierung der lebenden Generationen bildet. Aber dieser Wissensfundus repräsentiert und ist abgestimmt auf eine Persönlichkeitsstruktur, die eine Verständigung mit Menschen jener Persönlichkeitsstruktur, deren Schlüsselwort »Rationalität« heißt, ziemlich schwer macht.

Der Zugang zum Verständnis dessen, was wir »Animismus« nennen, liegt in dem höheren Niveau von Engagement und

Emotionalität im Denken und Handeln, verbunden mit einer begrenzteren Reichweite des Wissens, die gleichbedeutend ist mit einer begrenzteren Reichweite der Gefahrenkontrolle. Die letztere wiederum trägt dazu bei, ein hohes Niveau von Engagement und Emotionalität aufrechtzuerhalten. Die relativ starke Affektgeladenheit des Denkens und Erlebens äußert sich darin, daß alle Ereignisse, die als für das eigene Leben relevant wahrgenommen werden, auf dieser Stufe zugleich als das Werk einer Person, als beabsichtigt oder geplant wahrgenommen werden. Mitglieder wissenschaftlicher Gesellschaften sind sich in der Regel nicht bewußt, was für ein hoher Grad an Distanzierung, an Selbstbeherrschung und affektiver Neutralität erforderlich ist, um zu erkennen, daß Ereignisse, die einem selbst Lust oder Schmerz – und vor allem Schmerz – bereiten, das völlig unbeabsichtigte Ergebnis lebloser Ursachen, zielloser Naturmechanismen oder dessen, was wir »Zufall« nennen, sein können.

In der Wahrnehmung von Menschen einer früheren Stufe gibt es Zufälle, wenn überhaupt, nur in Dingen, die als unwichtig erlebt werden und daher mit affektiver Indifferenz behandelt werden können – Dinge, über die man hinweggehen kann, ohne nach einer Erklärung zu fragen. Was immer aber für einen selbst, ob individuell oder kollektiv, als wichtig gilt – und ungewöhnliche Ereignisse, die möglichen Vorboten unbekannter Gefahren, gelten auf dieser Stufe immer als wichtig –, wird als beabsichtigt wahrgenommen, wirft wie eine menschliche Handlung Fragen nach seinem Zweck und Ziel auf. An diesem Punkt muß man ansetzen, wenn man die Art des Erlebens und Glaubens, die als »Animismus« bezeichnet wird, nicht nur beschreiben, sondern auch verstehen und erklären will. Die Sonne brennt erbarmungslos, es fällt kein Regen, die Felder sind trocken, das Getreide verdorrt, die Ernte ist in Gefahr – wir werden verhungern. Für Menschen, die solchen Gefahren hilflos ausgeliefert sind, hat es keinen Sinn, wenn man ihnen in ihrer Not darlegt, welches Zusammenwirken unpersönlicher Ursachen diese Wetterverhältnisse hervorgebracht hat. Ein vergleichsweise realistisches Wissen mag die einzige Chance bieten, die Bedingungen, unter denen sie leiden, schrittweise zu verbessern. Aber sie wollen eine unmittelbare Antwort in persönlichen Kategorien auf Fragen wie: »Wer ist zornig auf uns?«, »Wer straft uns auf diese Weise?«, »Warum tut er das?« Wenn der Blitz in das Haus eines Mannes einschlägt und zwei seiner Kinder mit dem Haus verbrennen, wird der getroffene Mann, der nichts über Elektrizität, Gewitter und die Zufälle der Natur weiß, in seinem Schmerz mit großer Wahrscheinlichkeit fragen: »Wer hat mir das angetan?« Wenn er einen Feind oder Rivalen hat, mögen sich seine Gefühle an diesen anderen heften, und es mag ihm Erleichterung von dem Druck seiner Affekte verschaffen, wenn er weiß, daß er handeln kann, daß er etwas dagegen tun und sich an jener Person für ihre Untat rächen kann. Menschen einer späteren Stufe haben in einer analogen Situation niemanden, den sie hassen und dem sie die Schuld geben können. Elektrizität kann man nicht hassen. Aber sie haben natürlich Blitzableiter und Feuerversicherungen. Da sie ein breiteres und realistischeres Wissen besitzen, können sie sich besser vor Gefahren schützen. Ihr Wissen aber ist unvermeidlich das einer späteren Entwicklungsstufe.

Sowohl der Mann, der einen Feind beschuldigt, er habe durch einen bösen Zauber den Blitz auf sein Haus gelenkt, als auch die Menschen, die eine Mondfinsternis als Signal einer unsichtbaren Macht an sie erleben, sind Exponenten eines früheren, des primären Erlebenskanons aller Menschen. Sie sehen die Welt nicht in den Kategorien von Subjekten und Objekten, sondern von persönlichen Beziehungen zwischen Lebewesen, die, auch wenn sie vielleicht keine Menschen sind, doch mehr oder weniger wie die Menschen ihrer eigenen Gesellschaft handeln. Sie, die eigene Gruppe und andere, interdependente Gruppen, dienen als das Primärmodell für die Wahrnehmung der ganzen Welt. Genauer: Was als Modell dient, sind bekannte Menschengruppen, wie sie von denen erlebt werden, die sie bilden – wobei die Art der Selbst- und Fremdwahrnehmung auf dieser Stufe in mancher Hinsicht sehr verschieden sein kann von der von Menschen einer späteren Stufe. Die letzteren besitzen ein viel breiteres und vergleichsweise solideres Wissen von den Naturprozessen auch der Menschen. Auf einer früheren Stufe ist man sich weit weniger sicher, was andere Menschen sind: vielleicht haben sie geheime Kräfte, sind gute oder böse Geister – oder was sie zu tun vermögen: vielleicht üben sie schwarze oder weiße Magie, verwandeln sich in Wölfe. Man ist vielleicht sogar weniger sicher, wer man selbst ist.

Der entscheidende Punkt ist, daß Menschen wissenschaftlicher Gesellschaften aufgrund des Wissenskanons, mit dem sie heranwachsen, eine Persönlichkeitsstruktur haben, die sie in ihrem Erwachsenenleben normalerweise befähigt, relativ klar zwischen Traum und Phantasie auf der einen und natürlicher Wirklichkeit auf der anderen Seite zu unterscheiden – obwohl gewiß für Kinder dieser Gesellschaften, wie für Kinder überall, Traum und Phantasie leichter in die Wirklichkeit hinüberspielen und oft mit ihr zusammenfließen, so daß diese Unterscheidung verschwimmt. Für erwachsene Menschen entwickelterer Gesellschaften mag es auf der Hand liegen, daß man ab einem gewissen Alter unterscheiden kann, was Traum ist und was Wirklichkeit. Aber es liegt keineswegs auf der Hand. Sie selbst mußten diese Unterscheidung lernen. Der soziale Standard des Wissens ermöglicht, der soziale Standard der Normen gebietet es Menschen wissenschaftlicher Gesellschaften, soweit es diese Standards verlangen, klar zwischen Traum und Wirklichkeit zu unterscheiden und entsprechend zu handeln. Mit anderen Worten: Auch jene Unterscheidung bildet einen Teil des Wissens, das Menschen in diesen Gesellschaften erwerben. Wenn sie aber ihre Träume in einer Weise agieren, die dem sozialen Standard widerspricht, laufen sie Gefahr, daß man sie für geisteskrank erklärt.

Allerdings brauchte die Menschheit eine sehr lange Zeit, bevor sie jenes Maß an Sicherheit hinsichtlich der Unterscheidung zwischen Traum und Wirklichkeit erreichte, das jetzt in den entwickelteren Gesellschaften erreicht ist. Und selbst hier ist das Verschwimmen der Unterscheidung zwischen Phantasie und Realität in bestimmten Lebensbereichen, zum Beispiel in der Politik, mehr oder weniger die Regel, ist sozial erlaubt und erfordert. Der Prozeß der Entwirrung beider mag in diesen Bereichen, je nach dem umfassenderen Prozeß, weitergehen oder auch nicht. Wenn man sich erinnert, daß Mitglieder entwickelterer Gesellschaften die Unterscheidung zwischen Traum und Wirklichkeit beim Heranwachsen lernen, daß sie einen Teil des Wissens bildet, das sie erwerben, dann wird es leichter zu verstehen, daß Menschen auf einer früheren Stufe nicht dasselbe Niveau des Wissens, dasselbe Maß an Sicherheit in bezug auf jene Unterscheidung hatten oder haben konnten. In diesen früheren Gesellschaften war das Wissen von dem Unterschied zwischen Traum und Wirklichkeit unvermeidlich kleiner; sozial und persönlich war die Grenzlinie zwischen beiden weniger scharf gezogen, und entsprechend größer war das relative Gewicht öffentlicher und privater Phantasien als Bestimmungsfaktoren des Handelns.

Man muß wissen, daß die menschliche Fähigkeit zur klaren Unterscheidung zwischen Traum und Wirklichkeit sich gewandelt hat, um ganz zu verstehen, daß Menschen einer früheren Stufe die Welt als eine einheitliche Gesellschaft lebender Wesen erfuhren, die sich durch ihre Macht und ihren Status voneinander unterschieden. Dieser Primärmodus des Erlebens der Welt als einer Gesellschaft menschenähnlicher Geister und aller relevanten Ereignisse als Taten von Personen, die damit ein Ziel, eine Absicht verfolgen, strukturiert in solchen Gesellschaften den sozialen Wissensfundus. Mit Hilfe dieses Fundus, z. B. in der Form überkommener Gruppenmythen, kanalisieren daher Mitglieder dieser Gesellschaften das starke individuelle Bedürfnis nach Erklärungen in Kategorien menschenähnlicher Lebewesen in eine

Richtung, die es für die ganze jeweilige Gruppe verständlich und kommunizierbar macht. In Gesellschaften einer späteren Stufe dagegen repräsentiert der soziale Wissensfundus – zumindest soweit er die nicht-menschliche Natur, weniger soweit er menschliche Gesellschaften betrifft – ein vergleichsweise hohes Niveau der emotionalen Distanzierung, des Realitätsbezugs. Der entgegengesetzte Modus des Engagements, des Phantasiebezugs wird in diesen Gesellschaften selbst im Privatleben einer stärkeren Kontrolle unterworfen. Da er weniger Unterstützung durch den öffentlichen Wissensschatz und seine mächtigen Wächter erfährt, wird dieser Primärmodus des Erlebens, ohne seine Kraft zu verlieren, im Prozeß des Heranwachsens zu einer mehr oder weniger unterdrückten Schicht der Persönlichkeitsstruktur. Als solche wurde er von Freud entdeckt und mit dem – nicht ganz angemessenen – Begriff des »Unbewußten« bezeichnet; nicht ganz angemessen ist der Begriff darum, weil er sich auf Erlebnisse bezieht, die zwar im Gedächtnis gespeichert sind, aufgrund einer Sperre aber normalerweise nicht nach Belieben erinnert werden können, obgleich sie fortfahren, indirekt das Verhalten der Menschen mitzulenken.

So bleibt der Primärmodus des Erlebens in magisch-mythischen Kategorien, obwohl unterdrückt, in Erwachsenen wissenschaftlicher Gesellschaften lebendig. Bei kleinen Kindern tritt er, hier wie überall, ganz ungehindert und manifest zutage: das Kind läuft von der Mutter weg, fällt, tut sich ein bißchen weh und läuft weinend zur Mutter zurück, vielleicht weil ihm das Bein wehtut, wahrscheinlich aber auch, weil es das Fallen und den Schmerz als etwas erlebt, was die Mutter magisch herbeigeführt hat, als Strafe für seinen Ungehorsam oder seine »Sünde«. In der Tat kann man das Wachstum des Wissens mit dem eines Baumes vergleichen: im Holz des älteren Baumes bleibt seine Oberflächengestalt als junger Baum immer noch als eine innere Schicht oder ein Ring innerhalb der größeren Gestalt sichtbar. Selbst in wissenschaftlichen Gesellschaften kann beinahe jeder Mensch

Anflüge paranoischen Denkens erleben, wenn er einen Unfall hat oder ein anderes Mißgeschick, das starke Affekte erregt, und die gefühlsgeladenen Gedanken wandern umher, auf der Suche nach jemandem, an den sie sich heften können, nach dieser oder jener Person, der man die Schuld an dem Unglück geben kann.

Es ist ein Teil der elementaren Ausstattung von Menschen, daß ihre Gefühle, ihre Affekte und Triebe primär auf andere Personen abgestimmt sind, an die sie sich heften können, und nicht auf leblose Dinge. Was wir »Animismus« nennen, ist eine Stufe in der Gesellschaftsentwicklung, auf der dieser Modus des Denkens und Erlebens noch beides ist, ein öffentlicher und ein privater Modus. Im Verein mit der geringeren Reichweite des Wissens führt er dazu, daß Menschen alles, was starke Gefühle in ihnen auslöst, als Indikator für die Absichten einer Person und daher als lebendig erfahren.

Damit bekommt man einen weiteren Aspekt dessen, was Gesellschaften einer früheren Stufe nicht wußten und nicht wissen konnten, besser in den Blick. Menschen einer späteren Stufe sind in bezug auf sie leicht geneigt zu fragen: »Warum verlassen sie sich nicht auf das, was man sehen und beobachten kann, statt auf ihre Wundergeschichten, ihre mythologischen Phantasien? Wenn sie das täten, würden sie bald erkennen, daß viele der Mythen, an die sie glauben, bloße Märchen sind und daß ihre magischen Praktiken absolut nichts bewirken, allenfalls eine Art von Autosuggestion bei ihnen selbst.« Wer so argumentiert, unterstellt als evident, daß systematisches Beobachten in der wissenschaftlichen Manier, verbunden mit individuellem Nachdenken, der einzige Weg ist, um verläßliches Wissen über die Welt zu gewinnen.

Diese Unterstellung aber geht am Problem vorbei. Ob eine Kombination von systematischer Beobachtung und Nachdenken eine angemessene Methode ist, um wissenswertes Wissen zu erlangen, hängt davon ab, welches Wissen man für wissenswert hält. Wo Menschen die Welt als eine Gesellschaft von Geistern erfahren und die meisten Gegebenheiten, nach denen zu fragen sich lohnt, als Willensakte lebender Wesen, ist das eigentliche Ziel der Erkenntnissuche der Erwerb von Wissen über die verborgenen Ziele und Absichten hinter den Ereignissen, die verborgene Bedeutung von Zeichen für einen selbst. Diese jedoch lassen sich mit Hilfe der Methode, die wir »wissenschaftlich« nennen, nicht entdecken; sie lassen sich nur, direkt oder indirekt, durch eine Kommunikation mit der Geisterwelt entdekken, in der sich deren Intentionen und Pläne, ihr Charakter und ihre Ziele offenbaren. Eine solche Offenbarung mag enthalten sein in einem Corpus von Geschichten, von Sprüchen und Regeln, das in einer Gruppe schriftlich oder mündlich von einer Generation zur nächsten überliefert wird. Sie mag enthalten sein in Botschaften, die von einem Priester, einem Wahrsager, einem Orakel empfangen und an diejenigen weitergegeben werden, die mit einem Problem zu ihnen kommen. Sie mag enthalten sein in einem Traum der Nacht oder einer Erleuchtung am hellichten Tag. Aber wie auch immer es sich damit im einzelnen verhält, es ist jedenfalls nicht so, daß Menschen einer früheren Stufe weniger imstande sind, Tatsachen zu beobachten, als Menschen der wissenschaftlichen Stufe. Im Gegenteil, Menschen, die auf einer früheren Stufe des Wissensprozesses leben, sind in der Regel überaus scharfe Beobachter – innerhalb der Grenzen ihrer Interessen. Auch ihre Fähigkeit zum Nachdenken ist keineswegs weniger groß. Wenn sie sich andere Gedanken machen, so darum, weil ihr substantielles Bild der Welt und der Geschehenszusammenhänge in ihr auf dieser Stufe ein anderes ist. Das ist der entscheidende Punkt. Die Methode des Wissenserwerbs, die Menschen benutzen, ist funktional interdependent mit und daher untrennbar von der Substanz des Wissens, das sie besitzen, und insbesondere von ihrem grundlegenden Weltbild. Wenn dieses Bild von dem unsrigen verschieden

ist, so sind auch die Denkweisen, die sie als Teil ihres Wissens entwickeln, verschieden.
Es ist nicht sehr üblich, wissenschaftliches mit vorwissenschaftlichem Wissen auf eine Weise zu vergleichen, die beide als sukzessive Stufen in einer gerichteten Abfolgeordnung begreift. Die von Physikern gebrauchte Methode des Wissenserwerbs, die oft als *die* wissenschaftliche Methode schlechthin betrachtet und als verbindliche Norm für die Erforschung von Prozessen auf sämtlichen Ebenen des Universums hingestellt wird, ungeachtet des unterschiedlichen Charakters ihrer jeweiligen Integration, gilt dementsprechend weithin als eine Untersuchungsform, die mit gleichem Erfolg auf jeden beliebigen Untersuchungsinhalt angewandt werden kann. Es ist jedoch nicht zu verkennen, daß das, was wir heute als die wissenschaftliche Methode betrachten, zur Vorherrschaft gelangte, als und soweit Menschen die Welt als einen rein mechanischen Kausalzusammenhang auffaßten und das vorrangige Ziel der Wissenssuche darin sahen, Kausalverknüpfungen bar aller Zwecke oder Ziele zu entdecken. Es gab keine Trennung von Form und Inhalt: als das mechanische Weltbild in seiner Substanz entstand, entstand gleichzeitig eine auf diese Art von Zusammenhängen passende Untersuchungsmethode.
Man kann dies klarer sehen, wenn man die faktische Sequenz in der Entwicklung des menschlichen Wissens rekonstruiert, die von der Wahrnehmung der Welt als einer Welt menschenähnlicher Lebewesen oder Geister, die handeln, die je nachdem freundlich oder feindlich gesonnen sind, zu einer Welt blinder, mechanischer Ursache-Wirkung-Verknüpfungen nach universellen Gesetzmäßigkeiten führte. Gewiß, man trifft in dem langen Prozeß, in dessen Verlauf die wissenschaftliche Auffassung die Oberhand gewann, auf viele Perioden, in denen diese zwei Weltmodelle als äquivalent behandelt wurden, mit vielen Ansätzen zu Übergangsformen. Plutarch schrieb eine Abhandlung über das Problem, wie es möglich ist, daß Menschen zwei Erklärungen

für Naturereignisse haben, Erklärungen als das Werk von Göttern und kausale Erklärungen. Auf derselben Linie verfaßte Ptolemäus ein Kompendium sowohl der Astronomie als auch der Astrologie und betrachtete, soweit bekannt, das in beiden enthaltene Wissen als gleichwertig.

So war der Wechsel von der Vorherrschaft einer magisch-mythischen Weltsicht zur Vorherrschaft einer kausalen Weltsicht nichts weniger als abrupt. Aber das Problem, wie und warum die mechanische Auffassung und die mit ihr verbundene Methode des Wissenserwerbs nach vielem Auf und Ab die Oberhand gewann, bleibt immer noch weitgehend unbeantwortet. Es ist nicht schwer zu erkennen, warum dies so ist. Die meisten Untersucher, Wissenschaftshistoriker nicht weniger als Wissenschaftsphilosophen, behandeln die vorwissenschaftliche Weltsicht, die anthropozentrische Auffassung der Welt als einer Gesellschaft von Lebewesen voller Omina, Zeichen und anderer Mitteilungen an Menschen, einfach als irrig, als eine falsche Theorie, um die man sich nicht zu kümmern braucht oder nur insoweit, als man darin Vorwegnahmen und Vorausdeutungen der richtigen Auffassung entdecken kann. Damit zielt man jedoch an der Sache vorbei. Man verdeckt das menschliche Problem, warum Menschen allenthalben die Welt zunächst als eine belebte Welt, verknüpft durch Willensakte und ineinandergreifende Zwecksetzungen, durch Zeichen, Omina und andere Formen der Kommunikation, und erst ziemlich spät als einen rein mechanischen Kausalzusammenhang erfahren. Wenn auf diese Weise die Abfolgeordnung wiederhergestellt ist, treten die Schwierigkeiten deutlicher hervor, die Menschen zu überwinden hatten, um zu einer realistischeren Weltsicht zu gelangen. Die vorstehenden und die folgenden Ausführungen sollen dazu dienen, diese Schwierigkeiten ans Licht zu bringen.

7

Es mag nützlich sein, die Gedanken einmal mehr auf jene frühen Tage der Menschheit zurückzulenken, als die Reichweite des realistischen Wissens von Menschen über die Welt, in der sie lebten, vergleichsweise klein war und entsprechend klein daher auch ihr Schutzraum, der Bereich, innerhalb dessen sie Gefahren wirksam zu kontrollieren vermochten. Auf dieser Stufe waren vermutlich die Doppelbinderprozesse, von denen ich gesprochen habe, in ihrer drastischsten und unerbittlichsten Form am Werk: Ein hohes Gefahrenniveau perpetuierte ein hohes Affekt- und Phantasieniveau des Wissens und der Glaubensvorstellungen und damit ein niedriges Niveau der Gefahrenkontrolle, wodurch wiederum die Wehrlosigkeit gegenüber Gefahren auf einem hohen Niveau gehalten wurde. Das sehr langsame Tempo der Entwicklungsfortschritte von Steinzeitmenschen, und zwar auch solchen, die biologisch unseresgleichen waren, hat wahrscheinlich hier eine seiner Wurzeln. Heute sind sich Männer und Frauen der Tatsache sehr bewußt, daß sie ihr Los verbessern können. In jenen frühen Tagen war dies kein Teil ihres Wissens. Menschen lebten auf jener Stufe wie die wilden Tiere, die sie jagten – stets auf der Hut. Es fehlte ihnen der Schutz spezifischer angeborener Reaktionsprogramme gegenüber Gefahren. Was sie hatten, war eine generalisierte angeborene Alarmreaktion, die sie in einen anderen Funktionszustand versetzte, in die Bereitschaft zu angespanntestem Handeln, etwa Kampf oder Flucht. Aber die aktuelle Entscheidung, was zu tun sei, welche Skelettmuskeln zu bewegen seien, mußte auf den nicht-automatischen Zerebralebenen getroffen werden, die durch das im Gedächtnis gespeicherte Wissen, das kollektive und individuelle Wissen von früheren Gefahren strukturiert waren.

Wie alles Ungewohnte riefen Innovationen wahrscheinlich Ängste hervor (was sie in einem gewissen Ausmaß bis heute tun). Man konnte nicht wissen, welche Geister etwa durch sie beleidigt, welche unbekannten Kräfte durch sie freigesetzt wurden. Angst vor Veränderungen, wie sie noch heute bemerkbar ist, muß ehedem viel stärker gewesen sein. Dadurch wurden die Doppelbinderprozesse im Leben unserer Ahnen besonders unentrinnbar. Enger begrenzt war ihr Wissen und damit die Trias der Grundkontrollen – der Kontrolle von Naturprozessen, von Gesellschaftsprozessen und, auf der individuellen Ebene, der Prozesse ihres eigenen Selbst. Auch auf späteren Stufen können Doppelbinderprozesse auf all diesen drei Ebenen beobachtet werden.

Gesellschaften einer früheren Stufe erlebten diese drei Ebenen nicht, und konnten sie nicht erleben, als spezialisierte und verschiedene Sektoren des Universums; sie waren für sie noch nicht »Natur« im Unterschied zu »Gesellschaft« oder »Gesellschaft« im Unterschied zu »Individuum«. Ihre Welt hatte den Charakter einer einheitlichen Gesellschaft, geteilt in Wesen, die Freunde und die Feinde waren, die einen hohen Status und ein hohes Machtgewicht und, über eine ganze Hierarchie von Zwischenstufen hinweg, die nur wenig Macht hatten und ein Nichts waren. Die Gefahrenrate in ihrem Leben war hoch und reproduzierte daher wieder und wieder eine hohe Affektivität und einen hohen Phantasiegehalt des Wissens und der Glaubensvorstellungen einer Gruppe, wodurch die Kontrollfähigkeit der Menschen auf einem niedrigeren Niveau und die Gefahren auf einem höheren Niveau gehalten wurden.

Die zwingende Kraft dieses Doppelbinders wurde außerdem durch die Tatsache verstärkt, daß ein Wissen durch hohen Phantasiegehalt für Menschen sehr viel attraktiver, emotional befriedigender werden kann als ein mehr realitätsbezogenes Wissen. Dieser Aspekt wird heutzutage in Erörterungen des Wissens- oder Erkenntnisproblems, ob von philosophischer, soziologischer oder historischer Seite, im allgemeinen vernachlässigt. Man neigt dazu, Wissen als ein rein intellektuelles Problem zu behandeln. Die wissende oder erkennende Person erscheint als »reine Vernunft« oder vielleicht als *res cogitans.* So werden die Probleme des Wissens diskutiert, als ob Wissen in einem menschlichen Vakuum existiere, d. h. ohne Bezug auf Menschen, ihre Lebensumstände und ihre Persönlichkeit.

Und doch kann man leicht sehen, daß nicht nur der »Verstand«, sondern Menschen rundum in die Suche nach Wissen verwickelt sind. Die affektive Bedeutung von Wissen spielt in seiner Produktion und Entwicklung nicht weniger eine Rolle als sein kognitiver Wert – sie spielt eine Rolle zum Beispiel in den Kämpfen, die um gedankliche Innovationen geführt werden. Auch ist man, was diesen Aspekt des Wissens angeht, nicht auf Ratewerk und Spekulation angewiesen. Die Wandlungen, die menschliches Wissen durchläuft, von den früheren mehr affektiven und naiv egozentrischen zu den späteren mehr affektkontrollierten und objektbezogenen Formen, sind ebenso streng strukturiert wie die Wandlungen dessen, was man die rein intellektuellen Aspekte des Wissens nennen kann; in der Tat sind beide kaum voneinander zu trennen.

Daß der Übergang zur »wissenschaftlichen« Form des Wissens einen starken Schub zu größerer Affektkontrolle, zu größerer Distanzierung in sich schloß, wurde oben bereits gesagt. Aber das ist nicht alles. Viele bahnbrechenden wissenschaftlichen Entdeckungen laufen vorherigen Wünschen und Glaubensvorstellungen zuwider, an denen Menschen hängen und die einen hohen Gefühlswert für sie besitzen. Daher wird der Kampf um die Anerkennung solcher Entdeckungen unzureichend erfaßt, wenn man ihn nur als einen Konflikt zwischen affektlosen intellektuellen Positionen darstellt und seine affektive Bedeutung ignoriert. Pioniere einer wissenschaftlichen Innovation müssen für ihre Erkenntnis nicht nur darum kämpfen, weil sie sich gegen die Vernunftgründe Andersdenkender zu behaupten hat, sondern auch, weil das Weltbild, das aus ihr folgt, bei vielen Menschen zu einer tiefen emotionalen Entzauberung und manchmal zu einem beinahe traumatischen Schock führen kann.

In der Tat sind Schübe emotionaler Entzauberung fast ein

stehendes Merkmal großer Fortschritte des wissenschaftlichen Wissens. Man denke an die Wende vom geozentrischen Weltbild, wie es im Spätmittelalter von den aristotelischen Scholastikern vertreten wurde, zum kopernikanischen Weltbild, das – ganz entgegen dem unreflektierten Zeugnis unserer Sinne – besagt, die Erde drehe sich um die Sonne. Wenn dieser Wandel des menschlichen Wissens nur in engem wissenschaftlichem Rahmen verstanden wird, als die Ablösung einer älteren durch eine neuere Theorie, die besser mit Messungen und Berechnungen übereinstimmte, verfehlt man die emotionale Bedeutung dieses Wandels; man übersieht seine Auswirkung auf das Bild der Menschen von sich selbst und ihrem Platz innerhalb des Universums. Das geozentrische Weltbild war Ausdruck eines unreflektierten Egozentrismus, ein Aspekt der primären Erlebensweise von Menschen. Über Jahrtausende hin hatten Menschen sich selbst und damit die Erde als die Mitte des Universums erlebt, um die sich die Himmelskörper im Kreise bewegten. Die ganze Welt wurde von ihnen selbstverständlich als für sie geschaffen wahrgenommen. Noch die Götter hatten nicht viel anderes zu tun, als Götter für Menschen zu sein. Man vergißt heute oft, welch harten Schlag die Behauptung gelehrter Männer, daß die Erde sich um die Sonne drehe, der elementaren menschlichen Eigenliebe zufügte. Und doch kann man nur, wenn man sich die emotionale Bedeutung des geozentrischen Weltbildes vor Augen hält, das volle Gewicht der Frage ermessen: wie war es Menschen möglich, ein emotional hoch befriedigendes Bild der Welt aufzugeben und stattdessen ein Bild zu akzeptieren, das zwar realistischer war, aber die Menschen aus dem Zentrum der Welt in eine Randposition verwies und darum emotional einigermaßen unbefriedigend war? Auch ist dies nur eine aus einer ganzen Reihe emotionaler Enttäuschungen, die Menschen im Laufe der Wissenschaftsentwicklung zu erleiden hatten.

Der zuletzt genannte Aspekt der fortschreitenden Wissenschaften kann in diesem Kontext nur im Vorübergehen gestreift werden. Aber er hilft, die Doppelbinderprozesse zu verdeutlichen, die auf den früheren Stufen der Wissensentwicklung am Werk waren. Die Abkehr vom geozentrischen Weltbild, die Annahme der kopernikanischen Vorstellung, wie sie von Galilei propagiert wurde, wirft die Frage auf, welche Wandlungen in der Gesellschaftsstruktur und in der Persönlichkeitsstruktur der Menschen es ermöglicht haben, daß eine so befremdliche Idee nicht nur von einigen Gelehrten, sondern von der öffentlichen Meinung in der breiteren Gesellschaft akzeptiert wurde. Mindestens einmal zuvor, in der griechischen Antike, war der Gedanke einer sonnenzentrierten Welt, einer Erde, die um die Sonne kreist, bereits vorgebracht worden. Aristarch von Samos hatte ihn vertreten und mit Gründen untermauert. Er wurde deswegen der Gotteslästerung beschuldigt, und für lange Zeit blieb seine Ansicht eine philosophische Absonderlichkeit ohne Resonanz in der breiteren Gesellschaft. Man schmälert nicht im geringsten die Leistung, die Kopernikus mit der Ausarbeitung eines theoretischen Modells der heliozentrischen Welt vollbrachte, wenn man feststellt, daß eine neue Sicht des Universums, die heute als ein bahnbrechender wissenschaftlicher Fortschritt, als ein gegenüber dem vorangegangenen realitätsgerechteres Modell erkannt wird, nicht notwendig auch in der breiteren Gesellschaft als ein Fortschritt erkannt und als solcher akzeptiert werden muß. Allzu oft wird der Absprung in die Naturwissenschaft allein als ein Wandel betrachtet, der durch die brillanten Ideen einiger großer Männer repräsentiert wird. Die Frage, wie und warum diese Innovationen, unter denen Galileis Eintreten für das kopernikanische Weltsystem eine der bekanntesten ist, in der breiteren Gesellschaft Anerkennung fanden, wird im Vergleich dazu eher vernachlässigt. Das Problem des vorangegangenen Doppelbinders auf der Ebene der Beziehung von Menschen zur Natur tritt klarer hervor, wenn man diese Frage stellt – wenn man fragt: welche Veränderungen in ihrer Gesellschaft und in ihrer Persönlichkeit machte es den Menschen möglich, eine Weltsicht zu akzeptieren, die nicht nur emotional enttäuschend war, sondern die auch dem unmittelbaren Zeugnis ihrer eigenen Sinne widersprach?

Andere innovative Vorstellungen, die von den Pionieren einer wissenschaftlichen Methode vorgetragen wurden, waren nicht weniger unbefriedigend. Auch der Gedanke, daß Tiere lediglich Automaten seien und daß selbst der Mensch ein Automat, wenngleich mit einer Seele, sei, wie er mit großem Nachdruck von Descartes vertreten und von vielen anderen gelehrten Männern aufgegriffen wurde, erschütterte das traditionelle Traumbild der Menschen von sich selbst. Dasselbe gilt, viel später, für Darwins Evolutionstheorie von der Abstammung der Menschen oder für Freuds Entdeckung der Rolle, die animalische Triebe im Menschenleben und sogar im Leben von Kindern spielen. Das öde Bild des wirklichen Mondes, verglichen mit dem Zauber des Mondes der Liebenden, oder die Erkenntnis der Sonne als einer gigantischen Kettenreaktion vor allem von Helium- und Wasserstoffatomen weisen in dieselbe Richtung.

In der Tat, das Gesamtbild des physikalischen Universums mit seinen Millionen zweckloser Galaxien und seinen schwarzen Löchern ist gefühlswidrig im Vergleich zu der Schönheit des sternübersäten Nachthimmels, wie ihn Menschen zu sehen gelernt haben. Die emotionale Entzauberung im Gefolge größerer wissenschaftlicher Fortschritte ist nicht akzidentell. Sie ist ein Strukturmerkmal dieses Fortschritts. Der Grund, warum das Bild der durch die Wissenschaften aufgedeckten Naturwelt den Menschen wieder und wieder emotionale Enttäuschungen bereitet, ist leicht zu sehen: in vieler Hinsicht ist das natürliche Universum nicht die Welt, wie Menschen sie sich wünschen würden. Je mehr es durch die fortgesetzten Bemühungen von Wissenschaftlern aus den affektbezogeneren Phantasien der Menschen heraustritt, desto deutlicher erweist sich das Universum als ein recht unerquicklicher Ort. Kein Zweifel, es hat seine Entwicklungsmöglichkeiten. Die Entstehung von Menschen aus einzelligen Organismen durch eine, wie es scheint, außergewöhnliche, vielleicht einzigartige und gewiß ziellose Verkettung von Naturprozessen deutet auf diese Möglichkeiten hin. Der Begriff der »Natur«, der sich unter dem Einfluß der wissenschaftlichen Erforschung ihrer einfachsten, der physikalischen Ebenen herausgebildet hat, ist unvollständig – Menschen sind nicht weniger als Atome ein Teil der »Natur«. In der Tat, es zeigt die Reichweite der Entwicklungsmöglichkeiten der »Natur«, daß so komplexe Organismen wie Menschen, mit so außergewöhnlichen Eigentümlichkeiten wie einem »Bewußtsein«, einer unbegrenzten Vielfalt der Sprache und einem enormen Gedächtnis, in einem ungeplanten Prozeß aus ihr hervorgegangen sind. Im großen und ganzen kann man sagen, daß die recht unfreundliche Welt, Natur im Rohzustand, von und für Menschen bewohnbar gemacht wurde und wahrscheinlich sehr viel erfreulicher gemacht werden kann, als sie ist – allerdings nur durch die fortgesetzte und gemeinschaftliche Bemühung von Menschen über die Generationen hin.

Dies ist, wie man sehen kann, das grundlegende Paradox der wissenschaftlichen Zugangsweise: nicht nur verlangt sie selbst eine erhebliche emotionale Zurückhaltung, sondern auch das Bild der Welt, zu dem sie führt, hat den Gefühlen der Menschen wenig Freude zu bieten. Doch brachte die Abkehr von Träumen – die den Menschen emotionale Gratifikationen bieten, ob lustvoller oder unlustvoller Art – und die Hinwendung zu einer mehr realitätsorientierten Sicht der physikalischen Welt unzweifelhaft ihre eigenen Gratifikationen. Der realistischere Zugang zur Welt, den wir heute »wissenschaftlich« oder »rational« nennen, erwies seine größere Sachgerechtheit, seinen höheren Erkenntniswert unter anderem dadurch, daß er Menschen eine größere Macht gab, physikalische Ereignisse zu steuern, und vor allem, Gefahren zu kontrollieren. Er verschaffte Menschen sehr viel sicherere und zuverlässigere Orientierungsmittel, als sie je zuvor besessen hatten. Aber trotz der Begeisterung, mit der

Menschen im 16. und 17. Jahrhundert traditionelle Ansichten einer Realitätsprüfung unterwarfen – Descartes zum Beispiel verbrachte einen großen Teil seines Lebens mit Laboratoriumsexperimenten aller Art –, konnte man damals nicht das volle Ausmaß der Gratifikationen kennen, die sich aus diesen Anfängen einmal ergeben würden. Man konnte nichts wissen von den Verbesserungen der Gesundheit, den technischen Fortschritten, dem höheren Komfort des häuslichen Lebens, des Reisens etc., die den Menschen bevorstanden, wenn sie willens waren, langgehegte Traumbilder aufzugeben und Orientierungsmittel zu akzeptieren, die zwar emotional unbefriedigend sein mochten, aber besser auf die Realitäten ihrer Situation, auf die beobachtbaren Zusammenhänge physikalischer Ereignisse abgestimmt waren.

Die Befreiung aus dem Doppelbinder, der Menschen so lange auf der magisch-mythischen Ebene des Naturerlebens festgehalten hatte, konnte kaum in der Form eines kurzfristigen Ereignisses geschehen. Man rührt bestenfalls an die Oberfläche des Absprungs in die Naturwissenschaft, wenn man diese Transformation nur als einen Wandel im Bereich des Denkens behandelt und als einen Wandel, der nur durch die großen wissenschaftlichen Entdeckungen einiger bemerkenswerter Männer repräsentiert ist. Sowohl die Tatsache dieser Entdeckungen als auch ihre zunehmende Resonanz in der breiteren Gesellschaft deuten darauf hin, daß Menschen nach einem sehr langen vorbereitenden Prozeß auf einer Stufe angelangt waren, auf der die Gewißheit der neuen Gratifikationen, einschließlich neuer emotionaler Gratifikationen, die in der Form einer angemesseneren Orientierung und einer größeren Macht über die »Natur« auf sie warteten, wenn sie den Bann magisch-mythischer Glaubensdoktrinen und der durch sie gewährten Befriedigung tiefempfundener Gefühlsbedürfnisse zu lockern bereit waren, in der Tat sehr groß gewesen sein muß. Eine solche Gewißheit jedoch konnte von Menschen schlechterdings nicht in einer oder zwei Generationen erlangt werden. Sie konnte nur das langsam wachsende Resultat eines sehr langen Prozesses sein.

Wenn man als provisorischen Leitfaden künftiger Untersuchungen über die langfristigen Bedingungen des Absprungs in die Wissenschaft ein theoretisches Modell eines solchen Prozesses entwickeln wollte, müßte man ausgehen von der bemerkenswerten Kontinuität der Wissensübermittlung von den alten Reichen des Vorderen Orients über die griechisch-römische Antike und eine Reihe von Zwischenträgern, darunter Byzanz, die Araber und die römisch-katholische Kirche, an das mittelalterliche und neuzeitliche Europa. Man müßte sagen, daß in diesem sozialen Wissenskontinuum relativ früh und oft genug in einem Rahmen magisch-mythischer Wissensformen protowissenschaftliche Formen des Wissens entstanden. Man müßte weiter sagen, daß dieses protowissenschaftliche Wissen in magisch-mythischem Rahmen, z. B. in der Form der Astrologie, zu einem ersten Absprung in die Wissenschaft führte, der relativ kurzlebig war und scheiterte. Er scheiterte unter anderem deshalb, weil er auf kleine Kreise von Gelehrten beschränkt war und in der breiteren Gesellschaft ein relativ schwaches Echo fand. Aber er scheiterte nicht ganz und gar. Er hinterließ ein Erbe sowohl an wissenschaftlichen Entdeckungen als auch an wissenschaftlichen Begriffen. Es ist zweifelhaft, ob ohne diese Vorläufer der Absprung in die Naturwissenschaft während der europäischen Renaissance möglich gewesen oder so weit gegangen wäre, wie er dann ging. In der griechischen und römischen Antike existierten rein kausale und magisch-mythische Erklärungstypen nebeneinander. Wie schon gesagt, schrieb Plutarch eine Abhandlung, in der er die Frage aufwarf, wie es möglich war, daß für Ereignisse gleichzeitig Erklärungen aus dem Handeln von Göttern und Kausalerklärungen bestanden. Wie ebenfalls gesagt, verfaßte Ptolemäus nicht nur ein Kompendium der Astronomie, sondern auch eines der Astrologie. In der Tat kann man das Nebeneinander rein mechanisch-kausaler und magisch-mythischer Erklärungsmodelle und ihren Kampf um Vorherrschaft oder Versöhnung, mit sehr vielen Schwankungen, bis gegen Ende des europäischen 17. Jahrhunderts verfolgen.

Diese Erinnerung an die Möglichkeit einer Langsichtperspektive auf den Absprung in die Naturwissenschaft mag zur Abrundung dessen dienen, was zuvor über die Doppelbinderprozesse gesagt wurde, die lange Zeit in der Beziehung von Menschen zur »Natur« wie auch in ihren Beziehungen zueinander am Werk waren. Viele Darstellungen des Aufstiegs der Naturwissenschaften vermitteln den Eindruck, als ob Menschen, nachdem sie aus keinem besonderen Grund an alle möglichen Phantasien, je nachdem teils erfreulicher, teils haarsträubender Art, geglaubt hatten, irgendwann einmal – in Athen oder Florenz – wieder aus keinem besonderen Grund zur Vernunft gekommen seien und von da an in ihrem stetigen wissenschaftlichen und technologischen Fortschritt nie mehr auf die alten Irrtümer zurückgeblickt hätten. Vielleicht habe ich genug gesagt, um deutlich zu machen, daß dieses Selbstbild von Mitgliedern wissenschaftlicher Gesellschaften, das den meisten philosophischen und vielen historischen und soziologischen Betrachtungen des Aufstiegs der Naturwissenschaften zugrundeliegt, der Selbstliebe derer schmeichelt, die daran glauben. Befriedigende Phantasien spielen in diesem Bild eine Rolle, einer genaueren Prüfung aber hält es nicht stand. Tatsächlich ist es recht charakteristisch für den vorherrschenden Zugang zur Menschenwelt, von der die Wissenschaft einen Teil bildet. Es zeigt an, daß Menschen auf der Ebene ihrer sozialen Existenz immer noch sehr viel tiefer in Doppelbinderprozesse verstrickt sind als auf der physikalischen Ebene. Wieder und wieder stößt man auf Symptome des widersprüchlichen Charakters und der Unebenmäßigkeit dessen, was viele Zeitgenossen gern als eine einförmige »Rationalisierung« ansehen, die in derselben Weise den Umgang der Menschen mit der »Natur« wie ihren Umgang miteinander bestimme. In ihrem Umgang mit der »Natur« jedoch haben Menschen einen stetig fortschreitenden Standard der Distanzierung und Gefahrenkontrolle erreicht. In ihrem Umgang miteinander sind die Standards der Distanzierung und Gefahrenkontrolle niedriger und stehen in einigen Bereichen, z. B. in zwischenstaatlichen Beziehungen, nicht viel über dem Niveau früherer Menschen.

Die Frage, wie es Menschen gelang, in ihrem Umgang mit der »Natur« die Zwänge der Doppelbinderfalle zu lockern, gewinnt somit zusätzliches Gewicht durch die Tatsache, daß es ihnen auf der sozialen Ebene, in ihrem Umgang miteinander, noch nicht gelungen ist, die Doppelbinderzwänge im selben Maße zu lockern. Auch in bezug auf diese Ebene stellt sich die Frage: wie können Menschen der Kreisbewegung entkommen, die von einem Wissen und Glauben mit stark emotionalem Phantasiegehalt zu einer geringen Kontrollfähigkeit gegenüber den Gefahren, die Menschen füreinander bilden, und dann wieder von einem hohen Gefahrenniveau zu einer hohen Affektivität des Wissens und Glaubens führt?

Zu den bezeichnendsten Struktureigentümlichkeiten der gegenwärtigen Zeit gehört die Diskrepanz zwischen dem Niveau der Sachgerechtheit des Wissens und der Kontrolle, das Menschen in ihrem Umgang mit der nicht-menschlichen Natur, und dem, das sie in der praktischen und theoretischen Handhabung ihres gesellschaftlichen Umgangs miteinander erreicht haben. Im ersteren Fall wurde ein definitiver Durchbruch erzielt; der Knoten des Doppelbinders wurde gelöst. Diesem Durchbruch, dem schließlichen Absprung in die Naturwissenschaft nach einem jahrhundertelangen Aufstieg in diese Richtung, folgte ein beinahe geradliniger Fortschritt sowohl des wissenschaftlichen Wissens als auch der praktischen Steuerung und Kontrolle. Auf der menschlich-gesellschaftlichen Ebene ist ein vergleichbarer Durchbruch zu einem angemesseneren Wissen und einer zuverlässigeren Kontrolle trotz einer ganzen Reihe proto- und pseudowissenschaftlicher Fortschritte bisher nicht erreicht worden. Auf dieser Ebene treiben Menschen noch immer ziemlich hilflos im Kreis herum, wie der von Panik gelähmte ältere Fischer im Mahlstrom. Hier besteht noch immer die Situation, daß eine hochgradige Affektivität des Denkens und eine hochgradige Exponiertheit gegenüber den Gefahren, die von Menschen selbst ausgehen, einander wechselseitig verstärken und oft genug eskalieren. Überdies wird die Gefahr dadurch erheblich gesteigert, daß Menschen, die in diesem Doppelbinder, aber ohne ihn zu erkennen, gefangen sind, häufig das Wunschdenken und gefühlshaltige Wissen, das er erzeugt, für ganz »rational« und realitätsorientiert ansehen.

In früheren Tagen war die Bedrohung der Menschen, die von nicht-menschlichen Naturprozessen ausging, wahrscheinlich eine Zeitlang größer als die Bedrohung, die Menschen füreinander bildeten. Heute ist, in den entwickelteren Teilen der Welt, das Umgekehrte der Fall. Die Bedrohung durch nichtmenschliche Naturgewalten ist zwar keineswegs verschwunden, aber sie hat sich etwas verringert, während einige der schwersten Gefahren, die Menschen bedrohen, von Menschen selbst ausgehen. Auf der Ebene des menschlichen Zusammenlebens, auf der sozialen Ebene, bleibt das Maß der Distanzierung im Denken und Handeln weit hinter dem zurück, das wir auf den physikalischen und biologischen Ebenen erreicht haben. Auf den sozialen Ebenen läuft die Kreisbewegung, in der eine relativ hohe Affektivität des Denkens und Handelns in Reaktion auf unkontrollierbare Gefahren, die von Menschengruppen ausgehen, erhalten bleibt und *vice versa,* weiterhin auf hohen Touren; ihr Niveau ist dem von vorwissenschaftlichen Beziehungen der Menschen zur nichtmenschlichen Natur in früheren Tagen vergleichbar. Hier sind Gruppen immer noch weithin in der Form eines unentrinnbaren Doppelbinders aneinander gekettet. Einige von ihnen besitzen ein Zerstörungspotential, das dem von Naturkatastrophen in globalem Maßstab nahekommt.

8

Ein offensichtliches Beispiel ist die Abtrift zu einem Atomkrieg. Für eine Fallstudie in sozialer Dynamik ist es besonders gut geeignet. Nichts zeigt die zwingende Kraft einer Doppelbinderfiguration, verstanden als ungeplanter sozialer Prozeß, deutlicher als diese Abtrift.

Man ist wohl berechtigt anzunehmen, daß keine Person oder Personengruppe, die über die entsprechenden Mittel verfügt, ernstlich einen Atomkrieg wünscht oder ihn kalten Blutes herbeizuführen plant. Sein wahrscheinlicher Bumerangeffekt ist einigermaßen augenfällig. Gleichwohl gibt es eine unverkennbare Entwicklungstendenz in diese Richtung. Wie das sprichwörtliche Schwert hängt die Drohung eines Atomkriegs über uns, auch wenn niemand diesen Krieg wünscht. Man begegnet hier einem paradigmatischen Fall von Figurationsdynamik – jener Dynamik, die aus der Art und Weise, wie Menschengruppen aneinander gebunden sind, resultiert. Die betreffenden Gruppen sind in diesem Fall die Staaten, in die die Menschheit geteilt ist, und zwar vor allem die mächtigsten unter ihnen.

Die Staaten der heutigen Welt sind in der Form einer komplexen hierarchischen Ordnung, bipolar an der Spitze, multipolar auf den tieferen Ebenen, aneinander gebunden. Ihre Rangabstufung beruht auf den Unterschieden ihres relativen Machtpotentials[3]. Dieses – das Machtpotential eines Staates – ergibt sich aus der Kombination einer Reihe von Grundfaktoren; zu ihnen gehören: Bevölkerungszahl, soziales Kapital, Rohstoffquellen, strategische Lage gemäß dem Stand der Militärtechnik, Niveau der Produktivität, der Bildung, der Integration und einige andere mehr. Das Ensemble dieser Faktoren bildet den Gradmesser für das Machtgewicht eines Staates im Verhältnis zu anderen Staaten und somit für seine Position innerhalb der Status- und Machthierarchie von Staaten, die sich unter Konkurrenzdruck ständig bewegt und verändert.

Innerhalb dieser Kombination spielt ein Faktor eine Schlüsselrolle für die Rangordnung von Staaten: ihr Gewaltpotential, die Fähigkeit eines Staates zum Gebrauch physischer Gewalt in seiner Beziehung zu anderen Staaten als ein Mittel, um seine Position in der Hierarchie zu wahren oder zu verbessern. Nichts ist charakteristischer für die Struktur zwischenstaatlicher Beziehungen als dieser Sachverhalt. Er verweist darauf, daß Menschen auf der zwischenstaatlichen Ebene immer noch in archaischer Form aneinander gebunden sind. Wie Tiere in der Wildnis des Dschungels, wie Stammesgruppen in den frühen Tagen der Menschheit, wie Staaten die ganze Geschichte hindurch, so sind auch die Staaten von heute in einer Weise aneinander gebunden, daß schiere Gewaltpotentiale in ihren Beziehungen letztlich den Ausschlag geben. Niemand kann einen physisch stärkeren Staat daran hindern, sich zum Herrn über schwächere Staaten aufzuwerfen – es sei denn ein anderer Staat, der ihm an physischer Stärke ebenbürtig ist. Wenn ein solcher anderer Staat existiert, erleben sich die beiden mit großer Regelmäßigkeit als Rivalen, wobei jeder zu vereiteln sucht, daß der andere die Vormacht innerhalb des ganzen Gebietes erringt. Sofern also ein Staat nicht von einem anderen, militärisch gleichstarken Staat in Schach gehalten wird, kann nichts seine Führer und die Menschen, die ihn bilden, daran hindern, die Bevölkerung eines anderen Staates nach Wunsch und Belieben zu bedrohen, auszubeuten, zu überfallen und zu versklaven, zu vertreiben oder zu töten.

Innerhalb von Staaten liegen die Dinge anders. Dort haben physisch stärkere Menschen oder Gruppen normalerweise nicht mehr die Möglichkeit, schwächere Menschen auszubeuten, zu berauben, zu verletzen oder zu töten. Daß dies normalerweise ausgeschlossen ist, gehört zu den Voraussetzungen dessen, was man heute eine »zivilisierte« Lebensweise zu nennen pflegt. Daß eine solche Lebensweise über kürzere oder längere Zeit aufrechterhalten werden kann, ist nicht einfach der Einsicht, dem guten Willen, der Moral oder

der Rationalität individueller Menschen zuzuschreiben – man kann nicht darauf bauen, daß alle Menschen guten Willens sind oder vernünftig handeln. Daß innerhalb von Staaten – im Gegensatz zu zwischenstaatlichen Beziehungen – die physische Überlegenheit von Individuen oder Gruppen ihre Bedeutung als entscheidender Faktor in den Beziehungen der Menschen zueinander normalerweise verloren hat, ist vielmehr eine Folge der Art und Weise, wie Menschen sich in der Form von Staaten organisieren, also, mit anderen Worten, ihrer Figuration als Staaten. Es ist eine der Haupteigentümlichkeiten des Typus menschlicher Gruppierung, den wir heute als »Staat« bezeichnen, daß Menschen innerhalb seines Beziehungsgeflechts mehr oder weniger wirksam vor der Gewalttat anderer Menschen geschützt sind.
Man mag vielleicht sagen, daß dies an dem Rechtswesen eines Staates liegt, an der »Herrschaft des Gesetzes«. Wer immer seine überlegene Fähigkeit zu physischer Gewalt, ob sie auf Muskelkraft oder Waffen beruht, dazu benützt, um einen anderen Menschen auszubeuten, zu unterdrücken oder zu töten, wird vor Gericht gezogen. Wird er für schuldig befunden, wird ihn der Richter verurteilen und die Strafe festlegen. Aber die Wirksamkeit von Rechtseinrichtungen hängt auf lange Sicht ganz und gar davon ab, daß es der Justiz gelingt, durch exekutive Organe einen Rechtsbrecher leibhaftig zu fassen, ihn vor Gericht und schließlich ins Gefängnis oder manchmal noch an den Galgen zu bringen. Rechtseinrichtungen können daher bis heute nur dann wirksam funktionieren, wenn ihre Vertreter auf den – aktuellen oder potentiellen – Gebrauch physischer Gewalt zurückzugreifen vermögen, um ihre Entscheidungen durchzusetzen. Innerhalb eines Staates besteht, mit anderen Worten, als eine seiner hauptsächlichen Struktureigentümlicheiten eine spezielle Organisation, deren Mitglieder, wenn es die Durchsetzung des Rechts erfordert, zum Gebrauch physischer Gewalt ermächtigt sind.
Man könnte sich eine Stufe der sozialen Koexistenz vorstel-

len, auf der Menschen keines äußeren Zwanges bedürfen, um vom Gebrauch physischer Gewalt in ihren Beziehungen zu anderen Menschen Abstand zu nehmen. Man könnte sich eine Gesellschaft vorstellen, deren Mitglieder sich den gemeinsamen Regeln, die sie im Laufe von Generationen als Regulatoren ihres Zusammenlebens ausgearbeitet haben, allein durch Selbstzwang unterzuordnen vermögen. Individuelle Selbstzwangapparaturen wären in diesem Fall stark und zuverlässig genug, um jeden zentralen Fremdzwang überflüssig zu machen. Die Bürde des Selbstzwanges, so könnte man annehmen, hielte sich dann besser und gleichmäßiger über die Gesellschaft hin die Waage mit der Erfüllung individueller Bedürfnisse nach persönlicher Befriedigung, nach einem sinnvollen und erfreulichen Leben. Wenn in einer solchen Gesellschaft Menschen im Konflikt mit anderen – und es wird immer Konflikte geben – oder durch ein Versagen ihrer Selbstkontrolle unter dem Druck starker Affekte die gemeinsamen Regeln verletzten, könnten sie eine Entschädigung oder Strafe zu leisten haben, die wohl auch eine solche Gesellschaft von einem individuellen Mitglied für einen Bruch der gemeinsamen Regeln würde verlangen wollen. Die Betroffenen könnten vielleicht die Buße freiwillig und ohne die Androhung oder den Gebrauch physischer Gewalt von seiten gesellschaftlicher Organe auf sich nehmen, weil zu hoffen ist, daß sie genug Einsicht in die Funktionsweise menschlicher Gesellschaften hätten, um zu wissen, daß ein gedeihliches Zusammenleben von Menschen ein Leben aller in Balance nach Regeln voraussetzt und daß niemand auf Dauer bereit sein kann, die Regeln freiwillig zu halten und sich den Bußen für Regelbrüche zu unterwerfen, wenn auch nur einer sich weigert, dies zu tun.

Das wäre eine sehr fortgeschrittene Form menschlicher Zivilisation. Sie würde, wie man sehen kann, ein Ausmaß, eine Breite und eine Struktur individuellen Selbstzwangs erfordern, wie sie auf der gegenwärtigen Stufe des sozialen und innerhalb seiner des Zivilisierungsprozesses noch nicht erreichbar sind. Auch ist ungewiß, ob sie je erreichbar sein werden, wenngleich sich der Versuch lohnen würde. Solange diese Gesellschaftsverfassung nicht realisiert ist, bedarf der individuelle Selbstzwang von Männern und Frauen einer Verstärkung durch Fremdzwänge mittels besonderer Organe, die speziell zur Androhung oder zum Gebrauch physischer Gewalt autorisiert sind, um notfalls auf diese Weise ein friedliches Zusammenleben der Menschen innerhalb ihrer Gesellschaft zu sichern. Vielfältige Probleme sind mit dem Vorhandensein solcher Organe verknüpft, die ich an dieser Stelle übergehen muß. Die Kontrollfunktion dieser Organe kann durch die Kontrolleure selbst mißbraucht werden, als ein Mittel zur Vergrößerung ihrer eigenen Machtchancen. Sie kann im Interesse einer Teilgruppe der Gesellschaft in deren Konflikten mit anderen Teilgruppen eingesetzt werden. Aber solche Möglichkeiten tun der einfachen Tatsachendiagnose, die ich geboten habe, keinen Abbruch. Sofern nicht das Niveau individueller Selbstkontrolle sehr viel höher ist, als heute normal, und gleichmäßig hoch in allen individuellen Mitgliedern einer Gesellschaft, sofern überdies nicht das Vermögen und der Wille zur Balance sich erheblich von den gegenwärtigen Strukturen unterscheidet, wird ein friedliches Leben innerhalb einer Gesellschaft von kürzerer oder längerer Dauer nicht möglich sein ohne spezialisierte Fremdzwangorgane, die den individuellen Selbstzwang verstärken und ergänzen.

Gegenwärtig haben diese Fremdzwänge in einem Staat, wie Max Weber erkannte, den Charakter eines staatlichen Monopols der physischen Gewalt. Die Repräsentanten moderner Staaten sind in den meisten Fällen die Erben einer institutionellen Tradition, die es zu einem strafbaren Vergehen erklärt, wenn irgendein Mitglied eines Staates gegen ein anderes Gewalt übt, ohne dafür von staatlichen Autoritäten eine besondere Vollmacht empfangen zu haben. Eine solche Vollmacht wird heute gewöhnlich spezialisierten bewaffneten Gruppen erteilt, wie etwa der Polizei, deren generelle

Funktion darin besteht, die Staatsmitglieder in ihrem Umgang miteinander zu schützen und jeden zur Rechenschaft zu ziehen, der den Gesetzen zuwiderhandelt. Die Zivilisierung dieser Monopolisten der physischen Gewalt innerhalb eines Staates ist ein ungelöstes Problem. Gleichwohl hat die Existenz eines solchen institutionalisierten Monopols selbst auf der gegenwärtigen Stufe weitreichende Folgen für die gesamte Gestaltung menschlicher Beziehungen innerhalb eines Staates. Zum Beispiel: Die Produktion und Distribution von Gütern und Dienstleistungen, vor allem ihre Distribution und ihr Austausch über weite Entfernungen, nimmt nur dort den Charakter ökonomischer Beziehungen an, wo Staatsorganisationen mit einem einigermaßen wirksamen Gewaltmonopol existieren, wo also, mit anderen Worten, die Pazifizierung im Innern einigermaßen weit fortgeschritten ist. Ohne ein solches Monopol läßt sich die Einhaltung von Verträgen nicht erzwingen; der Erwerb von Gütern durch Gewaltmittel, wie immer sie heißen mögen, ob Krieg, Plünderung, Piraterie oder Raub, wird ein recht normales Ereignis sein. In der Tat, die spezifischen Regelmäßigkeiten ökonomischer Transaktionen, die den Gegenstand und die *raison-d'être* einer Wissenschaft der Ökonomie bilden, entstehen erst im Zusammenhang mit der Bildung intern pazifizierter Staaten, d. h. mit der Etablierung von einigermaßen wirksamen Gewaltmonopolen, die ein gewisses Maß an physischer Sicherheit in wirtschaftlichen Tauschbeziehungen – auch zwischen Staaten – garantieren. Die Entstehung von Staatsmonopolen der physischen Gewalt ist ihrerseits funktional interdependent mit ökonomischen Entwicklungen wie der gesellschaftlichen Kapitalbildung und der wachsenden Arbeitsteilung. Staatsbildungsprozesse und wirtschaftliche Prozesse oder, mit anderen Worten, Prozesse der sozialen Integration und der sozialen Differenzierung sind funktional interdependent, aber die einen sind nicht auf die anderen reduzierbar.

9

In einer Reihe von Staaten, vor allem den älteren unter ihnen, hat die Wirksamkeit der Monopolisierung physischer Gewalt und somit die Gewaltkontrolle im Laufe der letzten 300 oder 400 Jahre stetig zugenommen. Die Pazifizierung menschlicher Beziehungen ist dort – mit häufigen Rückschlägen – fortgeschritten, und entsprechend hat sich das Niveau individueller Abscheu vor dem Gebrauch physischer Gewalt erhöht. Die Beziehungen *zwischen* Staaten jedoch haben sich kaum verändert. Im Grunde haben sie ihren archaischen Charakter behalten. Jeder Staat ist frei, in seinen Beziehungen zu anderen Staaten Gewalt zu gebrauchen, es sei denn, seine Führer und Bürger werden durch einen anderen, gleich starken oder stärkeren Staat davon abgeschreckt. Auf dieser Ebene existiert kein Monopol physischer Gewalt, keine überlegene Instanz, die auch die stärksten und mächtigsten Staaten dazu zwingen kann, Frieden zu halten und von der Androhung oder dem Gebrauch physischer Gewalt in ihrem Umgang mit anderen Staaten abzustehen. Es gibt auch auf der zwischenstaatlichen Ebene Rechtseinrichtungen. Da jedoch ihre Entscheidungen keinen Rückhalt in militärischen oder Polizeikräften haben, die stärker sind als die aller möglichen Rechtsbrecher, ist ihr Einfluß auf zwischenstaatliche Beziehungen gegenwärtig noch ziemlich gering.

Es wäre interessant zu erklären, wie dieser schlagende Strukturunterschied zwischen menschlichen Beziehungen innerhalb von Staaten, wo normalerweise ein oft recht wirksames Gewaltmonopol besteht, und menschlichen Beziehungen zwischen Staaten, wo ein solches Monopol fehlt, zustandegekommen ist. Einige Schritte zu einer Erklärung dieses Unterschieds finden sich in meinem Buch »Über den Prozeß der Zivilisation« (Bd. 2), das unter anderem eine detaillierte Darstellung der Soziogenese der zentralen Monopole eines Staates, des Gewalt- und Steuermonopols, enthält. In diesem Zusammenhang würde eine solche Erörterung zu weit führen. Doch ist vielleicht der Hinweis angebracht, daß die Existenz solcher Monopole auf der innerstaatlichen und ihr Fehlen auf der zwischenstaatlichen Ebene ein gutes Beispiel für den hohen Grad an Genauigkeit ist, mit dem Soziologen Unterschiede der sozialen Struktur zu bestimmen vermögen. Viele Historiker und nicht wenige Soziologen finden es schwer zu verstehen, daß Gesellschaften, die schließlich nichts anderes sind als Geflechte funktional interdependenter Menschen, ihre eigene Struktur haben können oder daß, was so gut wie dasselbe bedeutet, Menschen als Individuen oder als Gruppen in spezifischen Figurationen aneinander gebunden sind, deren Dynamik auf diejenigen, die sie bilden, einen oft unwiderstehlichen, zwingenden Einfluß ausübt. Das Vorhandensein eines Monopols physischer Gewalt innerhalb von Staaten und sein Fehlen in den Beziehungen zwischen Staaten ist ein Beispiel für die Festigkeit der Strukturen, die interdependente Menschen miteinander bilden. Es zeigt auch die weitreichende Wirkung, die diese Strukturen auf die sie bildenden Menschen haben.

Auf der zwischenstaatlichen Ebene gibt es, wie erwähnt, nur eine Möglichkeit, wie ein Staat mit einem größeren Gewaltpotential daran gehindert werden kann, sein Machtgewicht im Verhältnis zu anderen Staaten voll auszuspielen. Er kann nur in Schach gehalten werden durch einen anderen Staat mit ungefähr gleichem Machtgewicht oder durch eine Gruppe von Staaten, wenn diese ihre Rivalitäten untereinander genügend kontrollieren können, um ihr vereintes Machtpotential zur höchstmöglichen Geltung zu bringen. In jedem Fall aber werden die mächtigsten Staatseinheiten an der Spitze einer Hierarchie interdependenter Staaten fast regelmäßig in einen Konkurrenzkampf miteinander getrieben. So stark ist der Sog dieser Polarisierung zwischen den beiden Hegemonialstaaten an der Spitze einer Staatenpyramide, daß die anderen Staaten immer wieder – und nicht selten gegen ihren Willen und ihr besseres Wissen – in das Kraftfeld des einen oder des anderen gezogen werden, wie Eisenspäne an den einen oder den anderen Pol eines starken Magneten. Der Ausscheidungskampf um die Hegemonialstellung zwischen den Machteinheiten an der Spitze bestimmt also in erheblichem Ausmaß auch die Gruppierung von Staaten über die ganze Pyramide hin – freilich nicht ohne eine gewisse Wechselseitigkeit, insofern auch die Gruppierungen der weniger mächtigen Staaten die Spannungsbalance zwischen den Staaten an der Spitze beeinflussen.

In einem sozialen Bereich, wo kein wirksames Monopol physischer Gewalt besteht, findet sich jede Machteinheit, in diesem Fall jeder Staat und vor allem jeder der Hegemonialstaaten, in einen ungeplanten Prozeß verstrickt, der die Entscheidungen und Handlungen seiner Mitglieder und Führer im Verhältnis zu anderen Staaten in erheblichem Maße mitbestimmt. Wie bereits gesagt, leben Menschengruppen auf dieser Ebene in ihrem Verhältnis zueinander noch immer unter Bedingungen, wie sie herrschten, lange bevor sich Gruppen mit den Eigentümlichkeiten von Staaten entwikkelten. In unserer Zeit sind Menschengruppen in der Form von Staaten, wie vor ihnen Horden oder Stämme, immer noch in einer solchen Weise aneinander gebunden, daß die stärkere eine schwächere Gruppe ausbeuten, unterdrücken oder vernichten kann, ohne jede Aussicht auf Hilfe oder Entschädigung für die letztere. Die stärkere Gruppe hat keine Strafe zu fürchten. Niemand hat ein größeres Machtgewicht als das der stärksten Staaten.

Man mag fragen, warum ein stärkerer Staat den Wunsch haben sollte, einen schwächeren anzugreifen. Aber diese Frage trifft nicht den Punkt. Entscheidend ist, daß auf der zwischenstaatlichen Ebene die stärkere Machteinheit schwächere Gruppen angreifen *kann*. Da es niemanden gibt, der einen solchen Angriff verhindern kann, leben Menschengruppen, die ohne ein zentrales Gewaltmonopol aneinander gebunden sind, unweigerlich in einem Dauerzustand der Unsicherheit. Wenn es Gruppen gibt, die hinsichtlich ihres Gewaltpotentials stärker als ihre Nachbarn sind oder zu sein glauben, besteht immer die Möglichkeit, daß sie versuchen könnten, ihre überlegene Kraft zu ihrem eigenen Vorteil auszunutzen. Sie können dies auf die verschiedenste Art und Weise tun – durch permanente Nadelstiche, durch direkte Forderungen an sie, durch Beeinflussung ihrer Innenpolitik oder durch Einmarsch und Angliederung. Sie mögen es heute nicht tun; sie mögen es morgen nicht tun; aber die Tatsache, daß sie es überhaupt tun können, daß der Gebrauch von Gewalt in den Beziehungen zwischen Staaten eine allgegenwärtige Bedrohung und die normale *ultima ratio* darstellt, während er in den normalen Beziehungen innerhalb von Staaten fast völlig ausgeschaltet ist, verweist nicht nur auf den fundamentalen Strukturunterschied zwischen menschlichen Beziehungen im innerstaatlichen und zwischenstaatlichen Bereich. Sie bedeutet auch, daß Menschen, vor allem in den wirksamer kontrollierten und pazifizierten industriellen Nationalstaaten, gleichzeitig quasi auf zwei verschiedenen Ebenen leben, deren Struktur nicht nur verschieden, sondern in mancher Hinsicht geradezu gegensätzlich ist. Entsprechend leben sie mit zwei verschiedenen und gegensätzlichen Verhaltenskanons[4]. Auf einer Ebene ist es strikt verboten, Menschen gewaltsam zu attackieren und zu töten; auf einer anderen gilt es als Pflicht, die Fähigkeit zur Gewalttat gegenüber anderen Menschen auszubilden, bereitzuhalten und zu gebrauchen.

Unterschiede zwischen dem jeweiligen Kanon, der das Verhalten innerhalb einer Gruppe und das zwischen Gruppen regiert, lassen sich fast überall beobachten. Aber in Gesellschaften mit einem weniger gut kontrollierten und weniger wirksamen Monopol physischer Gewalt ist das Gefälle zwischen dem Gewaltniveau innerhalb einer Gruppe und dem der Beziehungen zwischen Gruppen weniger steil. Im alten Athen zum Beispiel und in vielen mittelalterlichen Städten waren der Drang zur Selbstverteidigung und die Bereitschaft, andere im Konfliktfall anzugreifen, sehr viel stärker und physische Auseinandersetzungen innerhalb der eigenen

Gesellschaft viel gewöhnlicher als heute. Die wachsende Wirksamkeit der Gewaltkontrolle innerhalb eines Staates und die wachsende Unterwerfung staatlicher Hoheitsträger unter öffentliche Kontrolle gingen Hand in Hand mit entsprechenden Veränderungen in der Persönlichkeitsstruktur der Menschen. Beide Prozesse begünstigten die Entwicklung eines stärkeren individuellen Selbstzwanges in Konflikten und die Anhebung der Schwelle von Abscheu und Widerwillen gegenüber dem Gebrauch physischer Gewalt im Umgang der Menschen miteinander. Aus diesem Grund fällt es der Mehrheit der Menschen, die in nach innen einigermaßen pazifizierten Staatsgesellschaften und daher vielleicht mit einem starken Gefühl des Abscheus vor dem Gebrauch physischer Gewalt aufgewachsen sind, häufig überaus schwer zu verstehen, daß und warum in zwischenstaatlichen Beziehungen der Gebrauch physischer Gewalt immer noch ein normales Mittel des Konkurrenzkampfes und der Konfliktbewältigung darstellt. Sie selbst mögen in einen Konflikt geraten, wenn sie dazu aufgerufen werden, den Mitgliedern anderer Menschengruppen anzutun, was sie innerhalb ihrer eigenen Gruppe zu hassen gelernt haben – Gewalt zu gebrauchen und zu töten.

Überdies bedeutet die Monopolisierung physischer Gewalt unter der Kontrolle der Zentralinstanzen einer Staatsgesellschaft nicht, daß der Gebrauch von Gewalt innerhalb einer solchen Gesellschaft allgemein verboten ist. Sie bedeutet nur, daß der Gewaltgebrauch den Mitgliedern spezieller sozialer Formationen, etwa der Polizei, vorbehalten bleibt, die dazu ermächtigt sind, nach festgelegten Regeln und zu bestimmten Zwecken, insbesondere zur Verhinderung von Gewalttaten anderer Menschen innerhalb ihrer Gesellschaften, Gewalt zu gebrauchen. So besteht nicht nur ein Gegensatz zwischen dem Kanon der Gewaltlosigkeit im innerstaatlichen und einem Kanon erlaubter Gewalt im zwischenstaatlichen Bereich, sondern es besteht auch eine permanente Spannung innerhalb von Gesellschaften zwischen dem Ka-

non totaler Gewaltlosigkeit, wie er für die Mehrheit der Bürger, und dem Kanon autorisierter und mehr oder weniger von der Öffentlichkeit kontrollierter Gewalt, wie er für Polizei- und andere bewaffnete Organe gilt.
Kein Zweifel, das Monopol physischer Gewalt, der Gebrauch organisierter Körperkraft nach festgelegten Regeln, ist nicht gegen Mißbrauch gefeit. Das Problem, wie seine Kontrolleure und deren Exekutionsorgane kontrolliert werden können, ist eines der praktischen Gesellschaftsprobleme, die noch ungelöst sind. Auf der Ebene zwischenstaatlicher Beziehungen aber, wo kein Gewaltmonopol existiert, ist noch nicht einmal eine wirksame Polizei installiert worden. Daher herrscht auf dieser Ebene noch immer das ›Recht‹ des Stärkeren in seiner archaischen Form.
Der Standard zivilisierten Verhaltens, den die Menschheit bisher erreicht hat, ist nicht aus einem Guß; es ist kein einheitlicher Standard. Gegensätze sind in seine Struktur eingebaut, die für eine ganze Reihe der persönlichen Spannungen und Konflikte unserer Zeit verantwortlich sind. Vielleicht sind wir in der Trennung der wissenschaftlichen Untersuchung von Menschen als Individuen – d. h. in der Form der Psychologie – und der Untersuchung zwischenmenschlicher Beziehungen auf der innen- und auf der zwischenstaatlichen Ebene zu weit gegangen. Jede dieser drei Ebenen hat ihre besonderen Struktureigentümlichkeiten; jede hat eine gewisse Autonomie im Verhältnis zu den anderen. In der Tat, die relative Autonomie und das Eigengepräge der Persönlichkeitsstruktur jedes Individuums hat in den entwickelteren Gesellschaften im Vergleich zu früheren Stufen deutlich zugenommen. Zugenommen aber hat paradoxerweise auch die Interdependenz von Individuen. Früher identifizierten sich Individuen mit relativ kleinen Einheiten, mit menschlichen Verbänden in vergleichsweise engen Grenzen; heute identifizieren sie sich mit Nationen, die oft aus vielen Millionen von Menschen bestehen. So hoch individualisiert die Menschen entwickelterer Nationalstaaten sind, ihre Persönlichkeits-

struktur ist durch ein unsichtbares Band mit der Struktur ihrer Staatsgesellschaft (als »wir«) und mit der Struktur zwischenstaatlicher Beziehungen (als »sie«) verknüpft, die – zusammen – auch die Beziehung einer Person zu den »Naturobjekten« mitbestimmen. Jede dieser Ebenen hat, wie gesagt, ihre besonderen Struktureigentümlichkeiten und eine relative Autonomie wechselnden Ausmaßes im Verhältnis zu den anderen Ebenen. Zugleich entwickelten sie sich alle in enger Interdependenz, und die umfassendste Ebene, die der zwischenstaatlichen Beziehungen, ist die mächtigste. Innerhalb dieser Vier-Ebenen-Struktur ist es letztlich die Dynamik der zwischenstaatlichen Beziehungen, die, noch wenig kontollierbar, den Weg weist.

10

Als ein sozialer Bereich ohne wirksame Gewaltkontrolle hat die Struktur und Dynamik der zwischenstaatlichen Ebene spezifische Eigentümlichkeiten. Jede Machteinheit, jeder Staat, wird in diesem Bereich in einen Konkurrenzkampf und oft genug einen Überlebenskampf mit anderen hineingezogen, ob seine Repräsentanten es wollen oder nicht. Wenn andere Staaten stärker werden, wenn ihr relatives Machtpotential zunimmt, wird jeder Staat, der nicht ebenfalls stärker wird, schwächer. Er sinkt automatisch auf eine niedrigere Position in der Status- und Machthierarchie der Staaten. Daher ist in einem Bereich mit einer immanenten Dynamik dieser Art jede Einheit zum Wettstreit gezwungen – oder ihre Repräsentanten müssen sich, wenn ihnen die Mittel oder der Wille zum Wettstreit fehlen, mit einer niedrigeren Position in der Hierarchie und mit der Möglichkeit des Drucks oder der Invasion von anderer Seite abfinden. Ein Staat, als Teil einer solchen Figuration, der nicht expandieren kann, wenn andere expandieren, verliert an Status und Macht.

Für die Menschen eines Landes freilich ist es ein schmerzhafter und schwieriger Prozeß, sich selbst als ein Land von geringerer Macht, von niedrigerem Status als früher, als ein, wie es vielen von ihnen erscheinen mag, deklassiertes Land zu akzeptieren. Dies ist ein Beispiel für das unsichtbare Band, das die zwischenstaatliche mit der individuellen Ebene verknüpft. Der relative Abstieg und Rangverlust eines Nationalstaats innerhalb der Staatenhierarchie wird unter den Individuen, die diesen Staat bilden, weithin als ein persönlicher Abstieg empfunden. Nicht selten lehnen sie sich gegen ihr kollektives Schicksal auf und versuchen – selbst mit Gewalt – die Uhr zurückzudrehen. Unfähig, ihr Wir-Bild an die Realitäten anzupassen, mögen sie andere in Macht- und Kraftproben verwickeln und entsprechende Phantasiebilder ihres Landes aufbauen, um sich und der ganzen Welt zu beweisen, daß sich nichts verändert hat. Sie mögen sogar die gewandelte Position ihres Landes »rational« als eine Realität anerkennen und sie doch gefühlsmäßig und in ihrer Phantasie leugnen. Die Selbstannahme als ein Land mit einem geringeren Status- und Machtgewicht als zuvor kann ein sehr langer und schmerzhafter Prozeß sein, der viele Generationen dauert.

Ein soziales Feld von Staaten ohne zentrales Gewaltmonopol ist strukturell instabil. Es gibt jede Menge von Gründen, aus denen Spannungen und Konflikte zwischen Staaten entstehen können. Was immer aber der aktuelle Anlaß sein mag, ihre hauptsächliche Triebkraft beziehen alle solche Konfrontationen aus dem immanenten Konkurrenzdruck der Figuration, aus der situationsgebundenen Bedrohung von Teileinheiten durch einander und aus den entsprechenden Macht- und Statuskonflikten.

In der Gegenwart mögen Erklärungen aus der eingebauten Dynamik einer Figuration ungewohnt erscheinen. Andere Erklärungstypen dominieren. Ein offensichtliches Beispiel ist die Erklärung zwischenstaatlicher Konflikte aus der Aggressivität des einen oder des anderen der beteiligten Staaten.

Man scheint in diesem Fall ausdrücken zu wollen, daß eine ganze Nation als Kollektiv biologisch mit einer höheren Bereitschaft zur Gewalt ausgestattet sei als die meisten anderen Nationen. Unterschiedliche biologische Eigentümlichkeiten werden so für die Instabilität und die wiederkehrenden gewalttätigen Auseinandersetzungen verantwortlich gemacht, die ein regelmäßiges Merkmal aller zwischenstaatlichen Beziehungen sind.

Vielleicht der augenfälligste und auch der am leichtesten verständliche Grund für die mangelhafte Einsicht in die Dynamik dieser Überlebenskämpfe von Staaten ist die Neigung, sie voluntaristisch zu erklären. Anstatt die Struktur der Staatenfiguration zu betrachten, die durch das Fehlen einer wirksamen Gewaltkontrolle gewaltsame Konflikte erzeugt, richtet man die Aufmerksamkeit ausschließlich auf individuelle Menschen, die willentlich den Konflikt begannen. Solche Menschen mag es geben; aber wer sich mit voluntaristischen Erklärungen zwischenstaatlicher Konflikte begnügt, erfaßt bestenfalls einen Teilaspekt. So befriedigend es auch für das Gefühl sein mag, einen Schuldigen zu haben, eine solche Teilerklärung ähnelt in gewisser Hinsicht den Erklärungen, die das Denken und Handeln von Gesellschaften einer früheren Stufe beherrschten. Sie verstanden und erklärten alles, was ihnen wichtig war, in voluntaristischen Kategorien. Was immer es war, sie sahen darin, wie oben gezeigt, das Resultat von Willensakten und Intentionen lebender Wesen. Daß menschliche Angelegenheiten, die Ereignisse unserer menschengeschaffenen Welt, in dieser Weise erklärt werden können und müssen, mag evident erscheinen. In der Tat spielen die Willensakte und Intentionen von Menschen auf allen Ebenen eine integrale Rolle – in dem fortlaufenden Prozeß einer Person, im Prozeß der Beziehungen von Menschen zur nicht-menschlichen Natur, zu anderen Menschen auf der Stammes- oder Staatenebene und auf der Ebene zwischen Stämmen oder Staaten. Da jedoch das Willenshandeln von Menschen in einem Rahmenwerk funktionaler Interdependenzen geschieht, das sie nicht willentlich hervorgebracht haben, sind voluntaristische Erklärungen solcher Prozesse unzureichend. Es versteht sich, daß die Pläne und Absichten von Menschen in den Kämpfen zwischen Staaten eine maßgebliche Rolle spielen. Was einer Korrektur bedarf, ist die Vorstellung, daß sie allein die Ursache des Kampfes selbst oder seines Ablaufes sind.

Die primäre »Ursache« ist die Dynamik der Figuration, die zwei oder mehr Staaten in einer solchen Weise aneinander bindet, daß jeder von ihnen – aktuell oder potentiell – eine Gefahr für den anderen darstellt, daß keiner von ihnen fähig ist, diese Gefahr auszuschalten oder zu kontrollieren. In unserer Welt traditions- und kulturbewußter und interdependenter Nationalstaaten bietet, wie der Fall Deutschlands nach 1918 gezeigt hat, nicht einmal ein totaler Sieg der einen über die andere Seite eine Gewähr für das Ende der Bedrohung. Da die Bedrohung wechselseitig ist, ist es für jedes der betroffenen Länder sehr schwer, wenn nicht unmöglich, das Klima von sich aus und gleichsam auf eigene Faust zu entschärfen und die Spannungen des Macht- und Statuskampfes zu mildern.

Ein Ausweg aus diesem erstarrten Clinch läßt sich kaum finden, wenn nicht die Rivalen die Spannung zwischen ihnen gleichzeitig lockern. Das aber können sie nur tun, wenn sie genügend Vertrauen zueinander haben, um nicht befürchten zu müssen, daß der andere losschlagen wird, wenn der eine seinen Zugriff lockert. Ein Boxkampf wird durch einen Ringrichter überwacht, der darauf sieht, daß die Regeln befolgt werden. Es gibt zur Zeit auf der Erde keine Macht, die in ähnlicher Weise die Kämpfe zwischen mächtigen Staaten wirksam zu überwachen und zu kontrollieren und beide Seiten zur Einhaltung von Regeln zu zwingen vermag. Sie können es nur selbst, gleichzeitig und freiwillig tun. Wenn und solange dies nicht geschieht, bildet jeder für den anderen eine unkontrollierbare Gefahr. Das Staatsvolk und die Führer beider Seiten mögen in dieser Situation glauben, daß sie freie und rationale Akteure sind, die tun können, was sie wollen. Tatsächlich ist es die Doppelbindersituation selbst, die unauflösliche Interdependenz ihrer Bedrohung und ihres Furchtdenkens, die in letzter Instanz die Handlungen und Entscheidungen beider diktiert. Vielleicht wäre eine realitätsgerechtere, eine »rationalere« Handlungsweise möglich, wenn beide Seiten, die in dieser Form aneinander gebunden sind, sich selbst und einander als die Doppelbinderfiguration wahrnehmen könnten, die sie zusammen bilden. Das ist zunächst vielleicht zu viel erwartet. Noch sind die Völker der Erde, und besonders Regierungen, zu stark in der Kreisläufigkeit ihrer Doppelbinderprozesse gefangen, um die Gefahren, die sie füreinander und für sich selbst darstellen, dauerhafter kontrollieren zu können.

Um die zwingende Kraft, die diese und jede verwandte Form von Interdependenz auf die derart aneinander gebundenen Menschen ausübt, zu verstehen und zu erklären, benötigen Soziologen wie andere Wissenschaftler einige *termini technici*, einige begriffliche Werkzeuge als Orientierungsmittel. In den vorliegenden Erörterungen wird der Terminus »Figuration« gebraucht, als Allgemeinbegriff für die Struktur, die interdependente Menschen als Gruppen oder Individuen miteinander bilden. Mit seiner Hilfe kann man zum Beispiel klarer sagen, daß die Abtrift zum Atomkrieg nicht einfach das Ergebnis von Plänen und Absichten der einen oder der anderen Seite ist. Statt dessen kann man von der Figuration sprechen, die zwei oder mehr Hegemonialstaaten miteinander bilden, und von deren immanenter Dynamik, die in hohem Maße die Pläne und Handlungen jeder Seite bestimmt. Wenn Experten einer Seite ihre Aufmerksamkeit auf die letzteren, auf die Pläne und Willensakte der jeweils anderen Seite konzentrieren, bekommen sie nur einen begrenzten Aspekt der Situation in den Blick. Ihre Wahrnehmung ist an eine Synthese niedrigen Niveaus gebunden. Sie sehen nur individuelle Pläne und Handlungen, nicht die ungeplanten Prozesse, die Figuration, die den Bezugsrahmen

bildet, innerhalb dessen Menschen ihre Entscheidungen treffen und handeln.
Grundlegend für die Struktur eines solchen Prozesses ist, wie schon gesagt, das archaische Gepräge einer Figuration von Menschengruppen, die interdependent sind, weil jede von ihnen ohne Rückhalt und Schutz, ohne die Chance der Appellation an eine überlegene Macht oder einen bindenden Kanon der Selbstzügelung und des zivilisierten Verhaltens, der jederzeit möglichen Gewaltausübung durch die andere Gruppe oder die anderen Gruppen ausgeliefert ist. Wo immer Menschengruppen in der Form einer solchen Figuration zusammenleben, werden sie mit großer Regelmäßigkeit in einen Machtkampf und, wenn sie an der Spitze einer Staatenhierarchie stehen, in einen Vormachtkampf mit einer starken Tendenz zur Selbstreproduktion hineingezogen. In wissenschaftlichen Gesellschaften kommt es außerdem leicht zu einer Selbsteskalation dieses Kampfes, weil auf jeder Seite Forschergruppen ihre Kollegen und Rivalen auf der anderen Seite auszustechen und ihrem eigenen Land ein größeres Potential an militärischen Angriffs- und Verteidigungstechniken zu verschaffen suchen. Auf diese Weise erhöht jede Seite, indem sie ihr eigenes Gewaltpotential und damit die Hoffnung auf ihre eigene Sicherheit erhöht, automatisch die Unsicherheit und die Furcht der anderen Seite. Die andere Seite versucht dann, den Vorsprung des gegnerischen Gewaltpotentials ihrerseits einzuholen, indem sie ihr eigenes Gewaltpotential erhöht, was erneut das Gefühl von Furcht und Unsicherheit auf der anderen Seite erhöht; und so dreht sich die Spirale *ad infinitum*, bis die eine oder die andere Seite einen falschen Schritt macht oder in panischer Angst, daß sie das Tempo nicht mithalten kann, daß sie Gefahr läuft, den »kalten Krieg« zu verlieren, den »heißen Krieg« einleitet und zu schießen beginnt. Auf beiden Seiten ist das Engagement zu groß, zu gering die Distanzierung – ein selbsteskalierender Doppelbinder, wie er im Buche steht.

11

Doppelbinderprozesse in den Beziehungen zwischen Menschengruppen lassen sich über große Strecken der Menschheitsentwicklung hin beobachten, vor allem seit der Entstehung von Menschengruppen in der Form zentralisierter Staaten. Die ältesten bisher bekannten Schriftdokumente der Menschheit, sumerische Zeugnisse aus dem dritten Jahrtausend vor unserer Zeitrechnung, vermitteln ein lebendiges Bild dieser Ausscheidungs- oder Vormachtkämpfe. Die Dynamik des Überlebenskampfes zwischen den sumerischen Stadtstaaten war für sie, auch wenn ihr Territorium und die Zerstörungskraft ihrer Waffen vergleichsweise klein waren, ebenso unbeherrschbar und ihre Status- und Machtkonkurrenz ebenso heftig, wie es in unseren Tagen der Fall ist. In einem dauernden Hin und Her gewann einmal der eine, dann ein anderer dieser Stadtstaaten eine zeitweilige Hegemonialstellung, bis sie alle zusammen durch akkadische Könige besiegt und trotz eines starken kulturellen Einflusses auf die Eroberer und eines gelegentlichen Wiederauflebens ihrer Macht in größere Reiche eingegliedert wurden.

In derselben Weise bekämpften sich Athen und Sparta, die eine Zeitlang das größte Machtgewicht unter den konkurrierenden griechischen Stadtstaaten erlangt hatten, bis zu einem toten Punkt der beiderseitigen Erschöpfung. Beide hatten eine unterschiedliche Regierungsform, Athen eine demokratische, Sparta eine aristokratische, die sie auch in ihrem jeweiligen Herrschaftsbereich etablierten – genau wie in unserer Zeit die Russen überall dort, wo ihr Einfluß groß genug ist, Einparteienregierungen und die Amerikaner Mehrparteienregierungen einrichten. Am Ende kamen die rivalisierenden griechischen Stadtstaaten unter die Herrschaft Philipps und Alexanders von Mazedonien, die im alten Kernland der griechischen Halbinsel mächtiger geworden waren als irgendeiner der Stadtstaaten. Alexander wiederum versuchte, den Hellenen endgültig Frieden und Sicherheit zu bringen,

indem er ein für allemal die jahrhundertealte Bedrohung ihrer Unabhängigkeit durch die persischen Könige beseitigte. Als er jedoch Persien erobert hatte, wurde er bald gewahr, daß es weiter im Osten andere unabhängige Völker gab, die eine Bedrohung für die Sicherheit seiner eigenen Herrschaftsgebiete darstellten. Als er auch diese besiegt hatte, wurde er einmal mehr gewahr, daß er noch keine absolute Sicherheit erreicht hatte. Wie Dschingis Khan und Napoleon nach ihm glaubte er, mächtiger zu sein – und *war* wohl auch eine Zeitlang mächtiger – als jeder mögliche Konkurrent, und so versuchte er, der Menschheit endgültigen Frieden und seinem Reich endgültige Sicherheit zu verschaffen, indem er bis ans Ende der Welt marschierte und auf dem Weg alle Völker, denen er begegnete, unterwarf. Auch heute noch kennt man dieses Alexander-Syndrom. Aber die Erde erwies sich als sehr viel größer und die Menschheit als sehr viel volkreicher, als er sich vorgestellt hatte. Wie weit er auch vordrang, immer lagen vor ihm noch unerobert andere Teile der Menschheit. Und so überforderte er, während er für seine Herrschaftsgebiete absolute Sicherheit zu gewinnen hoffte, seine Nachschublinien, seine Ressourcen, seine Kontrollmittel und die Geduld seiner Soldaten in einem solchen Maße, daß er schließlich umkehren mußte.
Es gibt auf jeder gegebenen Stufe der Gesellschaftsentwicklung eine Grenze für die Größe des Territoriums und der Bevölkerung, die von einem Zentrum aus wirksam pazifiziert und kontrolliert werden können. Alexander hatte ein weit größeres Gebiet und eine weit größere Vielfalt von Völkern erobert, als in Friedenszeiten mit den damals vorhandenen technischen und administrativen Kontrollmitteln zusammengehalten werden konnten. Sein riesiges Reich zerbrach sogleich nach seinem Tode.
Man kann in der Antike eine stetige Zunahme der Größe des Territoriums und der Bevölkerung erkennen, die über eine gewisse Zeit im Rahmen eines einzigen Staates zusammengehalten werden konnten. Die Sumerer, die Akkader, die Ba-

bylonier, die Ägypter und die Perser, um nur diese zu nennen, taten Schritte auf diesem Weg. Akkad war größer als Sumer, Babylon größer als Akkad und Assyrien größer als Babylon. Das persische Reich war größer als das assyrische und Alexanders Reich größer als das der Perser.

Den Gipfelpunkt dieser Reihe bildete in der Antike das römische Reich. Die Römer wurden zuerst in einen Konkurrenzkampf mit anderen Stadtstaaten in Italien verwickelt. Als sie in Italien die Vormacht errungen hatten, wurden sie in einen Überlebenskampf mit Karthago und dessen Netz von Kolonien um die Vormacht im Mittelmeer und den angrenzenden Küstengebieten hineingezogen. Es ist nicht schwer, analoge multipolare und bipolare Ausscheidungsprozesse im mittelalterlichen und neuzeitlichen Asien, Afrika oder Europa zu finden. Der Kampf zwischen den englischen und französischen Königen um die Hegemonie in den anglo-französischen Herrschaftsgebieten, der mit einer Teilung dieser Gebiete in das spätere England und Frankreich endete, ist ein Beispiel. Ein anderes ist der langdauernde Kampf zwischen den Bourbonenkönigen von Frankreich und den habsburgischen Kaisern.

12

Im einzelnen können natürlich solche langdauernden Ausscheidungsprozesse sehr stark variieren. Doch die Grundstruktur der Prozesse, die Figurationen einer Vielheit interdependenter Staaten mit einer halbwegs gleichmäßigen Verteilung der Machtgewichte, aber ohne ein Gewaltmonopol durchlaufen, ist immer dieselbe. *Nolens volens* werden sie in einen Konkurrenzkampf hineingezogen, der mit allen geeigneten Mitteln, einschließlich dem Gebrauch physischer Gewalt, geführt wird. Es ist ein Kampf ums Überleben – sowie einige der Rivalen stärker werden, werden andere, wenn sie nur ihr bestehendes Machtgewicht halten, automatisch schwächer. Die immanente Tendenz einer solchen Figuration, die mit einer relativ gleichmäßigen Machtverteilung einsetzt, geht in Richtung auf eine zunehmende Ungleichheit der Machtchancen. In der Regel gewinnen im Verlauf des Ausscheidungskampfes zwei oder drei Machteinheiten ein Machtpotential, das für alle anderen unerreichbar ist und diesen die Möglichkeit nimmt, sich aus eigenen Kräften weiter an der Konkurrenz zu beteiligen. Eine wachsende Hierarchisierung treibt die zwei oder drei Einheiten mit den größten Machtchancen in einen Konkurrenzkampf um die Vormacht miteinander; denn auf dieser, der zwischenstaatlichen Ebene gibt es, wie gesagt, keinen anderen Weg, um eine physisch stärkere Machteinheit daran zu hindern, ihr hohes Machtgewicht im Verhältnis zu anderen Staaten voll auszuspielen. Sie kann nur in Schach gehalten werden durch einen anderen Staat mit einem ungefähr gleichen Machtgewicht oder auch, je nachdem, durch eine Gruppe von Staaten, wenn diese ihre Rivalitäten untereinander so weit beilegen können, daß sie ihr vereinigtes Machtpotential optimal zu nutzen vermögen. Die mächtigsten Staatseinheiten an der Spitze werden so gut wie immer in einen Konkurrenzkampf miteinander gezogen – nicht aus freier Entscheidung, obwohl natürlich Entscheidungen dabei eine Rolle spielen, und gewiß nicht aus einer angeborenen Angriffslust, sondern weil jede von ihnen begründete Furcht hat, daß die andere stärker werden könnte und daß sie selbst dann der anderen auf Gedeih und Verderb ausgeliefert wäre. So unternehmen beide die Schritte, von denen ich zuvor gesprochen habe. Beide versuchen, ihre Sicherheit zu erhöhen; und jeder Schritt der einen Seite, um größere Sicherheit zu erlangen, trägt zur Verunsicherung der anderen Seite bei. Jede Seite versucht, ihr Zerstörungspotential zu vergrößern. Die Folge ist auch hier eine Doppelbinder-Eskalation

Und das ist noch nicht alles. In der Regel manövrieren beide Seiten um eine günstige Position in den Territorien außerhalb ihrer eigenen Grenzen. Sie führen einen hartnäckigen

Konkurrenzkampf um Verbündete und Klienten zwischen ihren Kernlanden. Aus Furcht voreinander versuchen sie, Freundschaft mit Ländern zu schließen, die ihre Verbündeten werden könnten. Sie mögen Einfluß auf andere zu gewinnen suchen, die potentielle oder aktuelle Produzenten nützlicher Güter für den Kriegsfall sind. In dem Stellungskampf, der eine recht normale Vorbereitungsphase auf dem Weg zu einem Krieg ist, strebt jede Seite mit allen Mitteln nach möglichst günstigen strategischen Positionen, die in einem Krieg eine wichtige oder sogar ausschlaggebende Funktion haben können. Sie können den Nachrichtenverkehr erleichtern und Nachschublinien offenhalten oder die der Gegner beeinträchtigen. Sie können helfen, die Reichweite von Zerstörungswaffen und die Wirksamkeit der Geheimdienstarbeit zu verbessern. In früheren Tagen waren diese Positionsmanöver zweier Hegemonialmächte in der kriegsvorbereitenden Phase gewöhnlich auf einen vergleichsweise engen Raum beschränkt. Heute beziehen sie die ganze Welt mit ein. Ein großer Krieg, wenn er kommt, wird nun völlig globale Ausmaße annehmen. Das ist einer der Punkte, an denen sich die Figuration, die von den Vereinigten Staaten und der Sowjetunion gebildet wird, von ähnlichen bipolaren Figurationen der Vergangenheit unterscheidet. Frühere Figurationen dieser Art hatten faktisch mehr regionalen Charakter, auch wenn diejenigen, die sie bildeten, sich selbst als Repräsentanten der Menschheit betrachteten. Daher sah sich der Sieger in einem Ausscheidungskampf früher oder später mit Außenseitergruppen konfrontiert, die ein ungefähr gleich großes oder sogar ein größeres Machtgewicht hatten. Der Ausscheidungskampf setzte sich dann auf einem neuen Niveau fort. In der gegenwärtigen Phase des jahrtausendelangen Ausscheidungskampfes der Staaten befinden sich alle möglichen Akteure bereits auf der Bühne.

13

In früheren Tagen mögen Überlebenseinheiten wie etwa Nomadenstämme, die eine Zeitlang in der Form eines Doppelbinders aneinander gebunden waren, bisweilen eine Alternative zu dem Kampf gehabt haben, der ihnen durch ihr wechselseitiges Verlangen nach Sicherheit gegenüber dem möglichen Angriff der anderen Seite aufgezwungen wurde. In einer Zeit, in der es auf der Erde noch weite offene Räume gab und Territorien noch nicht überall als das unveräußerliche Eigentum bestimmter Menschengruppen angesehen wurden, konnten Gruppen, die in der Form eines Doppelbinders aneinander gefesselt waren, bisweilen der Falle entkommen, indem sie sich einfach voneinander entfernten. Vielleicht bemerkte eine Seite, wie ihre Macht abnahm, oder wurde des ständigen Kampfes und der unaufhebbaren Bedrohung durch das Gewaltpotential der anderen Seite müde. In diesem Fall konnten ihre Mitglieder einfach beschließen, ihre Zelte abzubrechen und ihr Glück anderswo zu suchen.

Seit einiger Zeit nun ist diese Alternative menschlichen Gruppen immer mehr verschlossen. Vor allem die zwei oder drei Hegemonialmächte unserer Tage, die aus dem langen Ausscheidungskampf zwischen Staaten gegenwärtig als die mächtigsten Staatseinheiten der Erde hervorgegangen sind, bilden füreinander eine tödliche Bedrohung allein durch ihre Existenz als gleichmächtige Staaten und durch das Fehlen einer übergeordneten Instanz, die sie vor sich selbst und vor einander schützen kann. Heute aber können sie sich nicht voneinander entfernen. Nicht einmal nach dem Sieg einer Seite verschwindet die unterlegene von der Bildfläche. Die Antagonisten sitzen in unserer Welt sozusagen unausweichlich in einem Boot. Wie die Dinge gegenwärtig liegen, bildet jede der Hegemonialmächte für die andere eine tödliche Bedrohung – aber die Gefahr ist unaufhebbar und der Kontrolle aller Beteiligten fast völlig entzo-

gen, solange sie beide gleichermaßen engagiert sind und daher kein Vertrauen zueinander besitzen.
Daß die Hegemonialstaaten der Gegenwart zugleich als die Hauptvertreter zweier verschiedener und in mancher Hinsicht antagonistischer sozialer Glaubenssysteme voneinander getrennt sind, spielt für die Feindschaft zwischen ihnen sicherlich eine Rolle. Diese divergierenden sozialen Glaubensdoktrinen haben eine reale Funktion in der Anheizung des zwischenstaatlichen Kampfes. Sie verknüpfen die zwischenstaatlichen Rivalitäten und Gefahren mit dem zentralen innerstaatlichen Problem des Industriezeitalters: mit dem Konflikt zwischen Industrieunternehmern und Industriearbeitern. Aber weder solche innerstaatlichen Auseinandersetzungen selbst noch die divergierenden sozialen Glaubenssysteme, die sich in einem innerstaatlichen Zusammenhang entwickelt haben, sind die eigentliche Wurzel des zwischenstaatlichen Konflikts der »Supermächte«. Dies zeigt allein schon die Beziehung zwischen den beiden mächtigsten kommunistischen Ländern, zwischen Rußland und China. Beide bekennen sich zum Kommunismus. Aber das gemeinsame Glaubensbekenntnis zählt wenig im Vergleich zu dem Druck des Doppelbinders, den sie miteinander bilden – im Vergleich zu der Tatsache, daß die beiden Länder militärisch eine Gefahr füreinander darstellen und in Furcht voreinander leben.
So erfüllt die Verknüpfung eines innerstaatlichen Glaubens- und Staatsformkonflikts mit einem zwischenstaatlichen Sicherheitskonflikt ihren Dienst, indem sie die Masse der Bevölkerung in den beteiligten Staaten um die eigene Fahne zu scharen oder auch potentielle Verbündete für beide Seiten zu schaffen hilft. Aber der zwischenstaatliche Konflikt selbst bezieht nicht, wie oft angenommen wird, seine gesamte dynamische Kraft aus innerstaatlichen Konflikten und den sozialen Glaubensdoktrinen, durch die sich beide Seiten legitimieren. Er hat seine eigene Dynamik. Auch wenn beide Seiten heute die Spannungen zwischen einander von einem

innerstaatlichen Klassenkonflikt ableiten, unterscheidet sich ihre Gegnerschaft und deren immanente Dynamik strukturell nur insofern von den Hegemonialkämpfen, in die sich zwei Machteinheiten, die aus einem langen Ausscheidungskampf als die stärksten hervorgegangen sind, seit Menschengedenken immer wieder verstrickt haben, als es nun um die globale Einigung oder die Herrschaft über die ganze Menschheit geht.

Diese Ausscheidungskämpfe selbst sind, wie ich an anderer Stelle gezeigt habe[5], ein normaler Zug von Staatsbildungsprozessen. Sie können, wie im alten Griechenland, in eine Pattsituation münden; sie können, wie in der Entwicklung Roms und Frankreichs, zur Vorherrschaft eines der Konkurrenten, oder sie können zu einem dauerhaften Kompromiß zwischen den Hauptrivalen führen. Die letzte Lösung ist, soweit man sehen kann, bisher noch nie gelungen, kann aber bei dem gegenwärtigen Niveau des Selbstzwangs, verstärkt durch die Fremdzwangwirkung der Kernwaffen, als Möglichkeit nicht ausgeschlossen werden.

Im großen und ganzen folgt bisher der Machtkampf zwischen der Sowjetunion, China und den Vereinigten Staaten demselben Muster wie die vielen multipolaren Hegemonial- und Ausscheidungskämpfe, die in der Vergangenheit stattgefunden haben, wo immer ein soziales Feld von Machteinheiten ohne Gewaltmonopol entstand. Wie es auch früher oft der Fall war, mögen die Hauptakteure in dem gegenwärtigen Vormachtkampf, als sie ihn aufnahmen, nicht die Absicht gehabt haben, eine Hegemonialstellung zu erlangen. Aber die Eigendynamik der Figuration, die große Mächte miteinander bilden, drängt deutlich in diese Richtung. Nur steht dieses Mal die Vormacht über die ganze Menschheit auf dem Spiel. Eine Vorherrschaft dieser Art zu gewinnen, ist mit aller Wahrscheinlichkeit weder das erklärte noch das unerklärte Ziel eines der Rivalen. Beide begannen ja ihren Weg zur Spitze der Staatenhierarchie im Zeichen ziemlich ausgeprägter anti-imperialistischer Glaubensvorstellungen. Im

Laufe der Zeit aber wurden sie beide zu einer ständigen Ausweitung ihrer Einflußsphären, zu einer direkten oder indirekten Kontrolle über andere Länder, kurz: zum Aufbau einer Imperialherrschaft getrieben, und dies einfach durch den Sog der Figuration, die sie miteinander bildeten, durch die Dynamik des Prozesses, in den sie verstrickt sind. Wie in vergleichbaren Fällen der Vergangenheit werden die beiden »Supermächte« zu dauernden Kraftproben getrieben. Jede Erhöhung des militärischen Potentials der einen muß durch eine entsprechende Erhöhung auf der anderen Seite pariert werden. Jedes Bündnis, das eine Seite mit einem Land irgendwo auf der Welt schließt, muß durch ein Gegenbündnis der anderen Seite kompensiert werden. Auch frühere Imperialmächte entwickelten sich zu dem, was sie wurden, nicht nach Plan, nicht weil ihre Vertreter die Absicht hatten, ein Reich aufzubauen, sondern unter dem Druck bestimmter Rivalitäten. Erst auf einer späteren Stufe des Prozesses ergreifen die Führer solcher Länder bewußter die Rolle, in die sie hineingetrieben wurden, die Rolle als Zentrum eines Weltreiches.

In sich hat die Tendenz der beiden größten Hegemonialmächte des späten 20. Jahrhunderts zum Aufbau einer Imperialherrschaft wenig mit den sozialen Idealen von Kommunismus oder Kapitalismus zu tun. Zwischenstaatliche Beziehungen haben ihre eigene Dynamik. Soziologische Orientierungsmittel, die von der innerstaatlichen Ebene, von dem Interessenkonflikt zwischen Arbeitern und Unternehmern abgeleitet sind, tragen sehr wenig zu einer besseren Orientierung über Probleme auf der zwischenstaatlichen Ebene bei, unter denen die Abtrift zum Kriege eines der dringlichsten ist. Erklärungen der üblichen Art, wonach an dieser Abtrift entweder die Kapitalisten oder die Kommunisten schuld sind, bedeuten nicht nur eine Fehlorientierung. Sie verdecken den Doppelbindercharakter der Figuration und erschweren damit auch die Kontrolle und Steuerung des Konflikts. Sie geben dem Hegemonialkampf zwischen den beiden Supermächten auf jeder Seite den Charakter eines Kreuzzugs. Die einfache Tatsache, daß hier zwei Großmächte in einer solchen Weise aneinander gebunden sind, daß jede eine tödliche Gefahr für die andere darstellt, wird verdunkelt, und beide Seiten identifizieren sich, wie es Christen und Moslems in der Zeit der Kreuzzüge, wie es Protestanten und Katholiken in den großen Religionskriegen getan haben, durch zwei verschiedene und antagonistische Glaubenssysteme. In früheren Tagen standen übernatürliche Mächte im Mittelpunkt der Glaubenssysteme. Die gegenwärtigen Glaubenssysteme kreisen um zwei verschiedene Formen der Ordnung des menschlichen Zusammenlebens. Das eine von ihnen erhebt den Anspruch, daß es durch ein Eintreten für die Interessen von Industriearbeitern eine ideale Gesellschaft für die ganze Menschheit hervorbringen werde. Das andere behauptet, es werde eine ideale Gesellschaft hervorbringen, indem es der Unternehmerkonkurrenz freien Lauf läßt. In beiden Fällen ist die tatsächliche soziale Praxis so weit von einem Idealzustand entfernt, daß man nicht zu sehen vermag, wie aus dieser sozialen Wirklichkeit eine ideale Gesellschaft hervorgehen könnte. Eben dies aber wird von den gegnerischen Staaten je für die eigene Seite in Anspruch genommen; eben dies verfestigt auf beiden Seiten das emotionale Engagement und so den Zwang des Doppelbinders.

14

Der vielzitierte Besucher aus dem Weltenraum, der die Polarisierung irdischer Staatsgesellschaften um die Protagonisten des Kommunismus und die des Kapitalismus mit einer gewissen Distanzierung betrachtete, könnte leicht entdecken, wie weit auf beiden Seiten Wirklichkeit und Ideal auseinanderklaffen. Sowohl Gesellschaften, die in der kapitalistischen, als auch Gesellschaften, die in der kommunistischen Weise regiert werden, haben schwere Mängel. Beide erzeugen ein hohes Maß an menschlichem Leiden und Elend. Beide werden von ernsten und chronischen Schwierigkeiten bedrängt, von denen der Mißbrauch von Machtpotentialen, Fehlplanung, Inflation, Arbeitslosigkeit und Sinnentleerung nur einige wenige Beispiele sind.

In denjenigen Ländern auf beiden Seiten, die einen hohen Grad der Industrialisierung erreicht haben, sind die Unterschiede auf den unteren Gesellschaftsebenen nicht so sehr groß. Der offensichtlichste und strukturell bedeutsamste Unterschied zwischen ihnen besteht darin, daß die Gesellschaften des einen Lagers Einparteienstaaten und die des anderen Lagers Vielparteienstaaten sind. Ebenso bedeutsam ist wahrscheinlich, daß die Partei- und Regierungsestablishments in den beiden Lagern aus verschiedenen sozialen Schichten rekrutiert sind und verschiedene kulturelle, intellektuelle und moralische Partei- und Klassentraditionen vertreten. Repräsentanten der kapitalistischen Länder erwecken bei denen der kommunistischen Seite leicht den Verdacht, daß sie ihre traditionelle Mittel- und Oberschichtüberlegenheit zur Schau stellen, während die ersteren bei den letzteren das Ressentiment und die Überempfindlichkeit von Aufsteigern zu spüren glauben.

Beide Seiten neigen dazu, ihre eigene Gesellschaft als eine ideale Gesellschaftsordnung hinzustellen, als die beste aller möglichen Gesellschaftsformen auf der Welt. In beiden Lagern verwischen die herrschenden sozialen Glaubensdoktrinen die Unterschiede zwischen Wirklichkeit und Ideal, zwischen Sein und Sollen. Sie lassen es so erscheinen, als ob sie bereits eine Gesellschaftsordnung erreicht hätten, die im wesentlichen nicht mehr verbessert werden muß und kann.

Wenn man die Idealbilder der beiden Seiten prüft, stellt man bald fest, wie eng sie miteinander verzahnt sind. Im 19. Jahrhundert speisten sich die traditionellen sozialen Ideale und Glaubensdoktrinen unserer Zeit auf dem Spektrum zwischen Nationalismus und Konservativismus auf der einen, Sozialismus und Kommunismus auf der anderen Seite

hauptsächlich aus innerstaatlichen Spannungen und Konflikten. Machtkämpfe zwischen den traditionellen Oberschichten, dem landbesitzenden Adel und Junkertum, und den aufsteigenden kaufmännisch-industriellen Mittelklassen sowie auch zwischen den letzteren und den aufsteigenden Industriearbeiterklassen spielten bei der Gestaltung dieser Glaubenssysteme eine Rolle. Im Laufe des 20. Jahrhunderts verlagerte sich der Schwerpunkt von der innerstaatlichen auf die zwischenstaatliche Ebene. Die verschiedenen Spielarten von Ober- und Mittelklassendoktrinen und die verschiedenen Spielarten von Arbeiterklassendoktrinen verloren nicht ihre Funktion als Orientierungsmittel und als ideologische Waffen in den Machtkämpfen verschiedener Gesellschaftsschichten innerhalb von Staaten, aber diese Funktion wurde mehr und mehr überschattet durch ihre Funktion als ideologische Verteidigungs- und Angriffswaffen in den polarisierten Kämpfen zwischen Hegemonialstaaten und jenen anderen Staaten, die in deren Kraftfeld hineingezogen wurden.
Überdies hatten im 19. Jahrhundert die beiden polaren Extreme auf dem Spektrum sozialer Glaubenssysteme, der diktatorische Nationalismus und der diktatorische Kommunismus, noch den Charakter ziemlich vager Ideale, die in der Zukunft verwirklicht werden mochten oder auch nicht. Im Verlauf des 20. Jahrhunderts wurden beide tatsächlich verwirklicht, und obwohl die frostige Realität ihre Funktion als Gesellschaftsideal, als Hauptstück eines sozialen Glaubensbekenntnisses und damit auch ihre Anziehungskraft für die jeweiligen Anhänger nicht aufhob, warf doch die Verwirklichung einen Schatten auf den Traum.
Die sozialen Glaubensdoktrinen unserer Zeit haben einige der Funktionen und einige der Eigentümlichkeiten, die übernatürliche Religionen in früheren Tagen hatten und noch heute in vielen Teilen der Welt haben. Sie sind reich an Gefühls- und Phantasiegehalt, aber im Vergleich dazu arm an Realitätsbezogenheit. Sie werden gewöhnlich durch magische Formeln zum Ausdruck gebracht, die oft hoch rituali-

siert sind und für die Gläubigen einen starken Gefühlswert besitzen. Wie einige übernatürliche Religionen haben sie sehr wirksame Integrationsfunktionen, zunächst für bestimmte Gesellschaftsgruppen innerhalb von Staaten, dann für die Mitglieder der Staaten selbst. Mit einer gewissen Toleranzmarge gilt die alte Gesellschaftspraxis, die für übernatürliche Religionsformen Geltung hatte und in dem Satz zusammengefaßt war: *Cuius regio, eius religio*, für die sozialen Religionen unserer Tage nicht weniger als für die übernatürlichen Religionen früherer Zeiten. Doch besteht zwischen beiden ein bezeichnender Unterschied: übernatürliche Religionen können nicht, soziale Religionen dagegen können einer Realitätsprüfung unterworfen werden. Sie können im Hinblick auf ihren Phantasiegehalt und den Grad ihrer Realitätsbezogenheit untersucht werden, und zwar sowohl in der Form sozialer Experimente, indem man sie in die Tat umsetzt, als auch durch damit verbundene systematische soziologische Forschung.
Selbst eine sehr vorläufige Untersuchung kann zeigen, daß die antagonistischen Idealbilder menschlicher Gesellschaften, die heute in der Gruppierung von Ländern auf der zwischenstaatlichen Ebene eine so große Rolle spielen, im Gegensatz zu dem Anschein, den sie vielleicht erwecken, kein umfassendes Bild einer Idealgesellschaft repräsentieren. Sie repräsentieren sehr selektive Utopien. Was ihre Fahnenträger als wichtig herausgreifen, sind in der Hauptsache Aspekte von Gesellschaften, die im Zusammenhang der Gruppenkonflikte als wichtig erscheinen, in denen diese Ideale und die darin verkörperten Glaubensvorstellungen als ideologische Verteidigungs- und Angriffswaffen dienen. In der Regel betonen diese idealisierenden Gesellschaftsbilder auf dem Spektrum sozialer Glaubensdoktrinen diejenigen Elemente ihrer eigenen idealisierten Gesellschaftsordnung als Vorzug, deren Fehlen sie als Makel der Gesellschaftsordnung ihrer Gegner brandmarken können.
So rechtfertigt sich in den großen Vormachtkämpfen auf der

zwischenstaatlichen Ebene die eine Seite durch das Lob der Freiheit, die ihren Bürgern durch ihre eigene Gesellschaftsordnung gewährleistet sei. Freiheit aber wird hier nicht positiv definiert, sondern allein negativ, also in Relation zu einer bestimmten Form von Unfreiheit, die als Eigentümlichkeit der Gesellschaftsordnung der Gegner angesehen wird. Die Vertreter der letzteren loben ihrerseits die soziale Gleichheit und Gerechtigkeit ihrer eigenen Gesellschaftsordnung. Wiederum aber tun sie dies nicht, weil soziale Ungleichheit, die Hierarchisierung sozialer Beziehungen, in ihren Ländern faktisch verschwunden oder im Verschwinden ist, sondern weil aus ihrer Gesellschaft eine bestimmte Art von Ungleichheit und Hierarchisierung verschwunden ist, die sie als Charakteristikum der Gesellschaftsordnung ihrer Gegner ansehen. Die sozialen Glaubensdoktrinen der großen Antagonisten sind, mit anderen Worten, funktional interdependent. Beide stellen in den Vordergrund, was in ihrem Überlebenskampf miteinander ideologisch bedeutsam erscheint, und lassen viele andere Aspekte ihrer eigenen Gesellschaften im dunkeln, die – so wichtig sie auch für deren tatsächliches Funktionieren sein mögen – keine ideologische Bedeutung in ihrem zwischenstaatlichen Konflikt mit der anderen Seite zu haben scheinen.

Aus der Distanz betrachtet, ergibt sich so ein ziemlich seltsames Bild. Zwei mächtige Länder, militärisch vielleicht die mächtigsten, die es auf der Erde je gab, sind in der Form eines Doppelbinders aneinander gebunden. Jedes ist imstande, das andere zu zerstören, jedes durch seine Repräsentanten Tag und Nacht, Jahr für Jahr auf der Hut vor einem plötzlichen Großangriff der anderen Seite gegen sein Territorium und seine Bürger. Die Gefahr, die sie füreinander darstellen, ist reziprok; keines kann sie von sich aus kontrollieren.

Verglichen mit dieser primären – und archaischen – Struktureigentümlichkeit des großen Konflikts spielt eine andere Eigentümlichkeit, die in den Augen der Öffentlichkeit vielleicht deutlicher ist, eine sekundäre, wenn auch für die Soziogenese des Konflikts keineswegs belanglose Rolle. In einem Grabenkampf liegen hier zwei Establishments einander gegenüber, die großenteils aus verschiedenen sozialen Schichten rekrutiert sind und sich selbst durch unterschiedliche und antagonistische soziale Glaubensdoktrinen legitimieren. Beide Establishments, treue Gläubige ihrer sozialen Religion, erleben einander als Bedrohung und sind in der Tat darauf aus, einander zu zerstören. Daher leben sie in Furcht voreinander.

Strukturell haben sie vieles gemeinsam – vor allem dies, daß sie Kommandostellen in Partei und Staat innehaben und sich verständlicherweise gegen alle einschneidenden Veränderungen in der Machtstruktur ihrer eigenen Länder wehren. In ihrer Ideologie aber sind sie erbitterte und, wie es scheint, unversöhnliche Feinde. In der Soziogenese ihres Konflikts bildet der ideologische Antagonismus zwischen den beiden Establishments gleichsam eine zweite Schlinge des Doppelbinders. Die erste Schlinge ist die der gegenseitigen physischen Bedrohung, die beide Mächte füreinander darstellen, der Furcht vor der physischen Vernichtung, die daraus folgt und die ihrerseits die Perpetuierung und oft genug eine Eskalation der physischen Bedrohung bewirkt. Die zweite Schlinge ist die Kreisbewegung, die von der Bedrohung der sozialen Existenz beider Establishments durch das jeweils andere zu der dadurch erzeugten Furcht voreinander und wieder zurück zu der Bedrohung führt. In den Augen der Öffentlichkeit tritt diese zweite Schlinge des Doppelbinders, und insbesondere deren ideologische Komponente, wahrscheinlich deutlicher hervor als die erste. Kein Zweifel, daß sie in erheblichem Maße zu der Unkontrollierbarkeit des Konflikts beiträgt. Die Idealisierung, die den beiden sozialen Glaubensbekenntnissen eigentümlich ist, ihr Phantasiecharakter, läßt es so erscheinen, als ob hier ewige menschliche Werte auf dem Spiel ständen. Während man in der Wirklichkeit zwei Arten der Ordnung des menschlichen Zusammenlebens vorfindet, die beide voller Mängel und sehr verbesserungsbedürftig sind, zeichnen die Ideologien ein Idealbild, das diese Wirklichkeit zu verhüllen und zu verdunkeln neigt. Es erweckt den Anschein, als ob der Kampf von beiden Seiten willentlich und freiwillig im Dienste absoluter und ewiger menschlicher Werte aufgenommen worden sei. Faktisch jedoch sieht man nur zwei Formen menschlicher Gesellschaften mit vielen Fehlern, von denen keine ganz so schlecht ist, wie sie von der anderen, und keine ganz so gut ist, wie sie von der eigenen Seite hingestellt wird. Und doch wird der Glaube an irgendwelche ewigen Werte, die in der eigenen Gesellschaft verkörpert seien, und damit der Abscheu vor der Gesellschaftsordnung der anderen Seite, wo diese Werte fehlen, ungeachtet der bisher irreparablen Mängel beider Gesellschaften als tiefempfundene Überzeugung von religiöser Kraft aufrechterhalten.

15

Obwohl soziale Glaubensbekenntnisse und Ideale einer Realitätsprüfung nicht ganz so unzugänglich sind wie übernatürliche Religionen, können sie doch in bestimmten Situationen so fest verkapselt, so hermetisch abgedichtet sein, daß sie durch kein realitätsbezogenes Argument und keine faktische Erfahrung mehr erreicht werden können. Die Verkapselung nationenzentrierter sozialer Glaubensdoktrinen und Ideale in dieser Form hat eine klare gesellschaftliche Funktion: sie garantiert in einer gespannten Gefahrensituation die totale Identifizierung der Menschen mit ihrer eigenen Seite. In einem solchen Überlebenskampf müssen die Mitglieder beider Seiten darauf vorbereitet sein, ihr Leben zu opfern, wenn das Schießen im Ernst beginnt. Menschen früherer Tage entwickelten eine solche Opferbereitschaft häufig um einer übernatürlichen Religion willen. Heutzutage mögen sie einen entsprechenden Beweggrund in sozialen Glaubens-

doktrinen finden, in einem Glauben an den hohen Wert ihres eigenen Landes und seiner besonderen Gesellschaftsordnung. Die Verkapselung des Glaubens sichert diesen Beweggrund. Gleichzeitig aber ist es eben die hermetische Abdichtung der antagonistischen sozialen Glaubenssysteme gegen realitätsbezogene Argumente und Tatsachenbeobachtungen, ist es, mit anderen Worten, die Verhärtung des ideologischen Antagonismus, die die Gegner in ihrem erstarrten Clinch festhält, die den Doppelbinderprozeß und somit die Abtrift zum Krieg fast unkontrollierbar macht.
Hier stößt man ein weiteres Mal auf einen Aspekt der Doppelbindersituation, der bereits im Umgang der Menschen früherer Stufen mit den damals unkontrollierbaren Naturprozessen sichtbar wurde. In ihren Beziehungen zu den Naturgewalten ist es den Menschen in erheblichem Maße gelungen, den Zwang der Doppelbinderfalle, die sie in diesem Bereich gefangenhielt, zu lösen. Es ist ihnen gelungen, den Phantasiegehalt ihres Wissens über die Natur zu reduzieren. Die Realitätsbezogenheit ihres Wissens und Hand in Hand damit ihre Kontrolle über die Natur hat zugenommen. Die zunehmende Kontrolle über die Natur hat ihnen geholfen, die Gefahren der Natur und entsprechend auch ihre Ängste ein Stück weit zu bändigen. Die Verminderung ihrer Ängste wiederum ermöglichte eine Herabsetzung des Phantasieniveaus ihres Wissensfundus. Was wir »Naturwissenschaft« nennen, ist lediglich ein Ausdruck der Fähigkeit von Menschen, die Falle des Doppelbinderprozesses in ihrer Beziehung zur unbelebten Natur zu durchbrechen, also gleichzeitig das Phantasieniveau ihres Wissens und das Gefahrenniveau in diesem Bereich zu verringern und so den Doppelbinderprozeß rückläufig zu machen.
Aber in den Beziehungen der Menschen zueinander, und zwar vor allem auf der zwischenstaatlichen Ebene, sind die Gefahren, denen Menschen ausgesetzt sind, noch immer ebenso groß und beinahe ebenso unkontrollierbar wie in archaischen Zeiten. Hier hat die Kreisbewegung, die sich in

Gesellschaften früherer Zeiten in deren Umgang sowohl mit der nicht-menschlichen Natur als auch miteinander beobachten läßt, bis heute nichts von ihrer Kraft eingebüßt. Es mag nützlich sein, an ihre Struktureigentümlichkeiten zu erinnern, wie sie oben (S. 83) beschrieben wurden: »Hohe Exponiertheit gegenüber den Gefahren eines Prozesses erhöht gewöhnlich die Emotionalität menschlicher Reaktionen. Hohe Emotionalität der Reaktion verringert die Chance einer realistischen Beurteilung des kritischen Prozesses und damit einer realistischen Praxis ihm gegenüber. Eine relativ unrealistische Praxis unter dem Druck starker Affekte verringert die Chance, den kritischen Prozeß unter Kontrolle zu bringen.«

Es wird oft angenommen, man könne der immanenten Eskalationstendenz des Doppelbinderprozesses auf der zwischenstaatlichen Ebene durch ein Abkommen über materielle Waffen allein begegnen. Aber ideologische Waffen oder, allgemeiner, die gefühlsgeladenen Glaubensdoktrinen der Gegner in bezug auf die jeweils andere Seite tragen nicht weniger dazu bei, den Prozeß in Gang zu halten, als die Kreisläufigkeit in der Entwicklung materieller Waffen. Eine Lockerung des Doppelbinderprozesses, die vielleicht gerade so eben möglich ist, weil die Furcht vor der Bombe die Furcht vor dem Feind und den Haß auf ihn überwiegen könnte, braucht auch im besten Fall sehr viel Zeit; denn sie erfordert als eine ihrer Voraussetzungen einen Wandel in der Mentalität beider Seiten, ein höheres Niveau der Distanzierung und Selbstkontrolle in ihrem Umgang miteinander. Sie erfordert aber zugleich ein Verständnis der Tatsache, daß Wandlungen menschlicher Einstellungen nicht in einem gesellschaftlichen Vakuum, allein als Ergebnis einer Willensentscheidung geschehen und geschehen können. Wenn die Gefahr groß ist, die eine Menschengruppe für eine andere darstellt, wird mit aller Wahrscheinlichkeit auch die Emotionalität des Denkens, sein Phantasiegehalt groß bleiben. Wenn der Phantasiegehalt des Denkens und Wissens groß und daher seine Realitätsorientierung gering ist, wird auch die Fähigkeit beider Seiten, die Situation unter Kontrolle zu bringen, gering bleiben, wird das Niveau der Gefahr und der Furcht voreinander hoch bleiben, und so weiter *ad infinitum*.

Der springende Punkt bei alledem ist die ungeplante Kreisläufigkeit eines solchen Prozesses. Es mag daher eine gewisse Hilfe sein, wenn man diesen Sachverhalt ins Zentrum der Aufmerksamkeit rückt; denn die vorherrschende Denkweise in solchen Dingen ist ganz und gar voluntaristisch. Sie erweckt den Anschein, als ob solche Dinge durch einen Willensakt hier und jetzt geregelt werden könnten. Der soziologische Aspekt zwischenstaatlicher Prozesse wie anderer sozialer Prozesse, ihre Eigenart als blinde und oft unerwünschte Prozesse ist für die meisten Menschen noch schwer zu begreifen. So ist man noch immer geneigt, sich vorzustellen, daß eine kriegsähnliche Katastrophe, wenn sie kommt, nur kommen kann, weil jemand sie plant. Die ungeplante Abtrift zum Atomkrieg bleibt mehr oder weniger unfaßbar, weil soziologische Theorien ungeplanter Prozesse als Orientierungsmittel fehlen oder weil darin, soweit sie vorhanden sind, soziale Prozesse von Naturprozessen kaum unterschieden und mit eigenen Idealen gespickt werden. In der Gegenwart sind, wie gesagt, fast alle sozialen Glaubensdoktrinen, fast alle Programme sozialen Handelns und nicht wenige soziologische Theorien an die Annahme gekoppelt, daß alles, was in menschlichen Gesellschaften geschieht, aus Willensakten, aus vorsätzlichen Handlungen und Entscheidungen von Menschen als Individuen oder Gruppen erklärt werden könne. Viele soziale Glaubenssysteme, eine Vielzahl von Ismen sind nach diesem Muster gestrickt. Die Gefühle, die sie erregen, die Begeisterung oder auch der Abscheu und Haß, können in der Tat sehr stark sein. Oft genug überwiegt ihr Phantasiegehalt bei weitem ihre Realitätsbezogenheit. Auf dieser Ebene unserer Gesellschaften, wo die Gefahren sehr groß und beinahe unkontrollierbar sind, erlauben nicht nur, sondern verlangen die sozialen Standards geradezu ein hohes emotionales Engagement, eine hohe Affektivität des Denkens, eine geringere Kontrolle persönlicher Gefühle in der sozialen Praxis wie in den damit verbundenen Orientierungsmitteln. Entsprechend gering ist die Fähigkeit zur Kontrolle der sozialen Prozesse, die durch die Verkettung dieser Praxis mit ihrer Bumerangwirkung auf die Handelnden selbst in Gang gehalten werden.

Die voluntaristische Struktur sozialer Glaubensdoktrinen und soziologischer Theorien, also die vorherrschende Neigung, ungeplante Gesellschaftsprozesse als Prozesse zu deuten, die schließlich zur Erfüllung der Wünsche einer der beiden Seiten führen werden, zur Erfüllung dessen, was die eine oder die andere Seite erstrebt und plant, hat in mancher Hinsicht eine auffällige Ähnlichkeit mit der Struktur des Denkens und Handelns früherer Gesellschaften, die wir als animistisch oder magisch-mythisch bezeichnen. Nur waren in ihrem Fall hoch engagierte Formen der Erkenntnis und sozialen Praxis aus einem Guß. Für sie war das Gefahrenniveau in ihren Beziehungen zur »Natur« und zu Menschen selbst gleich hoch. Die elementare Fähigkeit von Menschen, ihre Ängste vor den unkontrollierbaren Gefahren, denen sie ausgesetzt sind, durch Wunschdenken und Phantasiebilder zu beschwichtigen, ermöglichte es ihnen auf dieser Stufe, wie oben gezeigt, zu glauben, daß sie Naturprozesse und Gesellschaftsprozesse gleichermaßen durch ihr eigenes vorsätzliches und willentliches Handeln hier und jetzt – durch magische Operationen – beeinflussen könnten. Mitglieder der fortgeschritteneren Staatsgesellschaften unserer Zeit haben als Erben einer langen Entwicklung andere Formen der Beherrschung von Naturereignissen gelernt. Sie haben gelernt, daß ihnen ein höherer Grad der Distanzierung und Selbstbeherrschung, eine Erforschung der immanenten Struktur von Naturprozessen und damit ein zeitweiliger Verzicht auf Wunschdenken eine größere Erfolgschance bieten als magische Operationen, die zwar affektiv sehr viel

befriedigender sind, die unmittelbare Hilfe gegen die allseits drohenden Gefahren versprechen, die aber ihr Versprechen nicht einlösen können, es sei denn durch Zufall.
In der Regel sehen Mitglieder der fortgeschritteneren industriellen Nationalstaaten in ihrer Strategie zur Herabsetzung des Gefahrenniveaus nicht-menschlicher Naturereignisse einfach ein Ergebnis ihrer eigenen intellektuellen Fähigkeiten. Sie führen sie nicht auf ihre relativ späte Position in der Entwicklung menschlicher Orientierungsmittel und der entsprechenden Praxis gegenüber der »Natur«, sondern auf ihr eigenes Denkvermögen und vor allem ihre eigene Rationalität zurück. Diese begriffliche Erfassung des relativ hohen Niveaus der Realitätsbezogenheit und Gefahrenkontrolle in bezug auf das Naturgeschehen macht es heutigen Menschen unmöglich, der Tatsache gerecht zu werden, daß die Realitätsbezogenheit ihrer Begriffe und ihre Fähigkeit zur Gefahrenkontrolle nicht in allen Bereichen ihres Lebens dasselbe Niveau haben. Wenn sie als Ausfluß der eigenen »Rationalität« aufgefaßt werden, drängt sich der Gedanke auf, daß die eigene Erkenntnisweise und die eigenen praktischen Strategien, da sie in den Beziehungen der Menschen zur »Natur« »rational« sind, auch in ihren Beziehungen zueinander als Gruppen und Individuen »rational« sein müssen. Die Charakterisierung zeitgenössischer Einstellungen zur »Natur« als »rational« suggeriert, daß Gesellschaften einer früheren Stufe mit ihren animistischen Glaubensvorstellungen »irrational« waren und daß die Menschen entwickelterer Gesellschaften rundum rational sind.
Die herkömmliche Form der begrifflichen Erfassung dieses Problems erlaubt, mit anderen Worten, keine klare Feststellung der Tatsache, daß der Teufelskreis, in dem Menschen sich anfänglich auf allen Ebenen ihrer Existenz bewegten, auf denen, die wir »Natur« nennen, ebenso wie auf denen, die wir »Gesellschaft« nennen, im ersteren Fall unter Kontrolle gebracht wurde, nicht aber oder doch nur in weit geringerem Maße im letzteren Fall. Im gesellschaftlichen Zu-

sammenleben der Menschen und besonders auf der zwischenstaatlichen Ebene ist die Kraft des Doppelbinders noch fast ungebrochen. Hier ist die Bewegung, in der eine relativ niedrige Fähigkeit zur Kontrolle gefährlicher Prozesse, die das Überleben und Wohlergehen der Menschen bedrohen, also eine niedrige Fähigkeit zu einer realitätsbezogenen Praxis, und eine geringe Fähigkeit zu einer distanzierteren Denkweise, zur Dämpfung von Affekten und Phantasien, zur Fernhaltung unmittelbarer Wünsche und Phantasien aus dem Denken und Handeln einander wechselseitig verstärken und aufrechterhalten, immer noch virulent und immer noch weithin für Menschen unkontrollierbar; virulent und unkontrollierbar sind daher auch die Gefahren, die Menschen füreinander bilden. In der Tat, durch eine Betrachtung des Doppelbinders, der Menschen in unserer eigenen Zeit am sichtbarsten auf der zwischenstaatlichen Ebene gefangenhält, mag man zu einem besseren Verständnis der Doppelbinderfalle gelangen, die Menschen früherer Stufen auf allen Ebenen ihres Lebens gefangenhielt. Hier, auf der zwischenstaatlichen Ebene, geschieht es noch heute, daß eine geringe Fähigkeit der Betroffenen zur Kontrolle der Dynamik des Prozeßablaufs und eine kaum gezügelte Vorherrschaft affektiver, engagierter, wir- und ich-bezogener Denkweisen einander wechselseitig verstärken und oft genug eskalieren. Die Situation wird dadurch noch erschwert, daß der selbstbezogene und stark emotionale Phantasiecharakter der Leitideen in diesem Bereich nicht als solcher erkannt wird. Die Vorstellung, daß man durch und durch rational sei, wirkt als Barriere.

16

Man erkennt in der Regel auch nicht die Affinität zwischen den affektgeladenen Formen des Phantasiedenkens und der sozialen Praxis, wie sie auf der zwischenstaatlichen Ebene dominieren, zu den mythischen Formen des Denkens und den magischen Formen des Handelns, wie sie unter einfacheren Völkern vorherrschen. Da die letzteren als »irrational« klassifiziert werden, sieht man keinerlei Zusammenhang zwischen beiden. Und doch besitzen die heute in zwischenstaatlichen Beziehungen vorherrschenden Denkweisen, wie sich bei einer genaueren Untersuchung unschwer zeigen ließe, eine strukturelle Affinität zu den hoch engagierten, magisch-mythischen Denkweisen, die für Gesellschaften einer früheren Stufe charakteristisch sind.

Ein Beispiel ist jene Eigentümlichkeit des Denkens und Erlebens von Menschen einer früheren Gesellschaftsstufe, die Lévy-Bruhl, für den sie fremdartig und unbegreiflich war, als »mystische Partizipation« bezeichnet hat[6]. Damit ist gemeint, daß man in vielen einfacheren Gesellschaften Vorstellungen und Handlungen antreffen kann, die darauf hinweisen, daß ein einzelner Mensch sich als unmittelbar an Vorgängen beteiligt und in sie verwickelt erlebt, die nach unserem Denkmodus außerhalb seiner Person liegen und als »Natur« oder »Gesellschaft« oder als andere Personen seiner Gruppe verstanden werden. Für Menschen, die in der Tradition »rationalen« Denkens erzogen worden sind, kann ein solches Verschwimmen der Grenzen persönlicher Identität in der Tat unbegreiflich erscheinen; und doch unterscheidet es sich in seiner Struktur nicht so sehr von der »Partizipation«, die sich beobachten läßt, wenn man das Empfinden und Verhalten individueller Mitglieder zeitgenössischer Nationalstaaten, Parteien und anderer Gruppierungen prüft, die durch Bande einer starken und stark affektiven Identifizierung zusammengehalten werden. Auch in diesem Fall erleben Individuen vielfach eine »mystische Partizipation« an den Schicksalen ihrer eigenen Gruppe: deren Erfolge werden als eigene Erfolge, deren Niederlagen als eigene Niederlagen empfunden, und oft sehr schwer empfunden. Der Unterschied ist, daß in weniger differenzierten Gesellschaften Mechanismen der Identifizierung das Erlebens- und Verhaltensgefüge eines Menschen wahrscheinlich tiefer durchdringen können und daß die Identifizierung sich auf Tiere und andere Äußerungsformen dessen, was wir heute als nichtmenschliche »Natur« verstehen, ausdehnen kann. Aber das ist nicht überraschend, da Menschen auf dieser Stufe in ihrer Welterfahrung noch keine so scharfen Grenzen zwischen »Natur« und »Gesellschaft« ziehen, wie wir es tun. Daher können sie an der Stärke und Geschwindigkeit eines Totemtiers, an dem Gedeihen und Verfall eines heiligen Baumes, an der Unverwundbarkeit eines Steines oder Berges ebenso teilhaben wie an der Kraft eines Häuptlings oder der Gottheit eines Königs.

In wissenschaftlichen Gesellschaften erstreckt sich die Partizipation nicht mehr auf die Natur, sondern beschränkt sich auf die menschliche Ebene. Sie kann sich auf führende Personen richten oder auch auf Gruppen wie politische Parteien, soziale Klassen, Sekten und vor allem Nationalstaaten. In der Tat, ein mit positiven oder je nachdem auch mit ambivalenten und negativen Gefühlen aufgeladenes Wir-Bild ist ein Teil des Selbstbildes eines jeden Menschen. Der Unterschied ist, daß in Gesellschaften einer früheren Stufe dieses Wir-Bild oder, mit anderen Worten, diese Partizipation physikalische Objekte ebenso umfassen konnte wie menschliche Objekte, z. B. Ahnen. Für Menschen einer späteren Stufe ist die »Natur« unpersönlich geworden. Sie wird nicht mehr in das Wir-Bild einbezogen, oder allenfalls in einer gemilderten Form wie etwa der Bindung an den Ort, wo ein Mensch aufgewachsen ist, an die Heimat.

Wie auf den früheren Stufen ist auch auf den späteren diese Art emotionaler Partizipation eng mit bestimmten sozialen Glaubensvorstellungen verknüpft. Der »amerikanische Traum« ist ein Beispiel, die »Sendung« Sowjetrußlands »im Dienste der proletarischen Revolution« ein anderes. Fast jeder größere Nationalstaat hat seinen eigenen Traum, ein idealisiertes Phantasiebild seiner eigenen, besonderen Verdienste, seiner Sendung und seiner Überlegenheit über ande-

re Nationen, für die es sich lohnt, zu kämpfen und zu sterben. Jedes individuelle Mitglied einer Nation kann an diesem Gruppencharisma teilhaben. Es erhöht das Selbstwertgefühl eines Menschen, als ob es sein eigenes Verdienst wäre.
Solche strukturellen Affinitäten zwischen dem magisch-mythischen Denken früherer Stufen und den kognitiven Prozessen in bestimmten Bereichen von Gesellschaften späterer Stufen sind alles andere als zufällig. Mit der Ausweitung der Kontrolle von Menschen über die »Natur« ist die Gefahr auf dieser Ebene ihrer Existenz, wenn auch nicht verschwunden, so doch um einiges zurückgegangen. Auf der Ebene der Beziehungen von Menschen zu Menschen bleiben die Gefahren vergleichsweise groß und weniger kontrollierbar. Auf der zwischenstaatlichen Ebene sind sie so groß und so unkontrollierbar, wie sie es in den Beziehungen zwischen Stämmen oder zwischen Menschen und der »Natur« im Leben früherer Gesellschaften waren. Hinsichtlich der Grundbedingungen menschlichen Zusammenlebens in Bereichen, in denen es keine Gewaltkontrolle gibt oder in denen die Gewaltkontrolle immer wieder zusammenbricht, ist der Abstand zwischen einfacheren und fortgeschritteneren Gesellschaften nicht gar so groß. Daher sind in diesen Bereichen auch die kognitiven Prozesse der Menschen weniger unterschiedlich. Die emotionale Aufladung ihrer Begriffe, ihrer Orientierungs- und Kommunikationsmittel ist hier relativ hoch, die Realitätsbezogenheit ihres Wissens relativ gering und entsprechend gering ihre Fähigkeit, die gefährlichen Spannungen und Konflikte in dieser Sphäre besser unter Kontrolle zu bringen. Kurzum: Während in Gesellschaften einer späteren Stufe die Kraft der Doppelbinderprozesse in den Beziehungen der Menschen zur »Natur« einstweilen gebrochen wurde, ist sie auf der zwischenmenschlichen und insbesondere auf der zwischenstaatlichen Ebene nach wie vor stark. Innerhalb von Staaten ist die Virulenz dieses Doppelbinders in manchen Fällen reduziert worden, insofern gesellschaftliche Gruppen nicht länger die physische, sondern nur noch die

soziale Existenz anderer Gruppen bedrohen. In diesem Sinne hat sich die Monopolisierung physischer Gewalt geltend gemacht. Aber selbst innerhalb von Staaten kann die Gewaltkontrolle geschwächt werden und zusammenbrechen. In vielen Staaten der Gegenwart wird das Bewußtsein dieser Möglichkeit durch eine Fülle von Präzedenzfällen im Hintergrund des Denkens der Menschen wachgehalten. Es trägt dazu bei, daß auch in diesem Lebensbereich die Furcht der Menschen, ihr Beharren auf wunscherfüllenden Glaubensdoktrinen und so auch die Gefahren selbst auf einem hohen Niveau gehalten werden.

Auf der zwischenstaatlichen Ebene sind diese Gefahren besonders groß. Daher ist die Affinität der Formen des Wahrnehmens, Wissens und Denkens zu denen früherer Gesellschaften in dieser Sphäre besonders markant. Hier, in dem sozialen Bereich ohne Gewaltkontrolle, kann, wie gesagt, die physisch (oder militärisch) stärkste Gruppe den schwächeren ihren Willen aufzwingen. In dieser Hinsicht hat sich seit den früheren Tagen der Menschheit wenig verändert. Es ist nicht überraschend, daß auf dieser Ebene Formen des Erkennens und Handelns vorherrschen, die denen einfacherer Gesellschaften strukturell verwandt sind.

17

Der voluntaristische Charakter vieler Glaubensdoktrinen und Theorien auf diesem Gebiet, die Neigung, soziale Prozesse zwischen Staaten, darunter auch die ungeplante Abtrift zum Kriege, allein aus geplanten und Willensakten, gewöhnlich des Gegners, zu erklären, kann als ein Beispiel für die erwähnte Affinität dienen. Auf einer früheren Stufe erklärten Menschen alles, was für sie wichtig war, aus dem planvollen und vorsätzlichen Handeln einer anderen Person, also voluntaristisch. »Logik der Gefühle« macht es leicht, diese Wahrnehmungs- und Denkweise zu verstehen. Starke menschliche Triebe, starke Affekte und Gefühle üben auf Menschen einen starken Druck zum Handeln aus. Die Erkenntnis des unpersönlichen Charakters von Naturprozessen legt sich diesem elementaren Handlungsdrang, sobald ein Ereignis starke Gefühle weckt, in den Weg. Man kann seine Freude nicht an einem Regenbogen und seinen Ärger nicht an einem Stein auslassen. Aber man kann auch nicht stillsitzen, wenn das eigene Kind krank wird und man nicht weiß, was die Ursache ist. Magische Handlungen zur vermeintlichen Abwehr der bösen Absichten, die die Krankheit hervorgebracht haben, erleichtern den Druck. Man muß etwas, irgend etwas tun; und wenn das Tatsachenwissen über den Zusammenhang der Ereignisse fehlt, springt das Phantasiewissen in die Lücke ein. Es beschwört das Bild eines lebenden Wesens herauf, das durch einen Willensakt herbeigeführt hat, was uns Lust bereitet oder Schmerz zufügt. In bezug auf Lebewesen kann man seine Gefühle agieren. Man kann ihnen für empfangene Wohltaten danken und durch Rituale und Opfer künftige Wohltaten sicherstellen. Man kann ihnen, Wille gegen Wille, die Stirn bieten, indem man ihre schwarze Magie durch die eigene pariert. In dieser Weise helfen eigene Willensakte, die Willensakte anderer zu kontrollieren, ob sie sich in Blitz oder Dürre, in Krankheit oder Tod eines Menschen äußern – in Ereignissen also, die später als »natürlich« erlebt werden. Wie soll man auf dieser früheren Stufe wissen, daß Naturvorgänge ihre eigene Struktur haben und daß man durch zeitweilige Kontrolle des spontanen emotionalen Engagements, durch eine Erforschung ihrer immanenten Struktur, kurzum: durch einen »Umweg über die Distanzierung«, zu einer weit zuverlässigeren und wirksameren Kontrolle über Naturereignisse gelangen und Gefahren mit größerer Sicherheit begegnen kann, als es durch magische Kontrollen möglich ist?

Es ist für Menschen kaum weniger schwer und vielleicht sogar schwerer, einzusehen, daß nicht nur natürliche, sondern auch soziale Prozesse ungeplant sein und ihre eigene

Struktur haben können – es ist schwer einzusehen, weil willentliche und vorsätzliche Handlungen von Menschen in diesen Prozessen offensichtlich eine Rolle spielen. Daher ist es leicht, sich vorzustellen, daß eine Gesellschaft oder eine bestimmte Gesellschaftsordnung von Menschen mit Absicht geschaffen worden seien, durch geplantes und gezieltes Handeln entweder in Verfolgung ihrer eigenen Interessen oder auch ihrer Ideale. Und wenn sie durch die Pläne und Handlungen einiger Menschen geschaffen wurden, können sie dann nicht ebenso durch die Pläne und Handlungen anderer in der gewünschten Richtung verändert werden?

Das Verständnis der Tatsache, daß soziale Prozesse, wie die Prozesse der Natur, ihre eigene Struktur und Dynamik haben können und daß auch in diesem Fall eine wirksame Kontrolle oder Beseitigung von Gefahren eine Kenntnis dieser Struktur – also einen »Umweg über die Distanzierung« – verlangt, wird nicht nur dadurch erschwert, daß jede Ordnung menschlichen Zusammenlebens bis zu einem gewissen Punkt von menschlichen Wünschen und Zielen abhängt, sondern auch dadurch, daß die Ordnung, die Menschen miteinander bilden, von anderer Art ist als die Ordnung unbelebter Dinge, die oft als »Naturordnung« bezeichnet wird.

Im großen und ganzen scheinen diese beiden Betrachtungsweisen, eine voluntaristische und eine naturalistische, die einzigen Alternativen zu sein, die sich anbieten, wenn man fragt, welche Art von Ordnung menschliche Gesellschaften repräsentieren. Soziale Prozesse werden entweder als ein Gemenge individueller Willensakte wahrgenommen – als ein Gemenge von Handlungen ohne Eigenstruktur – oder als ein Ergebnis mechanischer Kausalverknüpfungen, die sich über die Köpfe der Individuen hinweg durchsetzen, gleichgültig was diese wollen und tun, und wie andere Naturvorgänge nach vorbestimmten Gesetzen unerbittlich ihren Lauf nehmen.

Man kann von dieser Standardpolarität des Denkens erst dann abrücken, wenn man sich daran erinnert, daß Menschen nicht von Menschen gemacht sind. Ebenso wenig sind die Gesellschaften, die Menschen miteinander bilden, von Menschen gemacht. Es ist wahr genug, daß es keine Gesellschaften ohne Menschen gibt und daß sie nicht funktionieren oder sich entwickeln würden, wo nicht Menschen handeln und ihre Ziele verfolgen. Aber aus der Verkettung der Handlungen und somit auch der Pläne von Menschen geht eine ungeplante Ordnung hervor, die als Typus von der Ordnung dessen, was wir »Natur« nennen, verschieden ist. Willensakte, individuelle Handlungen und Pläne sind ihre Komponenten, und ohne sie würden Gesellschaftsordnungen, anders als die Naturordnung, weder existieren noch sich verändern. Doch aus individuellen Handlungen erwächst das ungeplante fünfdimensionale Rahmenwerk einer Menschengesellschaft; sie selbst sind dadurch bestimmt, daß sie aus der Matrix einer bereits existierenden Gesellschaftsordnung hervorgehen, aus einem vorweg bestehenden Verflechtungsnetz vieldimensionaler und interdependenter Menschen. Jeder Mensch hat ungeplante Eltern und beginnt damit, daß er in Reaktion auf sie oder auf Ersatzeltern handelt. Seine Willensakte erfolgen im Dienst von Bedürfnissen, die nicht das Ergebnis eines Willensaktes sind. Ebenso wenig sind andere Menschen, ihre Pläne und Wünsche, die die eigenen erfüllen oder enttäuschen, das Ergebnis von Willensakten. Und ebenso wenig ist es von einem Menschen gewollt und bewirkt, daß er oder sie als Kind völlig von anderen abhängig ist – und es bis zu einem gewissen Grad das ganze Leben hindurch bleibt. So laufen Willenshandlungen in einem Verflechtungsnetz menschlicher Interdependenzen ab, das aus der ungeplanten Verkettung der ungeplanten Bedürfnisse vieler ungeplanter Menschen und nicht aus den Handlungen oder Plänen dieser oder jener Menschen entspringt. Die Verflechtung der Pläne und Handlungen vieler Menschen und Gruppen führt, mit anderen Worten, zu sozialen Prozessen, die keiner von denen, die sie mit hervorgebracht haben, geplant oder beabsichtigt hat. Diese Prozesse sind

strukturiert, sie können erklärt werden – aber sie haben eine Struktur *sui generis*, die anders ist, als die physikalischer und biologischer Prozesse.
Doppelbinderprozesse auf der zwischenstaatlichen Ebene sind ein Beispiel dafür. Keine der beiden Großmächte, die in dieser Weise durch ihre gegenseitige Bedrohung aneinander gebunden sind, plant oder beabsichtigt, mit der anderen eine Doppelbinderfiguration zu bilden. Willensakte, Absichten und Entscheidungen der Repräsentanten beider Seiten halten den Doppelbinderprozeß in Gang. Aber Pläne und Entscheidungen gehen selbst aus der Matrix des Doppelbinderprozesses hervor. Sie halten den Prozeß in Gang und sind durch ihn bestimmt. Gegenwärtig vermögen die Repräsentanten der beiden Hegemonialmächte, soweit man sehen kann, die jeweils andere Seite nur als Gegner wahrzunehmen, als ein »sie« am anderen Rande eines trennenden Abgrunds. Es ist ihnen noch nicht möglich, zur nächsthöheren Ebene der Wendeltreppe des Wissens emporzusteigen, von der aus sie sich selbst (»uns«) und ihre Antagonisten (»sie«) auf der tieferen Plattform als eine gemeinsame Figuration wahrnehmen könnten, als interdependente Gegner, die durch die Wechselseitigkeit ihrer Bedrohung unentrinnbar aneinander gefesselt sind. Keine von ihnen vermag bisher in distanzierterer Weise die Struktur ihrer heftigen Feindschaft zu analysieren, einer Feindschaft, die reich ist an Phantasiegehalten und vergleichsweise arm an Realitätsaspekten – ärmer zum Beispiel als die Feindschaft zwischen Israelis und Palästinensern, die um dasselbe Land kämpfen.

18

Man kann sehen, warum der Übergang von einer voluntaristischen oder auch einer naturalistischen zu einer figurationalen Betrachtungsweise schwierig ist. Er erfordert eine erhebliche Distanzierung von dem gegenwärtigen Spektrum der Gegner. Er erfordert auch eine Distanzierung von ihren idealisierten Selbstbildern und Glaubensdoktrinen, die ihrer Feindschaft gegeneinander die intellektuelle und emotionale Rechtfertigung liefern. Eine größere Distanzierung ist nicht leicht zu erreichen, solange die Kreisbewegung des Doppelbinders noch in vollem Schwung ist. Auch auf dieser Ebene reproduziert die allgegenwärtige Gefahr eine hohe Affektivität des Denkens und Handelns, eine geringe Fähigkeit zur Beherrschung starker Gefühle, also Faktoren, die ihrerseits die Perpetuierung eines hohen Gefahrenniveaus und eine Unfähigkeit zur Kontrolle dieser Gefahren befördern. Und diese Unfähigkeit wird noch gestützt durch die Überzeugung derer, die den Doppelbinder bilden, daß sie nicht nur im Recht, sondern auch vernünftig sind.

So eingebannt in ihren Doppelbinderclinch neigen die Repräsentanten beider Seiten zu der Erwartung, daß es möglich sei, die Abtrift des Doppelbinderprozesses auf der zwischenstaatlichen Ebene zum Kriege durch ein Abkommen über ein einziges Glied in der Kreisbewegung aufzuhalten – durch ein Abkommen über eine Waffenbeschränkung, also allein über die wechselseitige militärische Bedrohung. Das Doppelbindermodell zeigt auf, daß und warum solche Versuche keine große Aussicht auf Erfolg haben, solange sie nicht verbunden sind mit einem Abkommen über die Reduzierung der kognitiven, der ideologischen Waffen, mit denen die Hegemonialmächte unserer Zeit einander ständig bedrohen und angreifen. Dies ist eine schwierigere (aber keine unerfüllbare) Aufgabe; denn die Rivalen pflegen – in der Situation ihrer gegenseitigen Bedrohung gezwungenermaßen – ein Haßbild der anderen und ein idealisiertes Lobbild der eigenen Seite, das den emotionalen Zusammenhalt des jeweiligen Staatsvolks und seiner Verbündeten und insbesondere die Bereitschaft, für die eigene Sache zu kämpfen und zu sterben, verstärken hilft.

Aus der Nähe betrachtet, funktioniert keines der beiden Systeme so gut, daß es sich lohnte, dafür zu sterben. Aber ein hoch emotionales Phantasiedenken, das Korrelat der sehr realen Bedrohung, die beide Großmächte füreinander bilden, verwandelt zwei noch sehr unvollkommene Gesellschaftssysteme in die lebende Verkörperung ewiger Ideale und Werte. Manifest geschieht es vor allem im Namen dieser Ideale und Werte, daß sie einander als Feinde ansehen. Im Grunde jedoch werden die beiden Establishments wie die von Rom und Karthago, wie die Bourbonen und Habsburger gegeneinander getrieben, weil sie die mächtigsten Establishments ihrer Zeit sind, Rivalen um die Vormacht in der Welt. Wahrscheinlich wären sie Gegner, auch wenn beide in der kommunistischen oder beide in der kapitalistischen Weise regiert würden.

In unserer Zeit freilich werden Kriege nicht mehr mit unwissenden Söldnerheeren und anderen Söhnen der Armen ausgefochten, sondern mit bewaffneten Nationen eines hohen Bildungsstandes, einigermaßen gut ernährt und gekleidet, zur Kritik an ihren Regierenden bereit. Um eine selbstbewußte Bevölkerung dieser Art zum Kampf zu motivieren, bedarf es recht subtiler säkularer Glaubensdoktrinen, die ihre Vorstellungskraft zu packen, ihre Ergebenheit an sich zu binden – kurzum: die ebenso fest über ihre Loyalität zu gebieten vermögen wie übernatürliche Glaubensdoktrinen in früheren Tagen. Die Furcht, die rivalisierende Länder einander einflößen, und die Gefahr, die sie füreinander darstellen, müssen mit anderen Worten über die persönliche Ebene emporgehoben werden. Es ist nicht genug, bestimmte Personen des gegnerischen Lagers anzuprangern, um die Bevölkerungen fortgeschrittener Nationalstaaten der Gegenwart aufzurütteln und sie zur Durchbrechung der zivilisierten Abscheuschranke vor dem Töten von Menschen zu veranlassen. Dies kann nur mit Hilfe sehr starker Glaubensvorstellungen gelingen, die die erweiterte Selbstliebe für das eigene Land in der Form unpersönlicher Werte objektivieren. In dem Doppelbinderprozeß auf der zwischenstaatlichen Ebene spielen Glaubensvorstellungen dieser Art, soziale Ideale

und ihre entwerteten Gegenideale, also relativ unpersönliche Liebes- und Haßbilder, eine unentbehrliche Rolle.
In all diesen Beziehungen ist zu beobachten, daß die Drohung der Waffen und die Drohung der Glaubensdoktrinen, die einen nicht abreißenden Strom gegenseitiger Stigmatisierung erzeugen, einander immer wieder verstärken. Wenn die Temperatur des sich selbst eskalierenden Prozesses gesenkt werden soll, muß man die beiden Drohungen zusammen angehen[7].
Ich habe zu zeigen versucht, daß Doppelbinderprozesse wie der, dem man gegenwärtig in seiner virulentesten Form auf der zwischenstaatlichen Ebene begegnet, in Gesellschaften einer früheren Stufe auf allen Ebenen ihres sozialen Lebens am Werk sind. Die Beziehung der Menschen zur Natur ist dort durch Doppelbinderprozesse einer ähnlichen Art bestimmt, wie wir sie im Leben differenzierter industrieller Nationalstaaten auf der zwischenstaatlichen Ebene am Werk finden. Es ist eines der fundamentalen Kennzeichen dieser Gesellschaften, daß in ihrem Innern die physische Gefahr, die Menschengruppen füreinander bilden, zwar nicht verschwunden, aber doch in einem gewissen Ausmaß gemildert ist. Normalerweise töten innerhalb solcher Staaten antagonistische Gruppen einander nicht mehr. Sie werden durch das Vorhandensein recht wirksamer Mittel der Gewaltkontrolle gezwungen, ihre Feindschaft gegeneinander zu zügeln und gewaltlos auszufechten.
Die Entwicklung einer wirksameren Gewaltkontrolle innerhalb von Staaten in Verbindung mit der Verlängerung und Differenzierung wirtschaftlicher und anderer Interdependenzketten spielte eine sehr entscheidende Rolle in der Entstehung einer Persönlichkeitsstruktur, die den Übergang von der Vorherrschaft einer magisch-mythischen zu der einer naturwissenschaftlichen Form des Erlebens und Denkens möglich machte. Die letztere, wie sie in der europäischen Renaissance entstand, bedeutete die schließliche Überwindung der Doppelbinderprozesse, die Menschen zuvor in

größerem oder geringerem Maße in allen Bereichen ihres Lebens gefangengehalten hatten. Aber die Tatsache, daß der Ausbruch aus der Doppelbinderfalle nur in einigen Bereichen des Erlebens und der Kontrolle von Menschen stattfand und nicht in allen – im Verhältnis zur nicht-menschlichen Natur, nicht aber oder nicht im selben Ausmaß in den Beziehungen zwischen Menschengruppen –, hatte eine merkwürdige Auswirkung auf das, was oft die »moderne Zivilisation« genannt wird.

Das idealisierte Bild dieser Zivilisation vermittelt den Eindruck, als ob deren Träger gleichmäßig zivilisiert seien. Das aber ist nicht der Fall. Der wissenschaftliche Zugang zur Natur repräsentiert ein hohes Niveau der Selbstkontrolle, das Hand in Hand geht mit einem hohen Niveau der Objektkontrolle. Hier ist der Phantasiegehalt menschlicher Erkenntnisprozesse verringert, ihre Realitätsbezogenheit erhöht worden, und dieser »rationale« Modus des Denkens hat in den entwickelteren Gesellschaften so tief Wurzel gefaßt und sich so weit verbreitet, daß seine Erben dahin gelangt sind, ihn beinahe als eine angeborene Fähigkeit, als eine Gabe der Natur an alle Menschen und als Ausweis ihrer »Vernunft« anzusehen.

Gesellschaften einer früheren Stufe, für die Naturprozesse eine weit größere, eine nahezu unkontrollierbare Gefahr bilden und deren Erkenntnisprozesse durch eine entsprechend hohe Affektivität und ein gleich hohes Phantasieniveau gekennzeichnet sind, erscheinen den Mitgliedern entwickelterer Gesellschaften oft als »irrational«, »unzivilisiert«, vielleicht als »wild« und »barbarisch«. Aber auch sie selbst sind nicht in allen Bereichen ihres Lebens einheitlich »zivilisiert« oder »rational«. Wo ihre Lebensbedingungen denen einfacherer Völker näher sind, zeigen auch ihre Standards des Handelns und ihre Kanons des Denkens eine größere Affinität zu jenen. Die zwischenstaatliche Ebene ist ein Beispiel dafür. Formen des Denkens und Handelns auf dieser Ebene zeigen besonders deutlich, daß die Standards zivilisierten

Verhaltens nicht aus einem Guß, daß sie gespalten und widersprüchlich sind. In ihrem Verhältnis zur Natur haben Menschen ein relativ hohes Niveau der Selbstkontrolle, eine hohe Fähigkeit zur Hervorbringung eines mehr realitätsbezogenen Wissens erreicht, und entsprechend hoch ist ihre Fähigkeit zur Naturkontrolle. Weniger hoch ist ihre Fähigkeit zur Kontrolle der Gefahren, die aus ihrem Zusammenleben innerhalb des Rahmens von Staaten entspringen. Gleichwohl ist innerhalb der entwickelteren Staatsgesellschaften die Kontrolle der physischen Bedrohung, die Menschen füreinander bilden, also die Gewaltkontrolle, relativ wirksam; ein entsprechend hohes Niveau des Selbstzwangs kann, mit einer erträglichen Quote von Ausnahmen, in der Regel aufrechterhalten werden. Aber in den Beziehungen zwischen Staaten ist dies oft nicht der Fall. Dort sind die Gefahren, die Menschen füreinander bilden, noch ebenso hoch – wenn nicht höher –, wie sie es auf den einfachsten uns bekannten Stufen waren. Gewiß jagen Menschen einander nicht mehr als Nahrung. Kannibalismus oder auch Sklaverei sind seltener geworden. Aber die Art und Weise, wie Menschen einander im Lauf ihrer Machtkämpfe, ihrer Kriege, Revolutionen und anderen gewaltsamen Konflikte töten, verstümmeln und foltern, hat sich im wesentlichen nur gewandelt, was die verwendeten Techniken und die Zahl der betroffenen Menschen angeht. Das hohe Engagement des Denkens, die Schwarz-Weiß-Zeichnung ihrer Bilder von anderen und sich selbst, der Glaube an den absoluten moralischen Wert der eigenen und den absoluten moralischen Unwert der anderen Seite und die Emotionalität ihrer gegenseitigen Beschimpfungen – alle diese und viele andere Eigentümlichkeiten zwischenstaatlicher Beziehungen zeigen eine strukturelle Affinität zu den mehr gefühlsgeladenen, engagierten Formen des Denkens und Verhaltens in Gesellschaften einer früheren Stufe, die überdies dort häufig durch formalisierte Rituale des Umgangs in Schach gehalten werden.

Man braucht kaum zu betonen, daß die Uneinheitlichkeit

der Zivilisationsstandards, also etwa die erheblichen Unterschiede zwischen den Formen des Denkens und Handelns auf der innen- und auf der zwischenstaatlichen Ebene, eine Vielzahl von Problemen aufwirft. Was hier gesagt wurde, kann vielleicht klarer machen, daß die große Ungleichmäßigkeit zivilisierter Standards in unserer Zeit nicht zufällig besteht. Es kann vielleicht zu einem besseren Verständnis der Tatsache beitragen, daß die Widersprüchlichkeit der Standards strukturiert ist. Die Unterschiede im Niveau zivilisierten Verhaltens entsprechen den Unterschieden im Niveau der Gefahr und Gefahrenkontrolle in verschiedenen Lebensbereichen. Die Schwierigkeit ist, wie sich zeigte, daß die Interdependenz zwischen Gefahrenkontrolle und Selbstkontrolle kreisläufig ist. Das Problem ist daher, wie sich die Gefahren verringern und die Selbstkontrolle und Gefahrenkontrolle bei allen Betroffenen gleichzeitig erhöhen lassen.

19

Die vorliegende Untersuchung ist, wie man vielleicht sieht, zugleich eine theoretische Abhandlung über Probleme von Engagement und Distanzierung und ein Beispiel praktischer Anwendung. Was den hier gewählten Zugang von anderen unterscheidet, ist erstens, daß Prozesse konsequent als solche begrifflich erfaßt werden, auch wenn verwandte Begriffe zur Hand sein mögen, die vertrauter sind, die aber die betreffenden Prozesse auf statische Zustände reduzieren; und zweitens, daß herkömmliche prozeßreduzierende Begriffe, die die Prozesse, auf die sie sich beziehen, als ontologisch unabhängige und inaktive Gegebenheiten hinstellen, durch Begriffe ersetzt oder in sie transformiert werden, die diese Prozesse klar und deutlich in ihrer ontologischen Interdependenz mit anderen zeigen. Die Tradition gebietet uns, in Kategorien wie »Subjekt« und »Objekt« oder, in adjektivischer Form, wie »subjektiv« und »objektiv« zu denken und zu sprechen. Dadurch wird der Anschein erweckt, als ob Menschen als die »Subjekte des Wissens« zunächst auf mystische Weise unabhängig von der »Natur« existierten und als ob Naturereignisse den Charakter von Objekten unabhängig von menschlichen Subjekten haben könnten, für die sie zu Objekten ihrer Wissenssuche werden. Auch auf einer populäreren Ebene scheint die Menschenwelt, nach einer weitverbreiteten Denkweise unserer Zeit, von der Welt der »Natur« getrennt zu sein. Ebenso wie die Begriffsbildung »Subjekt« und »Objekt« die Vorstellung zweier inaktiver Figuren vermittelt, die in einer Distanz voneinander auf gegenüberliegenden Seiten eines Abgrunds stehen, so vermitteln Begriffe wie »Mensch« und »Natur« oder auch »Gesellschaft« und »Natur«, »Kultur« und »Natur« in jedem Falle die Vorstellung zweier ontologisch unabhängiger Daseinsformen.

Das ganze Mobiliar unseres Denkens ist nach demselben Muster gebaut. Wie in einem Kaufhaus Waren verschiedener Art auf verschiedenen Tischen ausgelegt sind, jede sorgfältig von den anderen isoliert, ohne Hinweis auf einen etwaigen funktionalen Zusammenhang, so repräsentieren die meisten unserer Schlüsselbegriffe – Symbole der ständig zunehmenden akademischen Fächerteilung – Objekte in Isolation. Die »Wissenschaft« steht für sich da, ohne Beziehung zu vorwissenschaftlichen Erkenntnisformen, die unter Titeln wie »wildes Denken« oder »primitive Mentalität« in ein anderes Fach gehören. Erkenntnistheorien stehen unverbunden neben Theorien des Denkens; Denken hat nichts zu tun mit Gefühlen, Affekten und Trieben. Innerstaatliche Machtstrukturen und ihre Entwicklung, die man mit Namen wie »soziale Entwicklung« oder »Innenpolitik« bezeichnet, scheinen nichts mit zwischenstaatlichen Machtstrukturen und ihrer Entwicklung zu tun zu haben, die unter Namen wie »internationale Beziehungen« oder »Außenpolitik« behandelt werden.

Diese Pseudospezialisierung, die Tendenz, die funktional interdependenten Gegenstandsbereiche verschiedener Fächer begrifflich als ganz autonome und unabhängig existierende Forschungsobjekte zu fassen, und die begriffliche Reduktion von Prozessen auf statische Zustände sind eng miteinander verbunden. Daher muß sich ein theoretisches Rahmenwerk der Forschung, das darauf abzielt, Zusammenhänge wiederherzustellen, die künstlich zerschnitten, und Ströme wieder zum Fließen zu bringen, die künstlich eingefroren wurden, von anderen, bestehenden unterscheiden.

Innerhalb des traditionellen Bereichs der Soziologie mag das Verlernen, das eine solche Transformation erfordert, nicht allzu schwer fallen. Kein Zweifel, es gibt auch unter Soziologen eine Abneigung, klar und unzweideutig zu sagen, daß die Grenzen des Rahmenwerks ihrer Forschungsprojekte, auch wenn sie es »Gesellschaft« nennen, in den meisten Fällen die Grenzen eines Staates sind. Aber es ist vielleicht nicht gar so schwierig zu sehen, daß es durchaus realistisch ist, den Staat als eine bestimmte soziale Formation, genauer: als eine bestimmte Integrationsebene, zu betrachten und darauf hinzuweisen, daß sich die Masse soziologischer Untersuchungen – und dasselbe gilt für die meisten anderen Sozialwissenschaften – mit Problemen auf oder innerhalb der Staatsebene von Gesellschaften befaßt. Schwieriger ist es vielleicht, zumindest am Anfang, die sozialen Ereignisse auf dieser Ebene als einen kontinuierlichen Prozeß wahrzunehmen. Es mag eine Hilfe sein, wenn man sich daran erinnert, daß Staaten, auch wenn sie in der Mythologie ihrer Mitglieder häufig so erscheinen, keine ewige Gegebenheit der menschlichen Natur sind. Als eine Form menschlicher Organisation und Integration entwickelten sich Staaten ziemlich spät in der Geschichte der Menschheit und durchliefen, nachdem sie sich entwickelt hatten, ziemlich langsam eine Reihe verschiedener Stufen, von denen der sogenannte »Wohlfahrtsstaat« in seinem kapitalistischen oder kommunistischen Gewand nur das letzte Beispiel ist.

Auch die Behandlung der Beziehung von Menschen zur Natur als eine Integrationsebene und ein Prozeß mag anfänglich nicht leicht nachzuvollziehen sein. Auch in diesem Fall arbeitet die Tendenz zur begrifflichen Isolation, zu einem sauber trennenden »Kaufhaus«-Typ der Abstraktion, der Wahrnehmung entgegen, daß Menschen, ihre Gesellschaften und ihre Kulturen, aus dem natürlichen Universum hervorgegangen sind. Die fortschreitende Urbanisierung sowie die fortschreitende menschliche Kontrolle über Naturvorgänge haben dem Erleben und Denken der Menschen ihren Stempel aufgedrückt. Daher hat sich die Vorstellung, daß Menschen und ihre Welt getrennt von der Natur existieren, tief in die traditionellen Formen des Sprechens und Denkens eingesenkt. Tatsächlich verwandeln Menschen, indem sie die Natur verwandeln, sich selbst. Die Integration von Menschen mit anderen Menschen und die Integration von Menschen mit nicht-menschlichen Naturabläufen sind untrennbar; sie repräsentieren gleichsam zwei Ebenen ein und desselben Prozesses. Wie gezeigt, gibt es auf beiden Ebenen Probleme der Gefahr und Gefahrenkontrolle, Wandlungen von größerer Phantasiebezogenheit zu größerer Realitätsbezogenheit; und ebenso Doppelbinderprozesse.

Als ein theoretisches Modell können Doppelbinder, mit ihrer schwer entrinnbaren Kreisläufigkeit, ihrer schließlichen Lockerung und ihrer möglichen Auflösung, als ein Beispiel des Fortschritts zu größerer Realitätsbezogenheit dienen, der möglich wird, wenn man die Tendenz zur fachmäßigen Isolierung und zur Prozeßreduktion im Prozeß der Begriffsbildung überwindet. Wie man bemerkt haben mag, treten Probleme, die man zuvor nicht in den Griff zu bekommen vermochte, in die Reichweite des Untersuchenden, wenn man die Aufmerksamkeit auf Verknüpfung und Integration sowie auf Trennung und Isolierung richtet und auf Prozesse statt auf fixe Zustände.

Die größere Realitätsangemessenheit von Beziehungs- und Prozeßmodellen zeigt sich vielleicht am klarsten im Zugang zu der zwischenstaatlichen Integrationsebene. Wie man sehen konnte, lassen sich der Prozeß der Beziehung von Menschen zur nicht-menschlichen Natur, ihre Beziehungen zueinander innerhalb von Staaten und die Beziehungen zwischen Staaten mit Hilfe ein und desselben theoretischen Netzes einfangen. Wenn man sie in einem Viel-Ebenen-Modell zusammenbringt, wird das Modell selbst realitätsgerechter. Ähnliche Probleme, z. B. der Gefahr und Gefahrenkontrolle, und ähnliche Denkwerkzeuge, z. B. der Begriff von Doppelbinderprozessen, ihrer möglichen Abschwächung und Auflösung, erscheinen bei der Erforschung aller drei Ebenen – wie auch bei der einer vierten Ebene, der Beziehung individueller Menschen zu sich selbst.

Was die Lockerung eines Doppelbinderprozesses anbelangt, mag das einfache Modell der Fischer im Mahlstrom ein Stück weit die Richtung eines Auswegs weisen. Das Beispiel jedoch ist mit Vorsicht zu verwenden, denn es zeigt eine einzelne Person, die in einer gefährlichen Lage eine Entscheidung trifft. Die hier erörterten Prozesse sind Gruppenprozesse, und die Veränderung der Phantasien und Glaubensvorstellungen von Gruppen ist aufgrund der Verstärkung, die sie durch ihren kollektiven Charakter erfahren, eine sehr viel langwierigere und mühsamere Aufgabe, als ein solches Beispiel zeigen kann.

Gleichwohl mag es hilfreich sein, die Aufmerksamkeit für diese Probleme von Engagement und Distanzierung und damit für das Wirken von Doppelbinderzirkeln zu schärfen. Vielleicht trägt man auf diese Weise ein wenig zur Ermäßigung des Zwanges bei, den solche Prozesse auf Menschen im Denken wie im Handeln ausüben. Es besteht kein Grund anzunehmen, daß wir in dem Mahlstrom, in dem wir treiben, bereits den Punkt erreicht haben, an dem es kein Zurück mehr gibt.

Anmerkungen

1 Eine der Unzulänglichkeiten der meisten soziologischen »Handlungs«- und »Interaktions«theorien besteht darin, daß sie implizit oder explizit

Handlungen, die mit Bewegungen der Skelettmuskulatur verbunden sind, und Tätigkeiten wie Denken oder Reflektieren, die ohne solche Bewegungen ablaufen, als Tätigkeiten auf derselben Ebene darstellen. Vertreter von Handlungstheorien bestehen oft darauf, beide Typen menschlicher Tätigkeiten schlechtweg als »Handlungen« zu begreifen. Ihre unterschiedliche Funktion im Leben der Menschen und damit ihr unterschiedlicher Charakter wird auf diese Weise ebenso verdunkelt wie das Problem ihrer Beziehung zueinander. Als Nachwirkung des behavioristischen Irrtums neigen soziologische Handlungstheorien immer noch dazu, den Akzent auf sichtbare Handlungen zu legen, wobei sie offenbar – wissentlich oder nicht – dem behavioristischen Dekret folgen, daß ein Verhalten, das sich nicht direkt, wie das Verhalten eines Stücks Materie, von menschlichen Beobachtern wahrnehmen lasse, nicht als Objekt wissenschaftlicher Untersuchungen angesehen, nicht in wissenschaftlicher Form untersucht werden könne und daß, was sich nicht in der Art der physikalischen Wissenschaften untersuchen lasse, einfach nicht existiere oder jedenfalls als für »Wissenschaftler« nicht existent angesehen werden könne.

Das Ergebnis ist eine seltsame Spaltung der soziologischen Tradition in Denkschulen, die sich auf »Handlung« und »Interaktion«, unter Betonung der direkt sichtbaren und so womöglich meßbaren Tätigkeiten von Menschen, konzentrieren, und andere Schulen, die sich auf menschliche Tätigkeiten konzentrieren, die der Wahrnehmung anderer Menschen nicht direkt zugänglich sind, auch wenn sie sich natürlich mittels anderer Methoden beobachten lassen.

Reflexionen, Denktätigkeiten von Menschen, die stumme Manipulation gelernter Symbole ohne sichtbare Bewegung, gehören zu der letzteren Gruppe menschlicher Tätigkeiten. Wenn sie als »Handlungen« begriffen und bezeichnet werden, sind sie gewiß Handlungen eines anderen Typs als solche, die mit Bewegungen der Skelettmuskulatur verbunden sind. Als Teil der Persönlichkeitsstruktur von Menschen gehören sie zu einer anderen – einer höheren – Integrationsebene. Was wir »Denken« nennen, steuert die Muskeltätigkeit im Verein und oft genug im Konflikt mit Trieben, Affekten und Gefühlen. Spannungen und Konflikte dieser Art bilden, wie das Beispiel der Fischer zeigt, einen normalen Zug des menschlichen Lebens. Die sozio-psychologischen Funktionen von Menschen, auf die wir mit dem Begriff des »Denkens« hinweisen, sind in ihrem Kampf um die Beeinflussung der koordinierenden motorischen Zentren, die die Exekutivorgane von Menschen, ihre Skelettmuskeln oder, mit anderen Worten, ihre Handlungen im engeren Sinne steuern, dem doppelten Druck der Gefühle und der weiteren Situation ausgesetzt.

Genau genommen müßte man außer den Ebenen der koordinierenden und steuernden Gehirnzentren und des exekutiven Bewegungsapparats noch die Ebene der Sprache unterscheiden, die eine besondere Art von

Muskeltätigkeit, etwa der Lippen, der Zunge und des Kehlkopfs, mit einschließt. Auch »Sprechen«, wenn es »Handeln« ist, ist »Handeln« auf einer anderen Ebene und eines anderen Typs als, sagen wir, das Anheben eines Beines beim Treppensteigen oder die Bewegung von Arm und Fingern beim Gebrauch einer Gabel.

Daß soziologische Theorien sich oft auf Repräsentanten nur *einer* Ebene der menschlichen Persönlichkeit konzentrieren – nur auf »Handlung« oder nur auf »Erfahrung« – und sich so auf ein flaches, einstöckiges Modell der menschlichen Persönlichkeit, unter Vernachlässigung ihres vielstöckigen Charakters, stützen, hat weitreichende theoretische Konsequenzen. Jede dieser Teilschulen soziologischen Denkens behandelt ihren eigenen Teilaspekt, als wäre er der einzig relevante Aspekt von Menschen. Verhaltenssoziologen betrachten Handlungen, phänomenologische Soziologen Erfahrungen isoliert (um nur diese beiden zu nennen).

Die Figurationssoziologie auf der anderen Seite beschäftigt sich mit Menschen rundum. Sie basiert auf einem fünfdimensionalen Modell einer Mehrzahl von Menschen, das die direkt sichtbaren vierdimensionalen Verhaltensaspekte ebenso umfaßt wie die »Erfahrungs«aspekte des Denkens, Fühlens und der Triebe. Letztere sind zwar nicht in derselben Weise wie Körperbewegungen der Beobachung von Menschen direkt zugänglich, lassen sich aber gleichwohl beobachten, z. B. durch die Untersuchung sprachlicher und anderer Symbole, die sinnvolle Botschaften von einer Person zu anderen transportieren. Probleme der Triebe und der Triebkontrolle, der Affekte und der Affektkontrolle, des Wissens und Denkens als Kontrollinstanzen oder auch als Vasallen von Affekten und Trieben – kurz: die Erfahrungsaspekte von Menschen – spielen daher in der Figurationssoziologie nicht weniger eine Rolle als die sichtbaren Bewegungen der Skelettmuskeln, die von Behavioristen und Handlungstheoretikern herausgegriffen werden. Die Aufgabe ist die Untersuchung und Darstellung ihrer funktionalen Interdependenz innerhalb der vielstöckigen Einheiten menschlicher Individuen sowie innerhalb der ungeplanten sozialen Prozesse, die Menschen mit nicht-menschlichen Faktoren und miteinander bilden.

2 In einer Reihe von Büchern hat Lévy-Bruhl eine umfassende Übersicht über die andersartige Kategorialstruktur des Denkens und Erlebens von Menschen einer früheren Stufe der Gesellschaftsentwicklung vorgelegt. In einem schwachen Moment gebrauchte er den Ausdruck »prälogisch« als Allgemeinbegriff für ihre intellektuellen Operationen; dieser Terminus, den er später zurücknahm, war in der Tat irreführend. Seine Bücher jedoch haben beachtliche Verdienste; sie werden heute zu Unrecht vernachlässigt. Auch wenn sie die Unterschiede zwischen den früheren Formen des Denkens und Erlebens und unseren eigenen nicht erklären, bieten sie nicht nur ein reiches Material für diese Unterschiede, sondern

arbeiten vor allem einige gemeinsame Struktureigentümlichkeiten der Mentalität von Menschen auf einer früheren Entwicklungsstufe heraus. Die philosophische Tradition, die »Vernunft« als eine unveränderliche Form und Wissen als einen veränderlichen Inhalt erscheinen läßt, baut eine künstliche Barriere auf, die es den in dieser Tradition erzogenen Menschen unmöglich macht, klar und deutlich zu sehen, daß Menschen auf einer Stufe, auf der sie weniger wußten, unvermeidlich Ereignisse anders verknüpfen mußten als Menschengruppen mit einem größeren Wissenserbe. Solange diese Trennung zwischen »Vernunft« als einer ewigen Form und Wissen als einem wechselnden Inhalt dominiert, bleibt der Unterschied zwischen der Kategorialstruktur der »primitiven Mentalität« und der wissenschaftlicher oder »rationaler« Gesellschaften unerklärbar. Lévy-Bruhl konnte diese philosophische Barriere nicht ganz durchbrechen. Wer aber dies zu tun vermag, kann aus seinem Werk eine Menge lernen.

Auch wenn Lévy-Bruhl den Begriff »Struktur« nicht verwendet, hat er, wie ich meine, die Struktur der »primitiven Mentalität« umfassender und überzeugender aufgezeigt als Lévi-Strauss. Dessen Versuch, »wildes Denken« zu erklären, erscheint im Vergleich dazu als ein sophistisches Artefakt, als die Erklärung eines Rätsels durch ein Rätsel. Sein offensichtliches Ressentiment gegen alle Entwicklungsbegriffe beraubt ihn der Chance, zu einem echten Verständnis von Menschengruppen zu gelangen, die eine frühere Stufe in der Entwicklung des Wissens und der Gefahrenkontrolle repräsentieren. Seine Angst, daß die Einordnung von Menschen früherer und späterer Stufen in einen Prozeß, eine Abfolgeordnung, implizit der menschlichen Würde der ersteren Abbruch tun könnte, ist unbegründet. Das Gegenteil ist der Fall. Erst wenn man das Denken und Erleben von Menschen einer früheren Stufe als charakteristisch für ihre Position in einer Folgeordnung versteht und erklärt, kann man hoffen, zu einem Verständnis und einer Erklärung des Denkens und Erlebens von Gruppen zu kommen, die eine spätere Stufe repräsentieren. Um solche Unterschiede zwischen Gesellschaften einer früheren und einer späteren Stufe zu erklären, braucht man, mit anderen Worten, eine Anordnung des Faktenmaterials in Entwicklungsreihen, die nur durch eine überprüfbare Prozeßtheorie zum Leben gebracht werden können – durch eine Theorie, die zeigt, wie sich Prozesse etwa der Wissensentwicklung oder der eng damit verbundene Zivilisierungsprozeß in die breitere Entwicklung menschlicher Gesellschaften einfügen.

3 Da Macht eine Beziehung ist, versuche ich, soweit wie möglich, technische Begriffe zu verwenden, die diesem Sachverhalt Ausdruck geben. »Machtpotential« (oder auch »relatives Machtpotential«) ist einer von ihnen. Er tritt an die Stelle des etwas handlicheren, aber weniger genauen Begriffes »Macht«.

4 Henri Bergson hat dieses Problem in seinem Buch »Die beiden Quellen der Moral und der Religion« (1933 [1932]) berührt. Es war ein nützlicher Anfang, mehr philosophisch als soziologisch orientiert. Vielleicht erscheint es überraschend, daß ein so bedeutsames Problem nicht weiter verfolgt worden ist. Die akademische Überspezialisierung, die dazu geführt hat, daß soziologische Probleme auf der innerstaatlichen und auf der zwischenstaatlichen Ebene von verschiedenen akademischen Gruppen, mit jeweils einem eigenen, inkompatiblen Theorietyp, untersucht werden, mag für diese Vernachlässigung verantwortlich sein.

5 N. Elias, Über den Prozeß der Zivilisation, Bd. 2, Frankfurt/M. 1970

6 L. Lévy-Bruhl, La mentalité primitive [dt.: Die geistige Welt der Primitiven], 15. A., Paris 1960; vgl. auch ders., Les fonctions mentales dans les sociétés inférieures [dt.: Das Denken der Naturvölker], Paris 1910. – Manche Leser werden vielleicht meinen, daß diese Bücher alt und daher für Forschungen und Diskussionen im späten 20. Jahrhundert ohne Belang sind. Das Argument wäre stichhaltig, wenn man sicher sein könnte, daß die Menschenwissenschaften wie einige der Naturwissenschaften stetig fortschreiten, in der Form einer – ob einlinigen oder dialektischen – Vorwärtsbewegung; das aber ist nicht der Fall. Lévy-Bruhls Werk ist das Opfer eines falschen Standards von Professionalismus geworden, der sich in einigen der Menschenwissenschaften entwickelt hat. Zu diesem Standard gehört, daß man, um ganz »auf der Höhe« zu sein, nicht die eigentliche Erkenntnisleistung eines Buches würdigen, sondern nur sehen muß, ob es der Tagesmode entspricht, ob es neu ist. Einer der Gründe für diesen Sachverhalt ist, daß in den meisten Menschenwissenschaften klare Kriterien des Fortschritts fehlen – anders als in einigen Naturwissenschaften, wo solche Kriterien und darum auch eine ziemliche klare Folgeordnung des Wissensprozesses in der Tat existieren, auch wenn philosophische Wissenschaftstheorien davon wenig Notiz nehmen. Weil den meisten Menschenwissenschaften Kriterien des Fortschritts fehlen, ist hier das Tempo, in dem Bücher veralten, und so die Vergeudung menschlicher Arbeit enorm. In einigen Bereichen der Historiographie werden Bücher über denselben Zeitraum in jeder Generation aufs neue geschrieben. Die der vergangenen Generation ruhen, mit wenigen Ausnahmen, ungelesen in den Bibliotheken. Eine genauere Prüfung würde wahrscheinlich ergeben, daß in einigen Fällen spätere Bücher im Verhältnis zu früheren tatsächlich einen Fortschritt, in anderen aber einen Rückschritt bedeuten. Das letztere trifft, wie ich meine, für Lévy-Bruhls Materialsammlungen über die »primitive Mentalität« zu. Was er vorgelegt hat, ist eine solide und bescheidene Arbeit mit einigen theoretischen Mängeln, die noch nicht an der sophistischen Verwirrung einiger späterer Bücher über das Thema leidet und die, wenn man über sie hinausgeht, nicht übergangen werden sollte.

7 Der Antagonismus zwischen den Hegemonialmächten unserer Zeit bezieht einen Teil seiner Triebkraft aus Spannungen zwischen Arbeiter- und Unternehmerklassen. Glaubensdoktrinen und Ideale, die sich aus diesen Klassenspannungen in industrialisierten Ländern herleiten, spielen eine führende Rolle in den gegensätzlichen Idealen der Hegemonialmächte auf der zwischenstaatlichen Ebene. Aber auch in dieser Hinsicht stimmen Ideal und Wirklichkeit nicht überein. Es ist bemerkenswert, wie gering die realen Unterschiede zwischen den Lebensbedingungen der Arbeiterklassen in kapitalistischen und kommunistischen Ländern sind – mit einer Ausnahme: der Aufstieg aus den handarbeitenden Klassen zu höheren Verwaltungs- und Regierungspositionen von einer Generation zur anderen ist im Osten leichter und wahrscheinlich häufiger als im Westen. So sind die sozialen Kader in den beiden Lagern, die einander bekämpfen, nicht einerseits die Arbeiterklassen und andererseits die Unternehmerklassen, sondern eine Gruppe von Partei-, Armee-, Verwaltungs- und Regierungsfunktionären hauptsächlich aus bäuerlichen und Arbeiterfamilien auf der einen und eine Gruppe von Parteiführern und hohen Amtsträgern hauptsächlich aus Mittel- und Oberklassenfamilien auf der anderen Seite. Doch wird sich vermutlich, wenn keine größere Umwälzung stattfindet, die Zusammensetzung des russischen Establishments im Hinblick auf seine soziale Herkunft verändern. Es ist wahrscheinlich, daß allmählich der Anteil von Menschen aus bäuerlichen und Arbeiterfamilien in der Zusammensetzung des russischen Establishment abnehmen und der von Abkömmlingen höherer Partei-, Verwaltungs- und Regierungsfunktionäre zunehmen wird. Ob der Anteil von Nichtrussen zunehmen wird, ist eine andere Frage.

III

Gedanken über die große Evolution

Zwei Fragmente[1]

Fragment I

1

Man kann die Verbindung und die Unterschiede zwischen den Hauptgruppen der theoretisch-empirischen Wissenschaften, also den physikalisch-chemischen, den biologischen und den Menschenwissenschaften, vielleicht am besten dadurch in den Griff bekommen, daß man zunächst einmal auf den Prozeß verweist, in dessen Verlauf die zunehmend komplexeren und vor allem komplexer integrierten Gebilde, die das jeweilige Forschungsgebiet dieser Wissenschaftsgruppen ausmachen, aus den vergleichsweise weniger komplexen hervorgehen und gegebenenfalls auch wieder in sie zerfallen. Dieser Prozeß der großen Evolution ist bei dem gegenwärtigen Stand der Forschung gewiß nur eine Hypothese. Aber Forschungsergebnisse auf den verschiedensten Ebenen drängen auf ein solches zusammenfassendes Prozeßmodell hin. Der Blick dafür ist uns wohl nur dadurch verstellt, daß es die wissenschaftlichen Spezialisten bei der heutigen Organisation des Wissenschaftsbetriebes noch etwas schwer finden, über die Grenzen ihres Kirchsprengels hinauszudenken. Aber bei dem Bemühen um ein Modell der Wissenschaften, das sowohl der Verbundenheit wie der Vielfalt der Wissenschaften Rechnung trägt, kann man nun eben nicht der Sklave einer einzelnen Wissenschaftsgruppe bleiben.

Gegenwärtig spielt bei Überlegungen über die Beziehungen der verschiedenen Wissenschaften zueinander die Vorstellung eine nicht unbedeutende Rolle, daß ja schließlich das ganze Universum, Menschen und andere Lebewesen mit eingeschlossen, aus einem physikalischen Ereignis, der Explosion einer hochkonzentrierten Urmasse, hervorgegangen sei. Im Streit mit rivalisierenden Hypothesen scheint sich heute die herrschende Meinung unter den Physikern der

Hypothese des Urknalls zuzuneigen. Sie berührt die Probleme, um die es hier geht, nicht, und man braucht sich daher im Rahmen dieser Abhandlung mit ihr nicht auseinanderzusetzen. Aber es ist vielleicht nicht ganz unnütz zu sagen, daß diese Hypothese nur eines der vielen Zeugnisse dafür ist, wie groß das Verlangen der Menschen nach einem Halt an der Vorstellung eines absoluten Anfangs bleibt und wie schwer es ihnen noch fällt, dem Gedanken an anfangslose Prozesse Raum zu geben. So tröstet man sich mit dem Mythos vom Ur-Ei. Ruhend, so unterstellt man wohl, liegt es da für Äonen – wo? – im Raume des noch nicht existierenden Weltalls. Plötzlich, aus Gründen, über die man zunächst noch nicht nachdenkt, explodiert es. Am scheinbaren Nullpunkt der Zeit beginnt das Feuerwerk. Die Geburtsstunde des expandierenden Universums schlägt. So entsteht ein physikalischer Mythos, der durch mehr und mehr Beobachtungen und Berechnungen bestätigt wird und der doch zugleich, wie so viele Mythen der Vorzeit, nur dem menschlichen Verlangen entspringt, die Kategorie des Anfangs von den Teilen und besonders auch von sich selbst auf das Ganze zu übertragen, um der beunruhigenden Vorstellung der anfangslosen Unendlichkeit zu entgehen.

Schön und gut. Wenn man Anfänge tröstlich findet, kann man sich mit diesem Einschnitt in das anfangslose Geschehen begnügen. Schwieriger ist es bereits, sich mit einem anderen Ausdruck dieser Suche nach Anfängen abzufinden. Es scheint unter Physikern die Vorstellung zu geben, der Hauptschlüssel zu den Problemen des Universums und so auch die Antwort auf alle Probleme der Wissenschaften, biologische und Menschenwissenschaften mit eingeschlossen, ließe sich finden, wenn man die kleinsten Teilchen, aus denen alles in der Welt Existierende besteht, die »Elementarteilchen« und deren Eigenschaften entdeckt habe. Sicherlich ist das, was man über den Aufbau der Welt durch das immer weitere Zertrümmern von Stoffelementen lernen kann, ein ganz unentbehrliches Wissen. Aber ob man dabei mit Kategorien wie denen des »Teilchens« zurande kommt, die einer ganz anderen Größenordnung zugehören, ist mehr als fraglich. Auch die Vorstellung eines letztlichen »Urteilchens«, des schlechthin unteilbaren Atomons auf der subatomaren Stufe, ist recht problematisch. Unausgesprochen ist wohl auch hier noch häufig die Vorstellung am Werke, daß die Bestimmung der Eigenschaften der letzten Teileinheit einer zusammengesetzten Einheit genüge, um die Eigenschaften der zusammengesetzten Einheit zu erklären. Tatsächlich aber ist diese Vorstellung eines der größten Hindernisse, das dem Verständnis für die Vielfältigkeit der Wissenschaften, also insbesondere auch für die Unterschiede zwischen den physikalischen, biologischen und Menschenwissenschaften, und somit auch einer Theorie der Wissenschaften im Wege steht. Sieht es nicht manchmal so aus, als ob der Anspruch, die Physik könne als Modell der Wissenschaft schlechthin dienen, unter anderem auch auf der Vorstellung beruhe, daß Physiker diejenigen Teilchen untersuchen, aus denen alles, was in der Welt existiert, besteht?

2

In diesen Zusammenhang gehört ebenfalls die weitverbreitete Vorstellung vom Primat der Analyse, also des Zerlegens und des Isolierens von Teileinheiten, als des zentralen wissenschaftlichen Verfahrens, demgegenüber die Synthese, wenn überhaupt, oft nur als ein Wissenschaftsverfahren zweiten Ranges oder vielleicht gar als ein un- oder außerwissenschaftliches Werkzeug, als ein Instrument der Metaphysik erscheint. Man kann sich des Eindrucks nicht ganz erwehren, daß auch in dieser Hinsicht die Wissenschaftstheorien hinter der Praxis der Wissenschaften und den sich wandelnden Vorstellungen von der Natur der Prozesse, die sie erforschen, zurückbleiben. In der Praxis einiger Naturwissenschaften, etwa der Kosmologie oder der »Molekularbiologie«, tritt immer deutlicher zutage, daß Formen der Synthese, also Integrationsprozesse, unter den Naturprozessen eine ebenso große Rolle spielen wie Zerfalls- und Desintegrationserscheinungen. Die Konsequenzen, die die wachsende Erkenntnis solcher blinden, ungeplanten und zum guten Teil sich selbst steuernden Integrationsprozesse für das Verfahren der betreffenden Wissenschaften, für die Natur ihrer theoretischen Modelle wie für die Theorie der Wissenschaften, das Modell der Modelle, hat, sind bisher kaum geprüft worden. Wenn man beginnt, sie zu prüfen, dann läßt sich unschwer sehen, daß sie recht weitreichend sind.

Eines der offensichtlichsten Symptome dieses Wissensfortschritts ist die allmähliche Veränderung in dem kognitiven Status des Gesetzes. Das Gesetz war lange Zeit das am höchsten rangierende Wissenschaftsinstrument, dessen Entdekkung als das höchste Ziel des wissenschaftlichen Bemühens galt. Gewiß, die symbolische Darstellung von Forschungsresultaten in der Form von Gesetzen oder gesetzesartigen Theorien bleibt nach wie vor in den physikalischen Wissenschaften eines der Ziele der wissenschaftlichen Arbeit. Aber neben dieses Ziel tritt in einer Reihe von physikalischen Wissenschaften eine andere Art von theoretischen Gebilden, nämlich Modelle zeit-räumlicher Strukturen und Prozesse, also theoretische Gebilde, die zum Unterschied von Gesetzen, die sich ja als mathematische Formeln jenseits von Zeit und Raum darstellen lassen, selbst einen zeit-räumlichen Charakter, eine drei- oder vierdimensionale Gestalt haben. Es ist gewiß kein Zufall, daß man auf die Entwicklung dieser Art von theoretischen Werkzeugen, also von symbolischen Repräsentationen von Strukturen und Prozessen in Zeit und Raum, besonders bei jenen Wissenschaftszweigen trifft, die sich wie die oben genannten mit Vorgängen der Synthese, der Integration und Desintegration beschäftigen.

In einer verhältnismäßig einfachen Form begegnet man diesem Zusammenhang zwischen der Untersuchung von Integrations- und Desintegrationsprozessen und der Herausbil-

dung von Prozeßmodellen im Bereich der Kosmologie, etwa bei der Untersuchung dessen, was wir »Sterne« nennen. Hier handelt es sich um synthetisierende Prozesse relativ lockerer und einfacher Art. Die zusammengesetzten Einheiten, mit denen sich die Kosmologie beschäftigt, Sterne oder Galaxien, sind, was die Bindung und Funktionsteilung ihrer Teileinheiten anbelangt, weit lockerer gefügt und weit weniger komplex in ihrer Struktur als einzellige Lebewesen oder selbst Enzyme, geschweige denn als Fische – oder Menschen. Aber schon hier begegnet man – wie gesagt, auf einer relativ einfachen Ebene – selbsttätigen Synthesen, also etwa der Verfestigung einer relativ locker gefügten Gaswolke zu Vorformen eines Sterns, und langen selbsttätigen Prozeßabläufen mit einer regelmäßigen Ordnung der Stadienabfolge. Auf der Ebene der wissenschaftlichen Synthese wurde dieser relativ einfache Integrations- und Desintegrationsprozeß zuerst von Hubble in der Form des sogenannten Hauptreihen-Modells dargestellt. Man kann noch einen Schritt weitergehen und sagen, daß das Hubblesche Modell in der Entwicklung der Kosmologie einen Schritt auf dem Wege einer fortschreitenden Synthese bedeutet. Eine Zeitlang war man nur in der Lage, einen statistischen Sternkatalog aufzustellen. Innerhalb seiner ließen sich verschiedene Typen von Sternen unterscheiden, also etwa Sterne vom Typ unserer Sonne, rote Riesen und weiße Zwergsterne. Hubble gelang es als erstem, diese verschiedenen Stern*typen,* die zunächst in den Theorieversuchen der Astronomen statisch und unverbunden nebeneinanderstanden, als Phasen einer Stern*entwicklung* erkennbar zu machen.
Wenn man das Instrumentarium der Newtonschen Kosmologie mit dem der gegenwärtigen vergleicht, dann wird man schnell gewahr, wie beherrschend im Falle der ersteren die durch den Begriff des Naturgesetzes repräsentierte Vorstellung von der ewigen Gleichheit und Unveränderlichkeit des Weltalls war und wie stark sich demgegenüber bei der gegenwärtigen Kosmologie der Akzent auf die Frage nach der

Entwicklung des Weltalls als ganzen wie der mannigfaltigen Himmelskörper, die es bilden, verlagert hat. Verglichen mit der gegenwärtigen erscheint die frühere Sichtweise als eine Phase, in der man sich mit Hilfe mathematischer Gesetzesformeln doch noch im wesentlichen auf eine Beschreibung wiederkehrender Regelmäßigkeiten beschränkte, also auf das Wie des Zusammenhanges der Bewegungen von Himmelskörpern. Bei dem gegenwärtigen Vorgehen der Kosmologie auf der anderen Seite verbindet sich das diagnostische Interesse an dem Wie der verschiedenen Sterne und Sternkonstellationen in weit stärkerem Maße mit dem Interesse an dem Warum, also an der Erklärung, und zwar ganz besonders auch an einer Erklärung der Abfolge des Wandels von Sterngestalten, von Sternkonstellationen und, wie gesagt, von dem, was uns als Universum zugänglich ist. Das wachsende Interesse an diachronischen Sequenzen – oft genug an irreversiblen und gerichteten Sequenzen – hängt mit dem wachsenden Vermögen, Warum-Fragen[2] zu stellen, aufs engste zusammen. Da das Universum und alle Teilgestalten, die es bilden, tatsächlich seit jeher und auch weiterhin im Wandel begriffen sind, reichen unveränderliche Gesetze nicht aus, um ihre sich zum Teil selbst steuernden Veränderungen zu erklären. Es bedarf eines Prozeßmodells, einer symbolischen Darstellung des Nacheinanders, als Ausgangspunkt für die Suche nach der Antwort auf die Frage, wie und warum sie so und nicht anders geworden sind.

Die Wissenschaftstheoretiker unserer Tage haben sich mit dem Wandel der kosmologischen Theorien seit der Zeit Newtons verhältnismäßig wenig beschäftigt. In manchen Fällen spielt das Bild der klassischen Physik als Idealbild jeder möglichen Wissenschaft selbst bei Wissenschaftstheoretikern der Gegenwart noch eine bestimmende Rolle.

Man kann sich fragen, warum das Gros der Wissenschaftstheoretiker unserer Tage von der faktischen Entwicklung der Wissenschaften und den mannigfachen Problemen, die sie aufwirft, verhältnismäßig wenig Notiz nimmt. Das Problem verdient eine ausführlichere Untersuchung, als sie ihm hier zuteil werden kann. Aber einer der Gründe liegt sicherlich darin, daß die philosophische Tradition, in der auch die gegenwärtige Wissenschaftstheorie noch steht, den Zugang zu Problemen der Entwicklung, der diachronischen Sequenzen, kurzum, der immanenten Ordnung des Wandels blockiert. Sie ist an eine Wertehierarchie gebunden, kraft deren es als die höchste Aufgabe der Wissenschaft erscheint, unwandelbare Gesetzmäßigkeiten zu entdecken und von dem diachronischen Wandel, der gewöhnlich durch den Anwurf des »bloß Historischen« entwertet wird, zu abstrahieren. Dem Festhalten vieler gegenwärtiger Wissenschaftstheoretiker an dem unwandelbaren »Gesetz« entspricht das Festhalten an dem Begriff der unwandelbaren »Wahrheit« als dem höchsten Symbol für die Aufgabe jedes wissenschaftlichen Forschungsprojekts.

3

Auch in anderer Hinsicht hat die Entwicklung des Modells der Wissenschaften mit der Entwicklung der Wissenschaften selbst nicht Schritt gehalten. Die letztere hat zu einer ständig wachsenden Differenzierung und Spezialisierung der Wissenschaften geführt. Es genügt längst nicht mehr, von *der* Physik, *der* Biologie, *der* Gesellschafts- oder *der* Geschichtswissenschaft zu sprechen. Der Praxis des Forschungsbetriebes kann man nur dann einigermaßen gerecht werden, wenn man von *den* physikalischen, *den* biologischen und *den* Menschenwissenschaften spricht. Aber die Theoretiker der Wissenschaftslehre, die Spezialisten, die sich darum bemühen, theoretische Modelle der Wissenschaft auszuarbeiten, kümmern sich wenig um diese wachsende Vielfalt der Wissenschaften. Sie suchen gelegentlich ihre Unterschiede zu beschreiben. Aber die Erklärung dafür, daß nicht alle Wissenschaften über einen Leisten geschlagen sind, bleiben sie uns schuldig. Allenfalls erheben sie eine Wissenschaft, gewöhnlich die Physik, zum Range des Prototyps jeder möglichen Wissenschaft und deren Methode zum idealen – und normativen – Prototyp jeder wissenschaftlichen Methode. Aber sie erklären so gut wie nie, warum sich für die Erforschung von Lebewesen und dann wieder für die Erforschung der Menschen eine wachsende Reihe von Spezialwissenschaften entwickelt hat und warum die Vertreter dieser Spezialwissenschaften sich genötigt fühlen, bei der Erforschung ihrer Gegenstandsbereiche anders vorzugehen als die Vertreter der Physik.

Insbesondere wird selten die Frage gestellt, ob die auf Isolierung von Teileinheiten beruhenden Formen der Analyse, also die traditionelle Methode der physikalisch-chemischen Wissenschaften, den Gegenstandsgebieten aller empirisch-theoretischen Wissenschaften in gleichem Maße angemessen sind. Eine genauere Prüfung zeigt, daß das nicht der Fall ist. Die Zusammenhänge derjenigen Geschehensstufen, auf deren Erforschung die physikalisch-chemischen Wissenschaften abgestimmt sind, haben ganz spezifische Eigenschaften, durch die sie sich von Zusammenhängen anderer Geschehensstufen unterscheiden, und ihre Eigenart als Wissenschaftstypen steht in engster Verbindung mit dieser Eigenart ihres Gegenstandsbereiches. Die Art, wie auf den verschiedenen Geschehensstufen jeweils zusammengesetzte Einheiten einer niedereren Ordnung miteinander zusammengesetzte Einheiten einer höheren Ordnung bilden, also die Natur der Integration auf den verschiedenen Geschehensstufen des Universums, kann als Probe aufs Exempel dienen. In der Tat, wenn man die Gegenstände der Hauptwissenschaften gleichsam in Reih und Glied vor sich hinstellt, dann erkennt man unschwer, daß sich die Eigentümlichkeiten der Gegenstände, mit denen es diese Wissenschaften zu tun haben, in ganz spezifischer Weise ändern. Diese Änderung läßt sich, wie das schon zuweilen geschehen ist, als Änderung in der Richtung zunehmender Komplexität erfassen. Das ist nicht unrichtig, aber es genügt nicht. Die ganze Art, wie Integrate einer niedrigeren in Integraten einer höheren Ordnung verbunden sind, ändert sich. Gleichzeitig ändert sich die Bedeutung, die das Verhalten der zusammensetzenden Teile als Determinante für das Verhalten der zusammengesetzten Einheiten hat. Entsprechend ändern sich die Modelle und Verfahrensweisen, deren man zur Erschließung der verschiedenen Geschehensstufen bedarf, die das Gegenstandsgebiet der verschiedenen Hauptwissenschaften bilden. Entsprechend dem gerichteten Wandel, der sich in den Eigentümlichkeiten der Gegenstands*gebiete* beobachten läßt, wenn man deren Sequenz in Gedanken von den Gegenstandsgebieten der physikalischen über die der biologischen zu denen der Menschenwissenschaften hin abschreitet, läßt sich auch ein Kontinuum der Gegenstands*modelle* beobachten, das deutlich zutage tritt, wenn man in Gedanken von den Modellen der physikalischen Naturwissenschaften zu denen der Menschenwissenschaften hinschreitet. Die Wissenschaftstheorie – als Theorie der Wissenschaften gesehen – verlangt also nach einer Synthese, einem Modell der Modelle.

Dabei ist die Richtung der Veränderung, der man bei einer solchen synoptischen Betrachtung sowohl auf der Ebene der Gegenstandsgebiete wie auf der der wissenschaftlichen Modelle begegnet, gewiß nicht zufällig. Sie entspricht Aspekten der großen Evolution, von der eingangs bereits die Rede war.

Ein solches hypothetisches Modell zeigt die Natur, wenn man diesen personifizierenden Ausdruck noch einmal gebrauchen darf, von einer Seite, die in dem gegenwärtigen Naturbilde, so könnte man denken, etwas zu kurz kommt. Das gegenwärtig vorherrschende Naturbild ist immer noch so physikalistisch getönt, daß die »Natur« einfach als die unveränderliche Welt der ewig gültigen Gesetze erscheint. Das ist trostreich; denn viele Menschen finden vor dem Bewußtsein der eigenen Vergänglichkeit Rettung in dem Gedanken an die unveränderliche Ordnung der Natur, deren

Symbol das Naturgesetz ist. Aber heute tritt in der Arbeit der Forschenden immer deutlicher das Problem des Wandels der »Natur« oder, wenn man so will, des »Universums« in den Mittelpunkt der Aufmerksamkeit. Von einer der Wandlungsrichtungen des Naturgeschehens ist hier die Rede, wenn der Ausdruck »große Evolution« gebraucht wird.

Die große Evolution hat viele interdependente Aspekte, die sich nicht alle in einem Atem besprechen lassen. Es genügt zunächst, auf einen der Zentralaspekte der Wandlungsrichtung hinzuweisen. Aus einfacheren Gebilden, deren nächstniedere Teileinheiten noch nicht funktionsteilig aneinander gebunden sind, so daß die Synthese reversibel ist, ohne daß diese Teileinheiten ihre Eigenschaften ändern, werden komplexere Gebilde, deren nächstniedere Teileinheiten funktionsteilig aneinander gebunden sind – die Struktur dieser Teileinheiten ist demgemäß auf ein Funktionieren im Rahmen einer bestimmten zusammengesetzten Einheit höherer Ordnung abgestimmt; die Teile verlieren in diesem Falle ihre Eigenstruktur, wenn die Einheit höherer Ordnung, also die Synthese, die sie aneinanderbindet, zerbricht, wenn die Einheit höherer Ordnung, die sie miteinander bilden, zerfällt. Da im ersten Falle die Teileinheiten durch die Integration nicht funktionsteilig und spezialistisch auf die Einheit höherer Ordnung, die sie miteinander bilden, abgestimmt sind, sondern ihre Struktur behalten, gleichgültig, ob sie in dieser Weise integriert sind oder nicht, ist die Integration reversibel. In dem andern Falle ist sie es nicht. Dabei führt die evolutionäre Linie zu funktionsteiligen Differenzierungen und den entsprechenden Integrationen nicht nur auf einer Ebene, sondern auf mehr und mehr Ebenen, die alle funktionsteilig und in Form von komplexen Hierarchien ineinander verschachtelt sind. Jedes Kleinmolekül ist ein Beispiel für den Integrationstyp der ersteren Art, für den reversiblen Integrationstyp. Einzellige Lebewesen, z. B. Amöben oder Bazillen, sind einfache Beispiele für den irreversiblen Integrationstyp. Es ist schwer, den Gedanken von sich zu weisen, daß es einen kontinuierlichen, gerichteten Wandel gibt, eine Evolution, die von nicht funktionsteilig differenzierten Natureinheiten mit reversibler Integration zu funktionsteilig integrierten Natureinheiten von der Art einer Zelle führt, auch wenn wir gegenwärtig die Stationen und Phasen dieses Wandels und dessen Bedingungen, dessen treibende Kräfte noch recht ungenügend kennen. Ähnliches gilt dann auch von den Stationen des Weges, der von einzelligen Lebewesen zu mehrzelligen mit immer komplexerer Spezialisierung der Teileinheiten und entsprechend wachsender Komplexität der koordinierenden Zentralorgane führt. Daß selbsttätige Synthesen höherer und immer höherer Ordnung zu den von Menschen ungeplanten Naturvorgängen gehören, ist jedenfalls nicht nur für das Verständnis der Vielheit der Wissenschaften, sondern auch für das Bild von dem, was wir »Natur« nennen, von nicht unerheblicher Bedeutung.[3]

4

Auch wenn die Kenntnis des Weges der Evolution noch höchst fragmentarisch ist, läßt sich doch die Richtung des Wandels und so die Struktur des Wandlungsprozesses, wie man sieht, recht unzweideutig bestimmen. Deren Kenntnis aber ist für das Verständnis des Verhältnisses der Hauptwissenschaften zueinander, für die Klärung der Unterschiede und der Beziehungen ihrer Aufgaben, ganz unentbehrlich. Das Verfahren der physikalisch-chemischen Wissenschaften beruht auf dem atomistischen Grunddogma, daß man die Eigenschaften aller zusammengesetzten Einheiten durch die zu jeder Messung nötige Isolierung von Teileinheiten (oder Teilaspekten), also durch Zurückführung auf Eigenschaften der zusammensetzenden Teile bestimmen könne. Daß Messung und Quantifizierung an die Möglichkeit der isolierenden Beobachtung von Teileinheiten gebunden ist, gehört zu den entscheidenden Aspekten des Grunddogmas. Diese isolierende Beobachtung aber ist, wie gesagt, weder in den Gegenstandsgebieten aller empirisch-theoretischen Wissenschaften in gleichem Maße möglich, noch entspricht sie in gleichem Maße den Problemen aller dieser Wissenschaften. Auf der Geschehensstufe, mit der sich die physikalischen Wissenschaften befassen, ist die für Messung und Quantifizierung notwendige Isolierung von Teileinheiten deswegen möglich und angemessen, weil die Teileinheiten der zusammengesetzten Objekte auf dieser Ebene entweder überhaupt nicht oder nur in geringem Maße funktionsteilig aufeinander abgestimmt und aneinander gebunden sind. Ein Sauerstoffatom bleibt ein Sauerstoffatom, ob es sich mit zwei Wasserstoffatomen zu einem Wassermolekül verbindet oder nicht. Aber wenn man auf der evolutionären Leiter höhersteigt, dann erweist sich der Geltungsspielraum des atomistischen Grunddogmas als begrenzt. Schon eine einfache Zelle und dementsprechend ein einzelliges Lebewesen, sei es Bazillus oder Amöbe, hat Teileinheiten wie etwa Zellkern, Nukleolus, Vakuole oder Membran, die so aneinander gebunden sind, daß sie ihre Struktureigentümlichkeiten verlieren, wenn man sie isoliert, ohne sie zugleich in ein Medium einzubetten, das zumindest einige Aufgaben des ursprünglichen Funktionszusammenhangs für sie erfüllt. Ganz gewiß bestehen diese nächstniederen Teileinheiten einer Zelle ihrerseits wieder aus Teileinheiten einer noch niedrigeren Ordnung. Zu ihnen gehören zum Beispiel Großmoleküle mit der Funktion von Enzymen, die zwar in der Gesamtorganisation der Zelle an bestimmte raum-zeitliche Positionen gebunden sind, die sich aber isolieren lassen, ohne Struktur- und Eigenschaftsverlust. Sie kann man im großen und ganzen in ihre Bestandteile zerlegen und gegebenenfalls, in Nachahmung der selbsttätigen naturalen Synthese, wieder zu Gesamteinheiten der nächsthöheren Ordnung, zu Enzymen, synthetisieren. Im Gesamtrahmen einer Zelle, die so funktionsteilig organisiert ist, daß bei einer Desintegration, also bei einer Isolierung der nächstniederen Teileinheiten, diese mit der Gesamteinheit, die sie bilden, zusammen ihre Struktur verlieren, gibt es noch niederere Teileinheiten, deren eigene Teileinheiten nicht funktionsteilig aneinander gebunden sind, deren Zerfall reversibel ist. Sie sind potentielle Objekte einer physikalisch-chemischen Untersuchung.

Für das Verständnis des Verhältnisses zwischen den biologischen und den physikalischen Wissenschaften ist das Bild biologischer Einheiten, das sich hier entfaltet, von einiger Bedeutung. Es zeigt eine hierarchische Ordnung, innerhalb derer über eine Anzahl von Stufen hin Teileinheiten miteinander zusammengesetzte Einheiten bilden, die ihrerseits als Teileinheiten zusammengesetzte Einheiten einer höheren Ordnung bilden und die so über eine wachsende Zahl von Differenzierungs- und Integrationsebenen hin zu immer komplexeren Gebilden führen. Bei einer einfachen Zelle kommt man schätzungsweise auf 10 bis 15 ineinander verschachtelte Integrationsebenen. Wie viele sich bei einem menschlichen Organismus unterscheiden lassen, entzieht sich noch jeder Schätzung. Aber das Modell der vielschichtigen Synthese, das hier hervorzutreten beginnt, macht mancherlei verständlich, was bei der Erörterung des Verhältnisses der Hauptwissenschaften zueinander oft unklar bleibt.

Alle naturalen Gebilde, Menschen mit eingeschlossen, bestehen aus Teileinheiten desjenigen Typs, auf dessen Erforschung die physikalisch-chemischen Wissenschaften spezialisiert sind. Aber schon bei einer einfachen Zelle sind die Teileinheiten der physikalisch-chemischen Stufe, deren Eigenschaften sich in sehr hohem Maße durch die Untersuchung der Eigenschaften ihrer zusammensetzenden Teile bestimmen lassen, in eine zusammengesetzte Einheit höherer Ordnung eingebettet, deren zusammensetzende Teile nächstniedriger Ordnung sich nicht mehr in reversibler Weise isolieren lassen. Die Desintegration einer Zelle geht Hand in Hand mit der Desintegration dieser Teile. Auf dieser Stufe verliert die zusammengesetzte Einheit zusammen mit den zusammensetzenden Teilen nächstniedriger Ordnung ihre

Eigenstruktur. Bei zusammengesetzten Einheiten mit einer hohen Anzahl hierarchisch ineinander verschachtelter Integrationsstufen ist die irreversible Desintegration das, was wir »Tod« nennen. Die funktionsteilige Synthese der Teile auf vielen Stufen verschwindet. Was nicht verschwindet – abgesehen von relativ widerstandsfähigen und langsam desintegrierenden Überbleibseln höherer Integrationsstufen wie Knochen und Zähne –, sind Moleküle und andere Teileinheiten der physikalisch-chemischen Integrationsstufe. Die irreversibel organisierten Organisationsstufen sind dem Zerfall ausgesetzt; und wenn er eintritt, dann sagen wir von den betreffenden Einheiten: sie sterben. Moleküle dagegen und andere reversibel organisierte Einheiten sterben nicht. Um der Eigenart von Geschehenszusammenhängen der höheren Organisationsstufen gerecht zu werden, braucht man, wie sich zeigt, stufenspezifische Begriffe und Zusammenhangsmodelle, die sich auf die jeweils niedrigeren Stufen nicht anwenden lassen. Ausdrücke wie »Geburt«, »Tod« und »Leben« oder, um stufenspezifische Begriffe zu erwähnen, die sich auf Struktureigentümlichkeiten noch höherer Integrationsebenen beziehen, Ausdrücke wie »Bewußtsein« oder »Geist« sind Beispiele dafür.

Man stößt hier auf eine Erkenntnis von recht weitreichender Bedeutung. Im Laufe eines selbsttätigen, ungeplanten, aber gerichteten Entwicklungsprozesses gehen – unter bestimmten Umständen – aus reversibel und in diesem Sinne relativ locker organisierten Einheiten irreversibel organisierte Integrationseinheiten mit mehr und mehr spezialisierten Teileinheiten und mehr und mehr hierarchisch übereinandergeordneten Integrationszentren hervor. Wenn man in Gedanken von diesen zu jenen voranschreitet, dann entdeckt man, daß die Einheiten, die jeweils eine höhere Integrationsstufe repräsentieren, stufenspezifische Eigentümlichkeiten des Funktionierens und Verhaltens besitzen, die sich nicht auf die Eigentümlichkeiten der zusammensetzenden Teileinheiten niedrigerer Stufe zurückführen, sich nicht allein aus de-

ren Funktions- und Verhaltensweisen erklären lassen, sondern die aus der Eigenart der Konfiguration, die die Teileinheiten niedrigerer Stufe miteinander bilden, erklärt werden müssen. Auf dieses Faktum bezieht sich der Ausdruck »stufenspezifisch«. Er besagt, daß es, um die Struktureigentümlichkeiten von komplexeren Gebilden zu erklären, nicht genügt, die Struktureigentümlichkeiten der sie zusammensetzenden Teileinheiten zu kennen. Diese Kenntnis ist notwendig, aber nicht ausreichend. Um diese Struktureigentümlichkeiten zu erklären, bedarf man neben dem Wissen von den Struktureigentümlichkeiten der Teileinheiten zugleich auch des Wissens von der Art und Weise, in der diese Teileinheiten funktionsteilig organisiert, also auf ein Ineinanderwirken abgestimmt werden und abgestimmt sind. Man bedarf, mit anderen Worten, sowohl einer Kenntnis der Funktionsweise von Teileinheiten wie einer Kenntnis der Funktionsweise der zusammengesetzten Einheit, die sie miteinander bilden, also des Modus ihrer Integration.
Je höher man auf einer solchen evolutionären Leiter von einem Gegenstandsbereich zum andern heraufsteigt, desto stärker wird der Primat des Musters der Integration als Erklärungsfaktor der Eigenschaften einer zusammengesetzten Einheit, verglichen mit der Bedeutung von isoliert beobachteten Eigenschaften von Teileinheiten als Faktoren der Erklärung. Ein Herz ist, so könnte man sagen, ein Muskel, der aus Muskelfasern besteht, die aus Zellen bestehen, die aus Großmolekülen bestehen, die aus Molekülen bestehen, die aus Atomen bestehen, und so fort. Das Verhalten der Moleküle, die es bilden, kann man noch in fast erschöpfender Weise aus dem der zusammensetzenden Atome erklären. Schon bei Großmolekülen beginnt die Organisation der zusammensetzenden Moleküle neben deren Eigenschaften als Erklärungsfaktor oft eine größere Rolle zu spielen. Auch wenn man Verhalten und Funktionsweise des Herzmuskels als einer Integrationsordnung höherer Stufe erklären will, kann man die Kenntnis der Funktionsweise seiner Teilein-

heiten auf den verschiedenen Integrationsstufen, der zusammensetzenden Atome, Moleküle, Zellen, Muskelfasern usw., nicht entbehren. Aber das Gewicht der Organisationsstufe höherer Ordnung, die das Herz zusammen mit anderen Organen und Teileinheiten der gleichen Stufe bildet, also des betreffenden Organismus, als Erklärungsfaktor für die Funktionsweise des Herzens ist sehr viel größer, verglichen – sagen wir – mit dem Gewicht der molekularen Konfiguration von Atomen als Erklärungsfaktor für das Verhalten der letzteren.

Das Beispiel verdeutlicht vielleicht, warum es nötig ist, den Ausdruck der stufenspezifischen Begriffe einzuführen. Unsere herkömmlichen Sprachgewohnheiten tragen viel dazu bei, das Verständnis für die Eigengesetzlichkeit von Repräsentanten verschiedener Organisationsstufen zu blockieren. Sie verdecken zunächst einmal die offensichtliche Tatsache, daß die Gebilde der jeweils höheren Organisationsstufe Gebilde aller relativ niedrigeren Organisationsstufen der Natur in hierarchischer Ordnung als Teileinheiten enthalten. Der Tatsache aber, daß die ersteren stufenspezifische Eigentümlichkeiten haben, die die Teileinheiten der jeweils niedrigeren Stufe nicht besitzen und die sich auch nicht allein aus deren Eigentümlichkeiten herleiten lassen, wird gewöhnlich dadurch Rechnung getragen, daß man sie symbolisch verdinglicht und dann als etwas hinstellt, das rein additiv zu den Einheiten der jeweils niedrigeren Integrationsstufe hinzugefügt wird. So drückt man etwa den Unterschied zwischen denjenigen Integrationsstufen, die den Gegenstandsbereich der physikalisch-chemischen Wissenschaften, und denjenigen Integrationsstufen, die den Gegenstandsbereich der biologischen Wissenschaften bilden, durch den Begriff »Leben« aus. Man unterstellt gewissermaßen, daß Organismen physikalisch-chemische Gebilde seien, zu denen noch etwas hinzukommt, nämlich »Leben«. In der gleichen Weise unterscheidet man die Integrationsstufen der nicht-menschlichen von denen der menschlichen Lebewesen dadurch, daß man den letzteren neben dem animalischen Körper zusätzlich noch etwas weiteres zuschreibt, ein unsichtbares Ding, eine »Seele« oder je nachdem auch »Geist«, »Bewußtsein« oder »Vernunft«. Man braucht die emotionale Funktion dieser reifizierenden Begriffsbildung nicht zu verkennen; aber sie hat zugleich auch das Vermögen von Menschen, sich in ihrer Welt zu orientieren, wieder und wieder verwirrt. Es verhilft zu einer längst fälligen Klärung des Sachverhalts, wenn man sagt, daß verdinglichende Begriffe wie »Leben«, »Seele« oder »Vernunft« nichts anderes sind als Vorformen einer stufenspezifischen Begriffsbildung. Sie weisen darauf hin, daß das Bild des evolutionären Prozesses, der zu einer immer umfassenderen Hierarchie ineinander verschachtelter Integrationsstufen führt, eine Überprüfung der herkömmlichen Begriffsbildung und Kategorialapparatur nötig macht.

Die gegenwärtige Begriffsapparatur zwängt die Gedanken in ein Schema höchst unfruchtbarer Kontroversen. Oft scheint es heute, als ob es in bezug auf diese Probleme nur zwei gleichermaßen spekulative Lösungsmöglichkeiten gebe. Die eine ist die physikalistische Lösung, deren Vertreter postulieren, man werde eines Tages die Eigenschaften aller aus Zellen gebildeten Natureinheiten höherer Ordnung aus den Eigenschaften ihrer physikalisch-chemischen Bestandteile erklären können. Die andere sucht die Unableitbarkeit des Verhaltens zusammengesetzter Einheiten höherer Ordnung aus den Eigentümlichkeiten ihrer zusammensetzenden Teileinheiten durch Orakelsprüche wie den von dem Ganzen, das mehr ist als die Teile, zu erledigen. Es gibt Situationen in der Entwicklung des menschlichen Wissens, in denen Probleme unlösbar bleiben, weil die Fakten, deren man zu einer Lösung bedarf, bei dem gegebenen Stande des Wissens unbekannt sind. Es gibt andere, in denen der gesellschaftliche Wissensschatz die Fakten, die zur Lösung eines Problems nötig sind, in Hülle und Fülle bereitstellt; aber die vorherrschenden Denkweisen, die vorgegebenen

Kategorien und Begriffe blockieren den Weg zur Lösung. Hier handelt es sich um eine Lösungshemmung der letzteren Art.

Daß es kein Gebilde gibt, in dem Atome und Moleküle oder deren Äquivalente nicht zumindest eine der Integrationsstufen bilden und zu deren Verständnis dementsprechend Physiker und Chemiker nicht zumindest einen Beitrag zu leisten haben, ist ganz offenbar. Nicht weniger offenbar ist, daß viele Naturgebilde, die aus einem blinden Entwicklungsprozeß hervorgegangen sind, die Menschen selbst mit eingeschlossen, eine komplexe Hierarchie von ineinander verschachtelten Organisationsstufen darstellen, deren Funktions- und Verhaltensweisen sich nicht aus denen ihrer Teileinheiten auf der physikalisch-chemischen Organisationsstufe erklären lassen. Aber die herkömmlichen Denk- und Begriffsformen widersetzen sich einer Weiterentwicklung, die der Evolution von umkehrbar und nicht funktionsteilig integrierten Naturgebilden in der Richtung auf eine fortschreitende Synthese von Gebilden mit mehr und mehr ineinander verwobenen Integrationsebenen Rechnung trägt. Die einfache Tatsache, daß es kein Naturgebilde gibt, das nicht *auch* eine chemisch-physikalische Integrationsebene besitzt, verleitet die nachdenkenden Menschen immer wieder zu der Vorstellung, alle Naturgebilde ließen sich entweder ausschließlich durch Zurückführung auf chemisch-physikalische Einheiten erklären oder aus dem Vorhandensein über- oder außernatürlicher Gegebenheiten. Unser Naturbegriff selbst ist physikalistisch gefärbt. Er hat die Entwicklung im Sinne der sich langsam abzeichnenden evolutionären Stufenordnung noch vor sich.

Überdies zeichnet sich auch in anderer Hinsicht die Richtung dieser Evolution recht deutlich ab. Eine ihrer Tendenzen ist die Entwicklung zu einem immer umfassenderen Vermögen der Selbststeuerung. Die einfachsten einzelligen Lebewesen werden noch passiv von dem umgebenden Strome hierhin und dorthin getragen. Geißeltiere können sich schon ein wenig steuern. Fische können manövrieren und gegen den Strom schwimmen. Amphibien sind schon zu der weit komplexeren Selbststeuerung über Land fähig. Menschen besitzen entsprechend der einzigartigen Vielheit ihrer Integrationsstufen eine Selbststeuerungsapparatur, die an Variabilität die aller anderen Naturgebilde übertrifft. Weder die Vorstellung, sie seien ein Stück Materie, gesteuert in ihrem Verhalten wie Atome und Moleküle oder reduzierbar auf sie, noch die Vorstellung, sie seien gesteuert von einer nicht-naturalen, immaterialen Substanz, wird ihnen gerecht. Aber dieser Hinweis auf die im Zuge der irdischen Evolution wachsende (wenn auch niemals absolute) Autonomie von Naturgebilden im Verhältnis zu anderen muß hier als Beispiel für die Stringenz der Entwicklungsrichtung genügen. Sie entspricht der wachsenden funktionsteiligen Differenzierung und der wachsenden Hierarchie interdependenter Integrationszentren ihrer Struktur.

5

Einer der Schlüsselbegriffe, dessen man zur Bewältigung dieser Probleme bedarf, ist der der fortschreitenden Synthese. Man bedarf seiner in diesem Zusammenhang auf zwei interdependenten Ebenen. Mit seiner Hilfe vermag man zum einen bestimmten Sachzusammenhängen besser gerecht zu werden, als es zuvor möglich war. Wenn man sich die Richtung des langen Prozesses zu vergegenwärtigen sucht, in dessen Verlauf – unter bestimmten Bedingungen – aus Kleinmolekülen Großmoleküle, aus Großmolekülen höher organisierte Integrationseinheiten und schließlich einzellige Organismen, dann Organismen mit mehr und mehr spezialisierten und auch mehr und mehr synthetisierenden Spezialorganen entstanden bis hinauf zu den komplexesten Gebilden, den Menschen, so sieht man, was der Begriff der fortschreitenden Synthese auf der Ebene der Sachzusammenhänge auszurichten vermag.

Aber zugleich bezieht sich dieser Begriff auch auf die Entwicklung des Wissens der Menschen von der Welt, in der sie leben und deren Teil sie sind. An anderer Stelle[4] habe ich versucht, das am Beispiel derjenigen Synthese zu zeigen, die gegenwärtig symbolisch durch den Begriff der Zeit repräsentiert wird. Die Spannweite dessen, was heute durch diesen Begriff in Zusammenhang miteinander gebracht wird, ist außerordentlich groß. Man kann ihn auf alle Integrationsstufen beziehen, auf die physikalisch-chemische, die biologische, die menschlich-soziale. Der Zeitbegriff selbst ist der Ausdruck einer Synthese zwischen zwei oder mehr Wandlungskontinuen, von denen eines gewöhnlich geeicht ist, so daß man mit seiner Hilfe gewissermaßen Meilensteine in den unablässigen Fluß des Wandels bauen und auf diese Weise die nicht direkt faßbare Länge der Intervalle zwischen dem, was früher, und dem, was später geschieht, bestimmen kann. Bei dem heutigen Stande des Wissens stehen allerdings die den verschiedenen Wissenschaften zugeordneten Zeittypen, also etwa die physikalische Zeit, die biologische Zeit oder die soziale Zeit, wie diese Wissenschaften selbst unverbunden nebeneinander. Ein Modell ihres Zusammenhangs fehlt. Hier findet man sich also an der Front des gegenwärtigen Wissens, wo die offenen Probleme sich auftun. Aber gerade die Untersuchung der Entwicklung dessen, was wir heute durch den Zeitbegriff decken, zeigt, wie gewaltig die Anstrengung war, die Menschen über Jahrtausende hin machen mußten, um begriffliche Symbole für die weitgespannte Synthese auszubilden, für die der heutige Zeitbegriff ein Beispiel ist und die nun ihrerseits an ihrer Front spezifische Lücken hervortreten läßt, also noch unverknüpfte Inseln des Wissens im Meere des menschlichen Nicht-Wissens.

Wie gewaltig die Reichweite der Synthese ist, die der heutige Zeitbegriff repräsentiert, wird eigentlich erst dann deutlich, wenn man damit die Spannweite der Synthesen vergleicht, die den Vorläufern unserer Zeitbegriffe im Gebrauch einfacherer Völker zugrundeliegen. Da begegnet man, ob es sich um Ahnen oder um Zeitgenossen handelt, noch Stufen der begrifflichen Entwicklung, auf denen für Menschen die weitgespannte Synthese, deren Ausdruck Begriffe wie »Jahr« oder »Jahreszeit« sind, noch unzugänglich war. Es gab (und gibt) Stufen der Wissensentwicklung, auf denen Menschen sich vorwiegend mit Hilfe von Zeichen für diskontinuierliche Hier-und-Jetzt-Ereignisse über das verständigen konnten, was wir durch Zeitbegriffe zu symbolisieren trachten. So mochte etwa für sie das Wahrnehmen des neuen Mondes ein wichtiges gesellschaftliches Ereignis sein, ohne daß sie in der Lage waren, ein begriffliches Zeichen für die Zeitstrecke zwischen dem einen und dem nächsten Erscheinen des neuen Mondes zu bilden, eine symbolische Repräsentation der Beziehung zwischen den beiden statisch erlebten Sichten des neuen Mondes. Mit einem Wort: Der Fundus ihres gesellschaftlichen Wissens und Denkens gab ihnen noch keine begriffliche Repräsentation für die relativ unpersönliche Synthese an die Hand, die in heute ganz simpel erscheinenden Begriffen wie dem der Woche oder des Monats ihren Ausdruck findet.

Der heutige Begriff der Wissenschaften ist gewiß der Repräsentant einer Stufe der Begriffsbildung, auf der Menschen einer viel umfassenderen Synthese fähig sind als auf der Stufe, auf der »Ernte« für »Jahr« und vielleicht »Neumond« für »Monat« stand oder auf der Ebbe und Flut, die Gezeiten, als Mittel zur Bestimmung dessen dienten, was wir heute als »Zeit« bezeichnen. Aber in dem langen Prozeß der fortschreitenden Synthese, die sich im Zuge des wachsenden menschlichen Wissenserwerbs vollzieht, treten doch immer wieder verwandte Figuren auf. Immer wieder finden sich Menschen an der jeweiligen Grenze ihres Wissensfundus vor Gegebenheiten gestellt, die sie nicht in Zusammenhang miteinander zu bringen vermögen – oft genug, ohne daß die betreffenden Menschen sich dieser Zusammenhanglosigkeit, also des offenen Problems, das sich hier auftut, gewahr sind. Ihr Nicht-Wissen fällt ihnen nicht auf; es fällt ihnen nicht ein, daß man das für sie noch Unverbindbare überhaupt miteinander in Zusammenhang bringen könne. Dann, auf der nächsten Stufe, ist das Problem gelöst; die Antwort auf die Frage, in welchem Zusammenhang die zuvor unverknüpfbaren Gegebenheiten miteinander stehen, ist gefunden, und die Menschen haben im Verkehr miteinander einen Begriff entwickelt, der diesen Zusammenhang symbolisiert, mit dessen Hilfe sie über ihn sprechen können und der zugleich ihr Erleben so prägt, daß sie Ereignisse im Sinne des durch einen gemeinsamen Begriff symbolisierten Zusammenhangs wahrnehmen. Ehedem verhielt es sich so mit der Wahrnehmung des neuen Mondes. Wenn etwa ein König von Babylon im Lande verkünden ließ, der neue Mond sei gesichtet worden, dann war die Vorstellung einer wiederkehrenden Beziehung zwischen einem neuen Mond und dem nächsten als eines vorausberechenbaren Zeitintervalls noch nicht recht greifbar oder allenfalls im Werden.

Mit der Beziehung der Wissenschaften zueinander verhält es sich ähnlich. Heute liegen die Frage, warum es nicht nur eine, sondern verschiedene Wissenschaften gibt, und das Problem ihrer Beziehung zueinander noch etwas im Dunkel. Versuche, die verschiedenen Wissenschaften in Beziehung zueinander zu setzen, soweit sie überhaupt unternommen werden, sind gewöhnlich gerichtet auf eine Linnésche Typologie. Man stellt die verschiedenen Wissenschaften nebeneinander wie ehemals Pflanzengattungen und vergleicht sie. Ihre Unterschiede werden als die von statischen Typen beschrieben wie ehemals die von Tier- und Pflanzentypen, aber noch nicht beschrieben und erklärt mit Hilfe eines evolutionären Bezugsrahmens, der ihre Aufgabenbereiche und dann auch sie selbst statt als unverbundene Typen vielmehr als Stufen eines Prozesses erkennen läßt. Die herkömmlichen Vorstellungen vom Verhältnis der physikalisch-chemischen zu den biologischen und dieser zu den Menschenwissenschaften erwecken leicht den Eindruck, daß sie alle auf einer Ebene nebeneinanderstehen. Unsere Tradition, so könnte man denken, gewöhnt uns an ein eindimensionales Modell der Wissenschaften, ob es nun die Form des Nebeneinanders von Wissenschaften in einem System oder die der Reduktion verschiedener Wissenschaften auf eine von ihnen besitzt. Es liegt nahe zu denken, daß die soziale Organisation der Wissenschaften, die – was immer ihre informalen Macht- und Statusdifferenzen sein mögen – formal Fachbereich neben Fachbereich stellt, diese Auffassung begünstigt. Bei genauerer Betrachtung aber zeigt sich, wie man sah, daß es eines mehrdimensionalen Modells der Wissenschaften bedarf, um der Eigenart der Wissenschaftsbeziehungen gerecht zu werden und sie symbolisch in adäquaterer Weise zu repräsentieren. Ein Modell dieser Art kann auch die Vorstellung korrigieren, daß die Gegenstandsbereiche der verschiedenen wissenschaftlichen Fachbereiche in der gleichen Weise getrennt voneinander existieren wie diese Fächer selbst, die sich durch hohe Schutzwälle voneinander abschließen. Die Schwierigkeit ist, daß ihre Gegenstandsgebiete auf vielfältige Weise ineinandergreifen. Man stößt hier auf eines der Hindernisse, die der interdisziplinären Zusammenarbeit im Wege stehen.

6

Bei nüchterner Betrachtung ist der Stufencharakter der Wissenschaftsbeziehungen einsichtig genug. Aber offenbar bedarf es, um seiner gewahr zu werden, des Aufstiegs zu einer Stufe der Distanzierung, die heute im gesellschaftlichen Verkehr noch schwer zu erreichen ist. Die Arbeit an einem adäquateren Modell der Wissenschaften in ihrer Beziehung zueinander – an einem Modell der Modelle – stellt also zugleich einen Beitrag zum Problem der Haltungen dar, die bei der Wissensarbeit der Menschen eine zentrale Rolle spielen: einen Beitrag zu dem Problem der Distanzierung und des Engagements.

Es ist nicht schwer zu erkennen, daß die Gegenstandsbereiche der Biologen Organisationsformen einer höheren Ordnung darstellen als die der Physiker und Chemiker. Ebenso wenig ist es besonders schwer zu erkennen, daß diejenige Stufe des Geschehens, die das Gegenstandsgebiet der Physiker und Chemiker bildet, nicht allein außerhalb der Integrationsstufen anzutreffen ist, die das Gegenstandsgebiet der Biologen bilden, sondern auch innerhalb ihrer. In der Tat, es gibt kein wissenschaftliches Gegenstandsgebiet auf dieser Welt, das nicht als eine seiner Integrationsstufen Geschehensreihen desjenigen Ordnungstyps enthält, den wir als physikalisch-chemisch bezeichnen. Physiko-Chemiker arbeiten, mit einem Wort, an einer Schicht der gesamten Welt. In manchen Bereichen, etwa im Bereich der Himmelskörper, ist es, soweit wir wissen, die einzige Schicht. Innerhalb ihrer sind, wie gesagt, mit wenigen Ausnahmen die zusammensetzenden Teile zu den nächsthöheren zusammengesetzten Einheiten reversibel und nicht funktionsteilig integriert. In den Gegenstandsbereichen anderer Wissenschaften dagegen ist die Schicht der physikalisch-chemischen Abläufe nur eine von mehreren Schichten. Daß sich bei höheren und höheren Integrationen von Teileinheiten auf einer wachsenden Anzahl von Integrationsebenen Struktur- und Prozeßeigentümlichkeiten herausbilden, die sich nicht allein aus den Struktureigentümlichkeiten der zusammensetzenden Teile auf den physiko-chemischen Ebenen erklären lassen, ist bereits gesagt worden. Aber an einer klaren, abwägenden Begriffsbildung, die diesem Sachverhalt Rechnung trägt, fehlt es noch. Sie ist offenbar schwierig, und man wird über die Gründe dieser Schwierigkeit nachdenken müssen.

Daß eine Zelle eine Integrationsform anderer und höherer Art ist, daß Zellen und erst recht mehrzellige Organismen in der Abfolgeordnung der irdischen Evolution eine spätere Stufe darstellen als die molekulären Teileinheiten, aus denen sie bestehen, kann als ein einigermaßen gesicherter Befund gelten. Was bei dem heutigen Kanon des Denkens noch

weitgehend verdeckt zu sein scheint, ist die Tatsache, daß bei der Untersuchung von höher integrierten Einheiten das atomistische Grunddogma als Leitgedanke nicht mehr anwendbar ist. Man könnte sagen, es verkehrt sich ins Gegenteil. Je höher man auf der evolutionären Leiter steigt, je größer die Funktionsteilung und je umfassender und vielfältiger die Formen der hierarchisch geordneten Integrationszentren werden, um so notwendiger wird es, statt von den zusammensetzenden Teilen zu der zusammengesetzten Einheit höherer Ordnung umgekehrt von der zusammengesetzten Einheit höherer Ordnung zu den zusammensetzenden Teilen der nächstniedrigeren Stufe hin zu denken. Was das besagt, ist dies: Auch bei der Untersuchung einer höchst komplexen Integrationseinheit – sagen wir eines Affen – ist es unentbehrlich und zweckdienlich, alle einzelnen physikalisch-chemischen Geschehensketten offenzulegen, deren man habhaft zu werden vermag. Aber alle Vorgänge dieser Ebene haben in der Gesamtorganisation eines solchen Organismus ihre spezifische Stelle und ihre spezifischen Funktionen. Einzeluntersuchungen auf der physikalisch-chemischen Ebene, wie zahlreich sie auch immer sein mögen, bleiben unfruchtbar, solange man nicht mit Hilfe eines Modells des übergeordneten Integrationsgefüges die Stelle und Funktion dieser Vorgänge niedrigerer Ordnung im Zusammenhang des ersteren verstehen kann. In der Praxis der wissenschaftlichen Arbeit begegnet man dieser Umkehrung des atomistischen Grunddogmas allenthalben. In der Arbeit an Organismen und nicht zuletzt auch an den Problemen des Menschen hat sich die Einsicht, daß man zur Untersuchung von Integrationsstrukturen höherer Ordnung von diesen zu den Teilorganisationen relativ niedrigerer Ordnung hin denken muß, in vielen Fällen bereits als ein wohlverstandenes Verfahren eingefügt.
Aber die Bedeutung dieses Unterschieds zwischen der Erschließung der physikalisch-chemischen Schichten und der der Integrationseinheiten höherer Ordnung für die Theorie der Wissenschaften ist wohl noch nicht recht erkannt wor-

den. Die Vertreter derjenigen Wissenschaften, die sich mit der Erschließung von höher organisierten Gegenstandsbereichen befassen, entwickeln in vielen Fällen begriffliche Repräsentationen von Zusammenhangsformen, die sich von den bei der Erschließung der einfacheren und weniger komplexen Organisationsstufen entwickelten Begriffsformen oft recht unzweideutig unterscheiden. Aber diese Unterschiede bilden sich gewöhnlich auf der Ebene der wissenschaftlichen Praxis heraus und verharren auf dieser Ebene. Sie werden selten systematisch reflektiert, und die Praxis selbst bleibt halbherzig. Es fehlt an einem Modell der Wissenschaften, mit dessen Hilfe es möglich wird, die Unterschiede in der Praxis der verschiedenen Wissenschaftsgebiete auch theoretisch zu unterbauen und darüber hinaus die Beziehungen dieser Gebiete zueinander verständlicher zu machen.

Zunächst einmal geht es darum, die Grenzen zu zeigen, innerhalb derer physikalische Modelle der wissenschaftlichen Arbeit fruchtbar sein können, und zu erklären, warum sie jenseits dieser Grenzen allenfalls nur in beschränktem Maße anwendbar sind. Das Bild der hierarchisch geordneten Integrationsstufen ist in diesem Zusammenhang als Leitbild von besonderem Nutzen. Denn wenn es auch kein Gegenstandsgebiet in dieser Welt gibt, in dem man völlig ohne Untersuchung der physikalischen Geschehenszusammenhänge auskommen kann, in dem mit anderen Worten physikalisch-chemische Untersuchungen nicht einen Beitrag zum Verständnis dieses Gebiets, zum Verständnis der Funktions- und Verhaltensweisen einer ihm zugehörigen zusammengesetzten Einheit zu leisten vermögen, so wird dieser Beitrag doch immer geringer, je größer die Distanz zwischen der physikalischen Integrationsstufe und der durch die jeweils höchste Integrationsstufe einer zusammengesetzten Einheit repräsentierten Ordnung ist. Um so mehr gilt auch, was zuvor von der Umkehrung des atomistischen Grunddogmas gesagt wurde – nämlich daß man von den Organisationsebenen höherer Ordnung her den Geschehensverlauf auf den Integrationsebenen niedrigerer Ordnung erklären kann und muß. Denn im Zuge der evolutionären Veränderung wird das Selbststeuerungsvermögen der Integrationseinheiten größer und variabler; größer wird dementsprechend auch die Steuerung aller physikalisch-chemischen Vorgänge im Sinne der Integrationseinheit höherer Ordnung. Und so wenig man in solchen Fällen auch das Funktionieren physikalisch-chemischer Vorgänge begreifen kann ohne Kenntnis ihrer Gesetzmäßigkeiten als solcher, so wenig kann man ihre Funktionen im Gesamtzusammenhange einer Einheit höherer Ordnung, also etwa eines komplexen Lebewesens, allein aufgrund ihrer physikalisch-chemischen Gesetzmäßigkeiten verstehen.

Je mehr man auf der evolutionären Leiter zu höher und höher differenzierten und integrierten Einheiten vordringt, um so ausgesprochener wird der Unterschied zwischen den Struktureigentümlichkeiten der Prozesse, denen man nun begegnet, und den Struktureigentümlichkeiten der Vorgänge auf der physikalisch-chemischen Ebene. Zuvor ist bereits darauf hingewiesen worden, daß mangels eines solchen evolutionären Stufenmodells die geordneten Begriffsapparaturen, die Menschen bei ihrem Bemühen um Aufhellung der spezifischen Eigentümlichkeiten von Repräsentanten der höheren und der höchsten Integrationsstufen, die wir kennen, entwickeln, oft die Aura von etwas Geheimnisvollem umschwebt. Unwillkürlich unterstellen Materialisten und Antimaterialisten gleichermaßen, daß die physikalisch-chemische Stufe des Daseins, also die Materie, das eigentlich Reale an der Welt sei, das, was kein Geheimnis birgt. Die stufenspezifischen Struktureigentümlichkeiten von Repräsentanten höherer und höchster Integrationsstufen, insbesondere also die stufenspezifischen Eigentümlichkeiten der Menschen, erscheinen dann – gemessen an der Realität der Materie – als mysteriös und oft genug als Symptome einer immateriellen Existenz, die gleichsam außerhalb und neben der physikalisch-chemischen existiert, die man aber oft genug mit einer Begriffs- und Denkapparatur darstellt, die den Modellen der physikalischen Welt abgewonnen ist …

Fragment II

1

Im Laufe des 20. Jahrhunderts gewann bei der Erforschung der Himmelskörper die genetische Fragestellung den Vorrang vor der mehr beschreibenden Frage nach dem Wie ihrer Gesetzmäßigkeiten. Gewiß gab es seit langem spekulative Hypothesen über die Genese der kosmischen Körper. Die Kant-Laplacesche Hypothese ist ein Beispiel. Aber zunächst fehlte den Menschen jede Möglichkeit, solche Hypothesen empirisch zu überprüfen. Im 20. Jahrhundert wurde das möglich. Damit trat die genetische Problemstellung, also die Frage nach dem Entstehen und Werdegang kosmischer Körper und in diesem Sinne nach ihrer Erklärung, in ihre wissenschaftliche Phase ein. Es ist wissenschaftstheoretisch nicht uninteressant, den Wendepunkt dieses Übergangs in die wissenschaftliche Phase und so auch die Kriterien der Wissenschaftlichkeit in diesem Falle genauer zu bestimmen.

Wie in anderen Fällen setzte der Umschlag nach einer langen vorbereitenden Phase ein. Im Laufe des 19. Jahrhunderts und erst recht im 20. Jahrhundert machte die Technik der Sternuntersuchung rapide Fortschritte. Die Sternkataloge wuchsen. Gleichzeitig wuchs das Bemühen um eine verbesserte Klassifizierung und Typologie der Himmelskörper. Aber bis ins frühe 20. Jahrhundert hatten solche Bemühungen noch den gleichen statisch-beschreibenden Charakter wie die bekannte Linnésche Klassifizierung der Pflanzen und Tiere. Um darüber hinauszukommen, hätte es der Lösung von Problemen bedurft, die man kaum zu stellen wagte, weil zunächst jeder Anhaltspunkt für eine Lösung fehlte.

Ein schlagendes Beispiel ist das Problem der Sonnenenergie: Wie ist es möglich, daß die Sonne unablässig Energie abzugeben vermag, etwa in der Form von Licht und Wärme, anscheinend ohne ihren Energievorrat zu erschöpfen? Wie ist es überhaupt möglich, so verschwenderisch Energie zu produzieren? Man konnte darüber spekulieren, aber die Antwort lag so weit jenseits des Wissenshorizontes der Menschen, daß das Problem lange Zeit das menschliche Vorstellungsvermögen überstieg.

Der Übergang von der spekulativen zu der wissenschaftlichen Phase vollzog sich auch in diesem Falle dadurch, daß es gelang, theoretische Modelle in engster Tuchfühlung mit experimentellen, also mit empirischen Untersuchungen weiterzuentwickeln. Die Frage der Energieabgabe der Sterne öffnete sich dem Zugriff der Menschen erst im Zusammenhang mit der experimentellen Sprengung von Atomkernen und der Einsicht in deren theoretische Bedeutung. Systematische Beobachtungen der Sonne und anderer Sterne bestätigten die Vermutung, daß es sich dort um eine Energieabgabe aufgrund einer kontinuierlichen, selbsttätigen Sprengung von Atomkernen, und zwar vorwiegend von Kernen der Wasserstoffatome, handele. Die Kernspaltung, die Menschen nach einer langen vorbereitenden Anlaufsarbeit im 20. Jahrhundert gelang und die sie dann, sei es zu ihrem Schaden oder zu ihrem Nutzen, für ihre eigenen Zwecke verwandten, lieferte den Schlüssel zur Erklärung des Sonnenrätsels. Licht und Wärme der Sonne und anderer Sterne erwiesen sich als Nebenprodukte eines riesigen Kernspaltungsprozesses. Was da den Menschen in ihren Labors gelungen war, war die Kleinstkopie eines Naturvorganges, der sich blind, automatisch und zwecklos seit vielen Millionen Jahren abspielt und der unter anderem zu den Voraussetzungen für die Entstehung von Lebewesen, also auch von menschlichen Lebewesen, auf dieser Erde gehört. Es blieb zu erklären, wie dieser natürliche Kernspaltungsvorgang entstanden war.

Den Wendepunkt von einer vorwiegend gesetzestheoretischen zu einer vorwiegend prozeßtheoretischen Fragestellung in der Kosmologie bildete ein Sterndiagramm, das nach seinen Urhebern, einem dänischen und einem amerikanischen Astronomen, das Hertzsprung-Russel-Diagramm genannt wird. Einige Verhaltensweisen bestimmter Gruppen von Sternen werden in der Form dieses Diagramms korreliert, vor allem Leuchtkraft und Spektraltypus oder Temperatur. Die Sterne verteilen sich bei einer solchen Prüfung nicht beliebig über das Diagramm hin, sondern nach einem ganz bestimmten Muster. Bemühungen, dieses Muster zu erklären, führten zu der Erkenntnis, daß es sich dabei um eine Repräsentation einer Sternentwicklung handeln müsse. An dem einen Ende des Musters sammeln sich Sterntypen, die man als »junge« Sterne erkannte, am anderen Ende Typen »alter« Sterne; zwischen ihnen liegt derjenige Teil des Musters, zu dem die Mehrheit der geprüften Sterne gehört – unter anderem auch Sterne vom Typ unserer Sonne. Dieser Teil des Diagramms repräsentiert diejenige Wandlungsphase von Sternen, in der sie den größten Teil ihrer Laufbahn verbringen. Sie ist nun, ganz allgemein, unter dem Namen »Hauptreihe« oder »Hauptstrecke« (*main sequence*) bekannt und die in dieser Entwicklungsphase befindlichen Sterne als »Hauptreihensterne«. Dieses Diagramm und die theoretische Ausweitung, die es durch andere Wissenschaftler, besonders auch durch den amerikanischen Kosmologen Hubble erfuhr, markiert in der Tat einen Wendepunkt im Bereich der Kosmologie; es bildet, wie man sieht, den Übergang von einer Linnéschen zu einer Darwinschen Typologie der Sterne und im weiteren Sinne vom Primat der statischen, gesetzesartigen Theorie- und Begriffsbildung zu dem der dynamischen und prozessualen.

Damit ist nicht etwa gesagt, daß dieser Umschlag ein Endpunkt ist. Es handelt sich um den Übergang von einer dominanten Fragestellung zu einer anderen, von dem Vorrang der Frage nach ewigen Gesetzmäßigkeiten von Gebilden jenseits von Zeit und Raum zu dem Vorrang der Frage nach ihrer Entstehung und Entwicklung im Zuge der Zeit. Was sich geändert hat, ist die Fragestellung und die Lösungserwartung. Die Lösung selbst liegt zumeist noch in weiter Ferne. Auch verhält es sich nicht so, daß die Bestimmung von dem, was man ehemals als Gesetze bezeichnete, also von konstanten Größenrelationen, nun für den Fortgang der Forschung bedeutungslos wird. Das ist ganz und gar nicht der Fall. Was sich geändert hat, ist der kognitive Status unveränderlicher Größenbeziehungen als Forschungsinstrument. Statt einer Art von Gottheitsersatz sind gesetzesartige Faustregeln nun zu Hilfsinstrumenten für die Konstruktion von Prozeßmodellen geworden.

E. P. Hubble, der unter anderem als erster einige der als Nebel bekannten Himmelsgebilde als selbständige Galaxien jenseits unseres Milchstraßensystems identifizierte, fand zum Beispiel mit Hilfe von Spektralanalysen für das Verhältnis von Entfernung und Bewegungsgeschwindigkeit dieser Galaxien eine einfache gesetzesartige Formel. Er stellte fest, daß die Proportion zwischen der Entfernung fremder Galaxien von der Erde und der Geschwindigkeit, mit der sie sich anscheinend von der Erde entfernen, immer die gleiche ist (was nicht bedeutet, daß das Sonnensystem im Zentrum dieser Fluchtbewegungen steht). Von jedem möglichen Beobachtungspunkt her betrachtet, ist die Fluchtgeschwindigkeit einer Galaxie um so größer, je größer die Entfernung von dem Beobachter ist. Gewiß könnte man diese Formel als Hubblesches Gesetz bezeichnen; heute spricht man gewöhnlich von der Hubble-Konstante. Sie ist von großer Hilfe für die Konstruktion eines Prozeßmodells geworden – für eine Theorie von der Bildung des gegenwärtigen Weltalls, die als Theorie von dem expandierenden Universum bekannt geworden ist. – In diesem Sinne muß man auch das Muster des Hertzsprung-Russel-Diagramms und dessen Interpretation verstehen. Seine Konstruktion beruhte auf einer Fülle von Messungen, und gesetzesartige Faustregeln spielten dabei eine Rolle. Aber sie waren auch in diesem Falle Werkzeuge, mit deren Hilfe man sich den Prozeß des Entstehens von Sternen, ihrer relativen Stabilität als Gestalten der Hauptreihe und schließlich die Endstadien des Sternprozesses verständlich zu machen suchte.[5]

Das Bild des Sternprozesses, das sich beim heutigen Stande des Wissens ergibt, ist im Grunde das einer Art gigantischer Kettenreaktion. In ihrer einfachsten Form, wie sie experimentell in jedem Labor ausgelöst werden kann, handelt es sich um eine Reaktion, deren Produkte automatisch Reaktionen der gleichen oder ähnlicher Art in Gang setzen und in Gang halten, bis allmählich das gesamte zu dieser Reaktion fähige Material aufgebraucht ist. Bereits die von Menschen absichtlich herbeigeführten Kettenreaktionen zeigen eine klare diachronische Ordnung des Nacheinander, eine spezifische Phasenabfolge, innerhalb deren jede jeweils spätere Phase als ihre notwendige Bedingung die jeweils frühere oder die Sequenz der früheren voraussetzt. Das traditionelle Kohlenfeuer kann als einfaches Beispiel einer solchen Kettenreaktion dienen. Sich selbst überlassen, geben die aufeinandergehäuften Kohlenstücke keine Wärme ab; aber wenn einige Stücke von außen, etwa durch ein Holzfeuer oder durch einen Gasbrenner, zum Glühen gebracht werden, dann überträgt sich die Glut bei geeigneter Anordnung selbsttätig von einem Kohlenstück auf andere, bis sie sich bei der Energieabgabe in Form von Wärme und Licht zu Schlacken und Asche verwandelt haben, also zu Stoffen, die nicht mehr zu einer solchen Reaktion fähig sind. Eine ähnliche Abfolge läßt sich bei der bekanntesten Kettenreaktion unserer Tage, bei der Kernspaltungsreaktion, beobachten. Sie wird selbsttätig, wenn in einem geeigneten Material, etwa dem eines Uran-Isotops, nach Zufuhr von Anregungsenergie bei der Spaltung eines Atomkerns mindestens eines der freiwerdenden Atomkern-Teilchen, der Neutronen, die Spaltung eines anderen Atomkerns bewirkt. Bei den Sternprozessen handelt es sich um Kettenreaktionen einer völlig anderen zeit-räumlichen Größenordnung; sie sind daher von den irdischen in bestimmter Hinsicht verschieden. Aber der Hinweis auf die letzteren kann vielleicht das Verständnis für die Eigenart dieser für menschliche Begriffe immens langen Naturprozesse vereinfachen.

Nach der gegenwärtigen Vorstellung bilden Ansammlungen von Gas und Staubkörnern, die sich als eine Art von Wolken an bestimmten Stellen zwischen Sternen beobachten lassen, den Ausgangspunkt dieses kosmischen Kettenprozesses der Sternbildung. Wenn eine solche Wolke eine bestimmte Dichte gewinnt, kann die Schwerkraftwirkung dazu führen, daß sie sich weiter zusammenzieht. Temperatur und Dichte steigen an. Das Gebilde beginnt mit schwach rötlicher Farbe zu glühen. In dieser Phase stammt die Energie, auf der dieses Leuchten der Masse beruht, aus ihrer zunehmenden Zusammenballung aufgrund der Schwerkraft. Wenn die innere Temperatur noch weiter ansteigt, etwa zu ein paar Millionen Grad Kensal, dann setzen Kernreaktionen bestimmter Art als Energiequelle ein, und das Gebilde entwickelt über eine Reihe von Zwischenstadien diejenige Struktur und Gestalt, die für einen Hauptreihenstern charakteristisch ist. Die Zeit, die das Gebilde für diese Kontraktion und so für das Erreichen der Hauptreihenstruktur braucht, hängt von seiner Masse ab. In gewissen Grenzen kann man sagen: je größer die Masse, um so schneller erreicht das Gebilde diejenige Temperatur, die den selbsttätigen Kernspaltungsprozeß in Gang setzt und als Kettenreaktion in Gang hält, um so schneller durchläuft der Sternprozeß die verschiedenen Stadien.

Beim gegenwärtigen Stand der Forschung ist man sicher noch weit davon entfernt, alle Einzelheiten eines solchen Prozesses zu verstehen. So ist zum Beispiel gegenwärtig die chemische Zusammensetzung des Sonnengebildes noch nicht klar. Wissenschaftstheoretisch ist dabei interessant zu prüfen, in welcher Hinsicht die Verfahrensweisen und Lösungserwartungen, die man beim Bemühen um die Lösung solcher Probleme anwendet, sich von denen der klassischen Physik und der an ihr orientierten philosophischen Wissenschaftstheorie unterscheiden. Eine dieser Verfahrensweisen ist der Bau einer Abfolge mathematischer Sonnenmodelle, die repräsentativ für verschiedene mögliche Typen der che-

mischen Zusammensetzung der Sonne sind. Man vermag dann zu prüfen, welches der Modelle mit einschlägigen Beobachtungen über die Sonne am besten übereinstimmt. Aber solche Modelle können ihre Aufgabe nicht erfüllen, wenn man bei ihrer Konstruktion nicht den vorangehenden Verlauf des Kettenprozesses bis zu seiner gegenwärtigen Phase in Rechnung stellt, also mit anderen Worten, wenn man den diachronischen Ablauf des Kernprozesses, den wir kurz als »Geschichte der Sonne« bezeichnen, bei der Konstruktion solcher Modelle nicht berücksichtigt. Messungen sind dabei so unentbehrlich wie je; fortgeschrittene Rechenmaschinen ermöglichen die schnelle Verarbeitung einer großen Anzahl von Messungsresultaten; aber das Ziel des Unternehmens ist, wie gesagt, nicht das Auffinden eines zeitlosen Gesetzes, sondern die Konstruktion eines vierdimensionalen Prozeßmodells. Ohne Bezug auf die Dynamik der vorangehenden Phasen würde der Versuch, die Struktur der Sonne oder irgend eines anderen Sterns zu bestimmen, in die Irre gehen.
Die zentrale Eigentümlichkeit eines Hauptreihensterns, wie sie sich beim heutigen Stande der Forschung darstellt, läßt sich auf eine verhältnismäßig einfache Formel bringen, wenn es auch im einzelnen viele verschiedene Möglichkeiten und ganz gewiß zahllose ungelöste Probleme gibt. Der enorme Energieverschleiß der Hauptreihensterne beruht auf Kernspaltungsprozessen, die selbsttätig immer neue Kernspaltungsprozesse erzeugen. Als Brennstoff dienen vor allem Wasserstoffatome. Spaltung ihrer Kerne und Fusion von Kernteilen setzen Energie frei. Was bleibt, gleichsam als Schlacke, ist Helium. Ein Stern, der zweimal so groß ist wie die Sonne, verbraucht sein Brennmaterial in einem Zeitraum von etwa 3000 Millionen Jahren. Ein nur wenig größerer Stern als die Sonne verbraucht seinen Wasserstoffvorrat in 5000-6000 Millionen Jahren. Wenn sich etwa 10 Prozent des Wasserstoffs in Helium verwandelt hat, dann verändert sich die Struktur des Sternprozesses. Der erste Schub der Energieabgabe und die längste Phase des Prozesses sind beendet.

Der Heliumkern zieht sich zusammen und wird heißer. Dabei wird das Helium selbst zum Brennstoff. Es verwandelt sich zum Teil in schwerere Elemente bei erneuter, aber geringerer Energieabgabe und verhältnismäßig raschem Verbrauch der Energiequellen. Das Sterngebilde bläht sich auf. Je nach den Umständen verwandelt es sich in einen roten Riesenstern oder sprengt die äußere Sternhülle, stößt sie ab und explodiert in der Form, die auf der Erde als ein Supernova-Ausbruch registriert wird. Was übrig bleibt, verdichtet sich zu einem weißen Zwerg oder zu einem Neutronenstern und weiterhin vielleicht zu einem schwarzen Zwergstern, einer reaktionsträgen Masse von großer Dichte, verhältnismäßig geringem Umfang und geringer Leuchtkraft. Das ist das Ende dieses Kettenprozesses.

2

Schon diese kurze Übersicht läßt vielleicht erkennen, daß die Einheit, um die es sich bei einem solchen Prozeß auf der Integrationsstufe von Atomen und Molekülen, also auf der physikalisch-chemischen Stufe, handelt, von anderer Art ist als die Einheiten, mit denen man es auf höheren Integrationsstufen zu tun hat. Selbst ein einfaches einzelliges Lebewesen ist im allgemeinen durch eine Membran von der umgebenden Welt abgesondert und besitzt innerhalb ihrer eine aktive Autonomie. Aber der Sternprozeß besitzt bestenfalls eine passive Autonomie. Er kann eigentlich nur deswegen als ein einheitlicher Prozeß durch die Jahrmillionen hin ablaufen, weil das Weltall so groß, er selbst, verglichen mit ihm, sehr klein ist und groß dementsprechend auch – in vielen, wenn auch gewiß nicht in allen Fällen – die Distanz zwischen einem solchen kosmischen Prozeß und anderen kosmischen Prozessen. Das sprachliche Herkommen gewöhnt uns daran, von diesen kosmischen Prozessen wie von Dingen zu sprechen – verständlicherweise, denn bei dem frühe-

ren Stande des Wissens stellten sich diese kosmischen Prozesse in der Tat als unveränderliche Gegenstände, wenn nicht gar als göttliche Wesenheiten dar. Obgleich wir vielleicht zögern würden, von einem Kohlenfeuer als einem Ding zu sprechen, werden wir sicherlich fortfahren, von den kosmischen Kettenprozessen, wie wir es gewohnt sind, als von Sternen und Sonnen und den ewigen, unveränderlichen Himmelskörpern zu sprechen; denn ein Menschenleben ist kurz, die kosmischen Prozesse sind lang und, gemessen an dem ersteren, in der Tat so gut wie unveränderlich und ewig.
Dennoch hat es einen guten Sinn, über die Bedeutung des Wandels nachzudenken, der dadurch eingetreten ist, daß auf der Stufe der Wissenschaft nicht allein die Lebewesen oder die menschlichen Gesellschaften, sondern auch die Sterne, die Sonne und selbst die gute, feste Erde gleichsam ins Rollen gekommen sind und sich, statt als unwandelbare Gegebenheiten, vielmehr als wandelbare Phasen eines langen Prozesses erweisen. Im Grunde bedeutet diese Einbeziehung bestimmter physikalisch-chemischer Bereiche in die Entwicklungsdynamik eine Vereinheitlichung des Bildes von der Welt, in der wir leben. Sie erlaubt eine umfassendere Synthese, als sie bisher möglich war – eben die Synthese, die durch den Begriff der großen Evolution symbolisiert wird. Mit seiner Hilfe ist es besser möglich, der Tatsache Rechnung zu tragen, daß die verschiedenen Prozeßbereiche, mit denen sich getrennt arbeitende Wissenschaften beschäftigen, also etwa der Bereich der kosmischen, der biologischen und, in deren Rahmen, der sozialen Entwicklung, Stufen oder Phasen eines umfassenden Entwicklungsprozesses sind. Wenn man ihn im Auge behält, dann läßt sich das Verhältnis der verschiedenen Gegenstandsgebiete und das ihrer Modelle in den verschiedenen Wissenschaftsgebieten, die sich um die Erforschung dieser Gegenstandsgebiete bemühen, besser bestimmen. Die verschiedenen Wissenschaften lassen sich dann als Arbeiten an den Problemen verstehen, die verschiedene Stufen eines evolutionären Prozesses den Menschen

aufgeben, ihre jeweiligen theoretischen Modelle als symbolische Repräsentationen verschiedener Stufen und das Modell der großen Evolution, das hier zunächst in groben Umrissen zutage tritt und das die Gestalt eines gesicherten Wissensgutes erst allmählich in der Weiterarbeit der Generationen gewinnen kann, gleichzeitig als symbolische Synthese ihrer Gegenstandsbereiche und als Modell der Modelle, das selbst in einer Entwicklung auf größere Realitätsnähe hin steht.

Die kosmischen Prozesse, wie physikalisch-chemische Prozesse überhaupt, stellen einen Ordnungstyp verhältnismäßig einfacher Art dar. Der lockere Sinn, in dem Physiker oft den Begriff der Ordnung gebrauchen, erschwert das Verständnis für die Evolutionen, die über die physikalisch-chemischen Stufen hinausführen. Denn schon bei der einfachsten Zelle hat man es mit einem Ordnungstyp zu tun, der von dem auf der Ebene der Atome und Moleküle vorherrschenden Ordnungstyp verschieden ist, wenn er auch genetisch auf ihn zurückgeht. Häufig bedeutet »Unordnung« im physikalischen Gebrauch lediglich reaktionsarm, nicht mehr fähig, Arbeit zu leisten. Vielleicht sollte man das Entropieproblem, das auf einen hypothetischen Endzustand absoluter »Unordnung« hinweist, als ein offenes Problem behandeln. Wenn man das tut, dann ergibt sich die Frage, ob die Anwendung der Begriffe »Ordnung« und »Unordnung« auf die physikalisch-chemischen Stufen mehr ist als eine anthropozentrische Unterscheidung. Von Menschen aus gesehen mag die Riesenexplosion am Ende einer Sternkarriere, die wir Nova nennen, als katastrophale Unordnung erscheinen und der gleichmäßige Umlauf der Planeten um die Sonne jahrein, jahraus als diametraler Gegensatz zu diesem chaotischen Geschehen, als Inbegriff der schönsten, unvergänglichen Naturordnung. Aber in diesem Falle drückt eine solche Unterscheidung lediglich die Bewertung der beiden Ereignisse durch die Menschen aus. Im Rahmen der physikalisch-chemischen Geschehensabläufe selbst, also etwa im Rahmen der zuvor beschriebenen Kettenreaktion eines Sternprozesses, repräsentiert die Phase einer Novaexplosion genau die gleiche Ordnung oder Unordnung wie der Umlauf von Satelliten um einen Hauptreihenstern von der Art der Sonne. Bezogen auf diese Ebene des Naturgeschehens ist die Unterscheidung von Ordnung und Unordnung bedeutungslos.

Es verhält sich anders, wenn man in Gedanken dem Prozesse der großen Evolution folgt und die Frage nach der Bedeutung der Begriffe »Ordnung« und »Unordnung« in ihrer Beziehung auf Repräsentanten einer höheren Integrationsebene stellt, also auf Lebewesen wie Bakterien, Fliegen, Karpfen oder Mäuse. In bezug auf die Integrationsebene von Organismen jeglicher Art hat die Unterscheidung zwischen Ordnung und Unordnung einen weit präziseren Sinn als in ihrer Beziehung auf physikalisch-chemische Geschehensabläufe. Selbst in dem einfachsten einzelligen Lebewesen läßt sich eine recht komplizierte funktionsteilige Interdependenz der Bestandteile voneinander beobachten. Es gibt spezialisierte Organe, die nicht oder nicht recht funktionieren können, wenn andere Organe nicht in der entsprechenden Weise funktionieren. Hier gibt es Kontrollmechanismen der einen oder der anderen Art, die die Einheit und Integrität eines solchen Gebildes innerhalb der umgebenden Welt aufrechterhalten und dessen Fortbestand im ständigen Austausch von Produkten mit dieser Welt sichern. Solche Gebilde stellen also einen Ordnungstyp anderer und, man ist wohl berechtigt zu sagen, höherer und komplexerer Art dar als der auf der physikalisch-chemischen Ebene vorherrschende Typ. Der Höhe und Festigkeit der funktionsteiligen Integration zusammengesetzter Einheiten auf dieser Stufe des Naturgeschehens entsprechen Formen der Desintegration, die auf der physikalisch-chemischen Ebene nicht ihresgleichen haben. Wir haben für sie Namen wie »Krankwerden« oder »Sterben«. Eine Fliege krabbelt herum, man nimmt eine Fliegenklatsche und schlägt etwas hart zu. Sie liegt bewegungslos da. Wenn man den Versuch unternehmen könnte, eine lückenlose Bestandsaufnahme ihrer physikalisch-chemischen Komponenten zu machen, würde man mit hoher Sicherheit finden, daß in dieser Hinsicht zwischen der lebenden und der toten Fliege zunächst kein Unterschied besteht. Was sich geändert hat, ist die Organisation der physikalisch-chemischen Vorgänge, ihre Integration zu Gebilden einer höheren Organisationsstufe, etwa zu Geweben und Organen, und deren selbstregulierende Abstimmung aufeinander – eben weil Lebewesen eine spezifische Organisation physikalisch-chemischer Prozesse und dementsprechend einen Ordnungstyp darstellen, den es auf der physikalisch-chemischen Ebene noch nicht gibt. Eben deswegen gibt es auf dieser Ebene auch Formen der Unordnung und der Desintegration, für die auf der physikalisch-chemischen Ebene ein Äquivalent fehlt.

3

Wenn man das Gesagte ein wenig überdenkt, dann kommt man zu einer merkwürdigen Schlußfolgerung – merkwürdig allerdings vielleicht nur im Lichte einer herkömmlichen Denktradition und der Wissenschaftstheorien, die sich an sie halten. Man kann, so scheint es, das Verhalten einer Fliege nicht wie das einer chemischen Verbindung oder eines Moleküls allein aus ihrer chemisch-physikalischen Zusammensetzung, also aus den Eigenschaften ihrer isoliert untersuchten chemisch-physikalischen Teileinheiten erschließen und erklären. Die Art der Anordnung, in der chemisch-physikalische Vorgänge aneinandergebunden sind und ineinanderwirken, die Organisation der chemisch-physikalischen Vorgänge, ihr Integrationsmuster, hat auf dieser Ordnungsstufe einen Erklärungswert. Das zu verstehen, ist einfach genug. Aber tief verwurzelte Denkgebräuche – und die Kontrolle, die ihre Vertreter über die Denkgewohnheiten unserer Gesellschaft auszuüben vermögen – verhindern die Einsicht.

Die Diskussion darüber, wie der Unterschied zwischen Funktions- und Verhaltensweisen von Molekülen und ihren Verbindungen auf der einen und von Repräsentanten der nächsthöheren Integrationsstufe, also etwa von einzelligen Organismen und dann von Lebewesen überhaupt, auf der anderen Seite zu erklären sei, ist nun schon seit geraumer Zeit festgefahren. Die Paradigmengemeinschaft der Gegner läßt es immer noch weitgehend so erscheinen, als gäbe es nur zwei Möglichkeiten, diese Frage zu beantworten. Man kann demnach einerseits annehmen, einzellige Lebewesen wie Protozoen oder die etwas primitiveren Bazillen und die aus ihnen hervorgegangenen komplexeren Organismen verdankten das, was sie als Lebewesen von chemischen Verbindungen, aus denen sie bestehen, unterscheidet, einem speziellen Agens nicht-materieller Natur, einer unsichtbaren »Vitalkraft«, die als unterscheidende Beifügung bei einzelligen Lebewesen wie bei Vielzellern zu ihrer physikalisch-chemischen Zusammensetzung noch hinzutritt. Man kann andererseits annehmen, daß sich die unterscheidenden Eigentümlichkeiten aller Lebewesen eines Tages genau so erschöpfend auf die Eigenschaften der zusammensetzenden chemisch-physikalischen Bestandteile zurückführen lassen werden, wie sich die Eigenschaften von Molekülen und ihren Verbindungen auf die zusammensetzenden Atome oder auf deren Bestandteile zurückführen lassen. Kurzum, kaum daß man in dieser Diskussion den Idealisten entronnen ist, fällt man Materialisten in die Hände. Gewiß neigt sich heute der Konsensus der Forscher in den betreffenden Fachgebieten entschieden den letzteren zu. Die idealistischen Vitalisten haben offensichtlich den Kampf verloren. Aber der physikalistische Lösungsvorschlag seinerseits[6] und die wohl stillschweigend in ihm enthaltene Erwartung, man werde früher oder später die Funktions- und Verhaltensweisen komplexer Organismen wie der Menschen erschöpfend nach dem Muster der Physik aus den Eigenschaften und Verhaltensweisen der zusammensetzenden Teileinheiten, also letztlich etwa aus denen der sie bildenden Moleküle, Atome, Elektronen und so fort, erklären können, ist kaum überzeugend.

Vielleicht sollte man sich beim Nachdenken und beim Sprechen über dieses Problem mehr um die gedankliche Verarbeitung dessen bemühen, was sich allenthalben beobachten läßt. Der verhärtete Clinch, der physikalistischen Biologen als einzige Alternative zu ihrer Position die von Metaphysikern und Vitalisten und den letzteren als einzige Alternative zu der ihrigen die von physizistischen Materialisten erscheinen läßt, verstellt den Blick für die Evidenz. Das verfügbare Tatsachenmaterial zeigt ganz unzweideutig an, daß sich das Funktionieren und Verhalten höher organisierter Einheiten nicht allein aus den Eigenschaften ihrer isoliert untersuchten Teileinheiten erklären läßt, sondern in höherem oder geringerem Maße, je nach der Ordnungsstufe, auch aus der Organisation der Teileinheiten, aus der Konfiguration, die sie miteinander bilden, kurzum aus der Art, wie sie arbeitsteilig aufeinander abgestimmt und voneinander abhängig sind. Auf der physikalisch-chemischen Ebene begegnet man einer solchen arbeitsteiligen Interdependenz der Teileinheiten nicht. Deswegen können Wissenschaftler, die sich um die Erschließung dieser Stufen bemühen, höchst erfolgreich Verfahrensweisen entwickeln, die darauf ausgerichtet sind, die Eigenschaften zusammengesetzter Einheiten aus denen ihrer isoliert untersuchten Teileinheiten herzuleiten und zu erklären. Auch bei der Untersuchung der verschiedenen biologischen Einheiten können Verfahrensweisen und Erklärungsformen der physikalisch-chemischen Art unentbehrlich sein, da Organismen ja aus Atomen und Molekülen bestehen. Aber es ist eine vergebliche Hoffnung von Physikern und Chemikern (und im Grunde nur der Ausdruck eines Machtanspruches), daß sich Organismen jemals nach ihrer Manier, also durch eine Reduktion auf die Integrationsstufe der Moleküle und Atome, werden zureichend erklären lassen – es ist eine vergebliche Hoffnung nicht deswegen, weil da irgendwelche außerphysikalischen Vitalkräfte am Werke sind, sondern weil in diesem Falle die Organisation und Integration der Teile einen bestimmenden Einfluß auf die Eigenschaften und das Verhalten der zusammengesetzten Einheiten, und oft genug auch der zusammensetzenden Teile selbst, besitzen.

Hier sieht man vielleicht etwas deutlicher, warum die gedankliche Verarbeitung dessen, was die Gegenstandsbereiche verschiedener Wissenschaften voneinander unterscheidet, unerläßlich ist für das Verständnis des Verhältnisses dieser Wissenschaften zueinander. Es gehört zu den besonderen Schwierigkeiten, die sich dem Bemühen um eine Klarstellung des Verhältnisses dieser verschiedenen Gegenstandsbereiche in den Weg stellen, daß der gegebene Wort- und Begriffsschatz dieser Aufgabe noch nicht recht gewachsen ist. So wird zum Beispiel zuweilen gesagt, die unterscheidende Eigentümlichkeit der Lebewesen bestehe darin, daß sie in der Lage sind, mehr Ordnung aus weniger Ordnung zu schaffen. Damit weist man in der Tat auf einen zentralen Aspekt des Unterschiedes zwischen lebenden und nichtlebenden Einheiten hin. Aber die Ausdrucksweise ist nicht besonders klar. Der Entwicklungsstand der sprachlichen und begrifflichen Symbole bleibt hier ganz offenbar hinter dem des Wissens zurück; und diese Diskrepanz behindert oder blockiert dann dessen Fortgang. Der Begriff der Ordnung erweist sich als zu statisch, um das auszudrücken, was sich im Detail beobachten läßt, wenn man etwa das Verhältnis eines pflanzlichen Organismus zu dessen Nährstoffen untersucht. Unter Einwirkung der Sonnenenergie und durch Vermittlung des eigenen Chlorophylls sind Pflanzen in der Lage, energiearme Stoffe von relativ einfacher Organisation in höher organisierte, energiereichere Stoffe zu verwandeln. In den Nährketten gibt es eine ganze Reihe von Schritten, bei denen das jeweils Gegessene einer relativ niedrigeren Ordnungsstufe angehört und von den Essern, zum Teil umgeformt, der eigenen, höheren Ordnungsstufe einverleibt wird[7]. Der herkömmliche Sprachgebrauch erlaubt uns eigentlich nur einen statischen Gebrauch des Begriffs »Ordnung«, dem dann als Opponent der nicht weniger statische Begriff der »Unordnung« gegenübersteht. Aber was sich beobachten läßt, wenn man in Gedanken auf der evolutionären Leiter von der Stufe der subatomaren Teilchen, der Atome und Kleinmoleküle zu den Großmolekülen, zu den Einzellern und Vielzellern aufsteigt, ist nicht nur eine Stufenordnung, es sind auch Stufen der Ordnung, Übergänge von Einheiten, deren Teile nicht oder kaum funktionsteilig aneinander gebunden sind, zu Einheiten, deren Teile in immer umfassenderer Weise und gleichzeitig auch in mehr und mehr Integrationsstufen funktionsteilig aneinander gebunden sind. Die Dynamisierung des theoretischen Modells im Sinne der großen Evolution verlangt also ein Abgehen von statischen Dichotomien wie »Ordnung« und »Unordnung«. Statt dessen bedarf man eines Begriffsapparats, der es den untersuchenden Menschen erlaubt, die ineinander verschachtelten Ordnungsstufen, wie sie sich beobachten lassen, symbolisch darzustellen und sich über sie im Verkehr miteinander unzweideutig zu verständigen.

4

Es ist auch zum Teil, wenngleich nicht allein, dieses Stocken der Begriffsbildungsprozesse auf den höheren Stufen der symbolischen Synthese im Verhältnis zu der Entwicklung des Detailwissens, das es gegenwärtig erschwert, die mitbestimmende Funktion der Konfiguration von Teileinheiten für das Verhalten zusammengesetzter Einheiten bei Daseinsformen oberhalb der Molekulargrenze wahrzunehmen und ihr im Sprechen und Denken Rechnung zu tragen. Dabei ist auf der Ebene der Einzelwissenschaft die Vorstellung einer Hierarchie von Ordnungs- oder Integrationsstufen der Daseinsformen, die mehr oder weniger dem Nacheinander

der Entwicklungsstufen entsprechen, durchaus nicht mehr ein fremdartiger Gedanke. Nur bleibt auch in diesem Falle die Untersuchung der theoretischen Implikationen solcher einzelwissenschaftlichen Befunde, und darüber hinaus die Untersuchung ihrer wissenschaftstheoretischen Bedeutung, in recht hohem Maße blockiert.
Eine zusammenfassende Darstellung der Integrationsstufen, wie sie zuweilen beim heutigen Stande des Wissens hervortritt, würde etwa folgendermaßen aussehen:

Biosphäre	↑	aus Gattungen
Gattungen		aus Arten
Arten		aus Gesellschaften
Gesellschaften von Organismen		aus Organismen
Organismen		aus Organsystemen
Organsysteme		aus Organen
Organe		aus Geweben
Gewebe		aus Zellen
Zellen		aus Großmolekülen
Großmoleküle		aus Kleinmolekülen
Kleinmoleküle		aus Atomen
Atome		aus subatomaren Teilchen

Der Sachverhalt, auf den sich dieses Schema bezieht, ist recht einfach. Man könnte sich vorstellen, daß er in den entwickelteren Ländern so gut wie jedermann bekannt ist. Dennoch schärft diese kurze, zusammenfassende Darstellung den Blick für Probleme, die gegenwärtig oft nur am Rande des Bewußtseins vegetieren oder vielleicht noch jenseits seines Horizontes liegen. Überdies ist einiges an dieser Auswahl recht problematisch. Kritische Beobachter werden dessen schnell gewahr werden; aber auch das Problematische verhilft zum Weiterdenken.
Problematisch ist zunächst einmal, worauf sich die Präposition »aus« bezieht. Sie kann besagen »besteht aus« und »entwickelt sich aus«. Die Zweideutigkeit hätte sich vermeiden lassen, aber sie lenkt die Aufmerksamkeit auf die Frage, ob die Hierarchie der ineinander verschachtelten Ordnungsstu-

fen, so wie sie sich heute beobachten läßt, auch der Hierarchie der Entwicklungsstufen entspricht, also dem diachronischen Prozeß, in dessen Verlauf sich aus relativ einfachen Integraten, aus atomaren und molekularen Einheiten, komplexere Einheiten entwickelten. Die Frage soll zunächst offenbleiben. Es lohnt sich, etwas später darauf zurückzukommen.

Problematisch und in diesem Zusammenhang ungewohnt ist der Begriff »Gesellschaften von Organismen«. Die Distanz zwischen Biologie und Soziologie ist gegenwärtig so groß, daß Biologen den Begriff der Gesellschaft nur in ganz spezifischen Fällen verwenden, etwa wenn es sich um Untersuchungen des gesellschaftlichen Lebens von Menschenaffen oder Ameisen handelt. Sie bleiben noch in sehr hohem Maße der Gewohnheit verhaftet, von »dem« Organismus in der Einzahl zu sprechen. Wenn sie von einer Vielheit von Organismen sprechen wollen, dann benutzen sie Ausdrücke wie »Populationen« oder »Arten«. Häufig genug dient Biologen als Grundmodell der individuelle Organismus in seiner Umwelt. Dabei fügt sich zum mindesten bei allen Gattungen, die sich geschlechtlich fortpflanzen, die Beziehung des einzelnen Organismus zu seinesgleichen ganz und gar nicht einfach in den Begriff der »Umwelt«. In sehr vielen Fällen ist der einzelne Organismus konstitutionell auf ein zeitweiliges oder permanentes Zusammenleben mit anderen Artgenossen abgestellt. Das ist in besonders hohem Maße bei Menschen der Fall, die überhaupt erst durch das Erlernen eines sozialen Kommunikationssystems, einer Sprache, das Erfahrungs- und Verhaltensniveau von Menschen erreichen. Ausdrücke wie »Art«, »Gattung« oder »Population« erwecken den Eindruck eines allein statistisch erfaßbaren Nebeneinanderlebens individueller Artgenossen. Sie sind charakteristisch für einen atomistischen Denkkanon: Jeder einzelne Organismus kann, so scheint es, wie ein Atom absolut unabhängig von seinesgleichen existieren. Es genügt, die Häupter oder je nachdem auch Eigenschaften und Verhaltensweisen vieler einzelner Organismen zu bestimmen und zu zählen, um zuverlässige Aussagen über Populationen oder Arten machen zu können. In manchen Fällen ist dieses Verfahren in der Tat auch auf der Ebene der Organismen ausreichend; aber häufig ist das nicht der Fall. Überkommene Denkgewohnheiten verstellen leicht den Blick für Offensichtliches. So sagt man zum Beispiel, eine Art sei eine Vielheit von Populationen ähnlicher Einzelwesen, die miteinander gleichartigen Nachwuchs produzieren können. Aber bereits die Tatsache, daß ein einzelner Organismus von Natur darauf abgerichtet ist, mit einem Organismus seiner Art Nachwuchs zu erzeugen, verleiht den Beziehungen zwischen Artgenossen einen einzigartigen Charakter. Hier gibt es Zusammenschlüsse von Artgenossen, etwa in der Form von Herden, Großfamilien oder Horden, deren Dauer über die Brunstzeit hinausgeht, mit primär auf Artgenossen beschränkten Gefühlsbindungen – Zusammenschlüsse sozialer Art, deren Überlebenswert wohl vor allem im Schutz gegen Überfälle von Nichtzugehörigen liegt. Es spricht vieles dafür, daß gerade in der Evolution der Hominiden, die keine angeborenen Waffen wie Klauen oder besonders mächtige Zähne besitzen, der Zusammenschluß zu Gruppen im Überlebenskampf mit anderen Arten wie mit anderen Gruppen der eigenen Art eine ganz zentrale Rolle spielte. Die Entwicklung vieler artspezifischer Eigentümlichkeiten von Menschen ist ohne diese fundamentale Abgestimmtheit des einzelnen Menschen auf das Zusammenleben mit anderen Menschen kaum verständlich.

In vielen Fällen besteht also die Art und die Population nicht aus vereinzelten Organismen. Die Individuen sind zu sozialen Verbänden verschiedenster Art zusammengeschlossen – zu Gesellschaften, deren Struktur im Falle nicht-menschlicher Organismen relativ unveränderlich im Zusammenhang mit genetisch verankerten Trieb- und Verhaltensstrukturen festgelegt, im Falle von Menschen dagegen entsprechend der weit größeren Plastizität der Trieb- und Verhaltensstruktu-

ren ebenfalls bildsam und wie jene, etwa im Zusammenhang mit einem wachsenden Wissensschatz im Laufe der Generationen, höchst wandelbar ist.
So spielt vielleicht in der Form einer Denktradition, kraft deren Biologen die Einheit der Art einfach als eine aus Einzelorganismen zusammengesetzte Einheit wahrnehmen, eine vorgefaßte gesellschaftspolitische Einstellung, das Bild der Gesellschaft als einer Vielheit unabhängiger Individuen, den Denkenden einen Streich. Denn allein schon das Verlangen eines einzelnen Individuums nach sexuellem Zusammenschluß und darüber hinaus die reiche Skala intensiver und nuancenreicher Gefühlsbeziehungen drängen neben dem zuvor erwähnten Schutz- und Sicherheitsbedürfnis des Einzelnen zur Bildung von Gesellschaftsformationen. Die Neigung zur Bildung gesellschaftlicher Formationen der einen oder der anderen Art, sei es in erblich fixierter, sei es in weitgehend erlernbarer Form, ist in so gut wie allen höheren und in vielen niederen Organismen biologisch verankert. In der Hierarchie der Integrationsstufen kann man also nicht von dem vereinzelten Organismus direkt zur biologischen Einheit der Art und der Gattung aufsteigen. Zwischen ihnen steht als Integrationsstufe spezifischer Art die Gruppierung der einzelnen Organismen in soziale Einheiten, seien es Familien oder Herden wie bei Löwen und Elefanten, seien es Stämme und Staaten, Dörfer und Städte wie bei Menschen. Auch wenn man von dem Menschen und seiner Umwelt spricht, tut man dem Sachverhalt kaum Genüge. Man kann eigentlich nur von der Umwelt der Dörfer und Städte, der Stämme und Nationen, also menschlicher Gesellschaften spezifischer Art sprechen. Die Beziehungen der Menschen zu ihresgleichen, die sozialen Beziehungen, haben einen anderen Charakter als die Beziehungen zu Flüssen und Felsen, Pflanzen und Tieren – zu ihrer »Umwelt«. Die Gesellschaft, die sie miteinander bilden, ist – so könnte man sagen – die Primärsphäre der Menschen.
Die Gewohnheit vieler Biologen – und auch vieler Medizi-

ner –, die vereinzelten Organismen ins Zentrum der Aufmerksamkeit zu rücken und die fundamentale Gesellschaftlichkeit, die Abgestelltheit von Organismen auf ein Leben in, sei es zeitweiliger, sei es dauernder, Interdependenz mit ihresgleichen als eine bestimmte Form der Integration zu vernachlässigen, hat zum Teil ihren Grund in einer Denktradition, die ihre stärkste Ausprägung im 17. und 18. Jahrhundert fand. Gemäß dem damaligen Wissensstand sah man als strukturiert, und daher der wissenschaftlichen Theoriebildung zugänglich, eigentlich nur die »Natur« und den einzelnen Menschen mit seinem »Bewußtsein« und seiner »Vernunft« an, also eigentlich nur das »Objekt« und das »Subjekt«. Was dazwischen lag, also vor allem auch die gesellschaftlichen Zusammenschlüsse der Individuen, der »Subjekte«, erschien als ordnungs- und strukturlos und gehörte dementsprechend in den Bereich des praktischen Lebens, das im Vorraum von Wissenschaft und Philosophie existierte, aber nicht eigentlich in deren Bereich fiel. Der allmähliche Aufstieg der Sozialwissenschaften und insbesondere der Soziologie im 19. und 20. Jahrhundert hat bei aller Gebrechlichkeit dieser Fächer die Möglichkeit einer wissenschaftlichen Erschließung der gesellschaftlichen Integrationsstufe von Menschen in greifbare Nähe gebracht, aber viele Naturwissenschaftler, insbesondere auch Biologen, ganz zu schweigen von Philosophen, halten im Grunde an der alten Vorstellung des vereinzelten Organismus in seiner Umwelt, des menschlichen Individuums gegenüber der »Natur«, des »Subjekts« gegenüber dem »Objekt« fest. Soziologen auf der anderen Seite, immer geplagt von Statussorgen und Autonomieangst, haben nach einigen schlechten Erfahrungen in der Vergangenheit eine Art von traumatischer Abscheu vor allen Versuchen entwickelt, die Beziehung derjenigen Integrationsstufe, die sie selbst zu erschließen suchen, zu den vorangehenden Integrationsstufen, insbesondere zu den biologischen, klarzustellen. Sie fürchten die Reduktion auf diese Stufe, und die Haltung vieler Biologen, die menschliche Ge-

sellschaft und menschliches Verhalten völlig nach den Mustern vormenschlicher Integrationsstufen zu erklären suchen, trägt nicht wenig zu dieser übertriebenen Abwehrhaltung von Soziologen gegenüber der Biologie bei.
Aber es ist ja nicht damit getan, daß man aus Angst vor der Reduktion, sei es der Soziologie auf die Biologie, sei es der Biologie auf Physik und Chemie, darauf verzichtet zu fragen, ob und wieweit der Autonomieanspruch der Wissenschaften, die an der Erschließung verschiedener Integrationsstufen des Weltalls arbeiten, berechtigt sei. Ist der Autonomieanspruch der verschiedenen Forschergruppen, die sich berufsmäßig um die Erforschung verschiedener Gegenstandsgebiete bemühen, lediglich ein Nebenprodukt der gesellschaftlichen Organisation der Forschungsarbeit, die jeder wissenschaftlichen Spezialistengruppe gesonderte und mehr oder weniger autonome Fachbereiche und Institute zuweist und damit auch ungeplantermaßen Konkurrenzkämpfe um Statuschancen, Finanzchancen und, ganz allgemein, um Machtchancen zwischen ihnen heraufbeschwört? Hat das Autonomieverlangen der verschiedenen akademischen Lehr- und Forschungsgruppen in ihrer Beziehung zueinander seinen Grund allein in dem Verlangen der verschiedenen professoralen Establishments, sich nicht bei der Erschließung ihres eigenen Gegenstandsgebiets von anderen Gruppen hereinreden zu lassen oder gar in eine Klientenstellung zu anderen wissenschaftlichen Spezialistengruppen hineingedrängt zu werden? Oder gibt es sachliche, in der Natur der Gegenstandsgebiete selbst fundierte Gründe dafür, daß sich die großen, an verschiedenen Integrationsstufen arbeitenden Wissenschaftsgebiete nicht einfach ineinander auflösen lassen?
Das obenstehende Schema der Integrationsstufen bietet einen guten Ausgangspunkt für die Erörterung dieser Frage. Einige seiner Aspekte sind in dieser Hinsicht recht aufschlußreich. Als gesellschaftliche Organisationen betrachtet, stehen die verschiedenen Wissenschaften gleichsam in der-

selben Ebene nebeneinander. Ein eindimensionales Modell jenseits von Zeit und Raum genügt, so scheint es, um ihrer Beziehung zueinander symbolisch Ausdruck zu geben. Und da es sich Menschen heute oft so darstellt, als ob die Beziehung der verschiedenen Wissenschaften zueinander repräsentativ für die Beziehung ihrer Gegenstandsgebiete sei, behandelt man unwillkürlich in Gedanken auch die Gegenstände der physikalischen, der biologischen und der Menschenwissenschaften, als ob sie auf der gleichen Ebene nebeneinander existierten. Bei genauerer Betrachtung sieht man leicht, daß die Gegenstandsgebiete in einer anderen, erheblich komplexeren Beziehung zueinander stehen. Sie sind Repräsentanten einer fortschreitenden Synthese, eines Integrationsprozesses, innerhalb dessen oberhalb der Kleinmoleküle jede Stufe einer höheren und im Sinne der Evolution späteren Integration Vertreter oder Abkömmlinge aller früheren Integrationsstufen als Teileinheiten in sich enthält. Auch Menschen bestehen aus Atomen und Molekülen. Auch sie bestehen aus Zellen, die in ihrer Grundstruktur so gut wie identisch sind mit denen vieler, wenn auch nicht aller einzelligen Lebewesen. Die Annahme der Abstammung aller Lebewesen von einzelligen Organismen gewinnt dadurch an Wahrscheinlichkeit. Auch Menschen bestehen aus Geweben, aus Organen und Organsystemen wie denen der Knochen, Muskeln, Nerven und Eingeweide. Aber bei ihnen hat die Differenzierung der Organsysteme ebenso wie deren Integration, deren zentralisierte Regulation und Kontrolle ein Ausmaß und eine Gestalt erreicht, die unter den uns bekannten Lebewesen einzigartig ist: Menschen sind die höchsten Integrationseinheiten, die wir kennen. Kurzum, anstelle des einfachen Bildes von den Gegenstandsgebieten der Wissenschaften, das in hohem Maße an dem Nebeneinander der Fachgebiete orientiert ist, tritt das Bild eines Kontinuums einander unter- und übergeordneter Integrationsstufen, das die Stadienabfolge eines evolutionären Prozesses repräsentiert und innerhalb dessen Repräsentanten oder Nachfahren

jeweils früherer Integrationsstufen entweder denen der jeweils späteren untergeordnet sind oder, wie etwa im Falle einiger jüngerer und älterer Gehirnzentren, in einem komplexen Balanceverhältnis zu den letzteren stehen.
Damit ist zugleich gesagt, daß auch die Vorstellung, man könne die Beziehungen der Wissenschaften zueinander durch ein Modell erfassen, in dem sie als ein einfaches Nebeneinander dargestellt werden, in die Irre führt. Auch in diesem Falle braucht man ein mehrdimensionales Modell, das unter anderem der hierarchischen Verschachtelung verschiedener Integrationsstufen, also der Gegenstandsgebiete verschiedener Wissenschaften ineinander Rechnung trägt.

5

Es wurde oben betont, daß sich Funktions- und Verhaltensweisen von Lebewesen, also von arbeitsteilig integrierten Einheiten, nicht zureichend nach dem Muster von Molekül und Atom aus Eigenschaften der zusammensetzenden Teileinheiten erklären lassen. Diese Feststellung widerspricht in keiner Weise der Tatsache der *Entwicklung* jener höher organisierten Einheiten aus Molekülen. Im Laufe dieses Jahrhunderts hat sich die Wahrscheinlichkeit der Annahme, daß alle vielzelligen Lebewesen aus einzelligen Organismen und diese aus nicht-lebenden Geweben entstanden sind, ganz erheblich erhöht. Bereits in den zwanziger Jahren arbeitete der russische Gelehrte A. Oparin das erste, zum Teil experimentell überprüfbare Modell eines »Urorganismus« aus. Seitdem hat die Vorstellung an Gewicht gewonnen, daß diejenige Organisationsform, die einem Gebilde den Charakter eines Lebewesens gibt, also zunächst einmal die der Zelle, aus einfacheren großmolekularen Gebilden hervorgegangen ist, die noch nicht den Charakter von Lebewesen hatten, und zwar in engem Zusammenhang mit Stufen der Erdentwicklung, die von der uns vertrauten Stufe verschieden waren.

Das Bemühen um Zwischenglieder und -prozesse auf dem Wege von Molekülen zu Zellen hat erhebliche Fortschritte gemacht. Man muß sich in eine Welt zurückversetzen, in der es noch keine Pflanzen, daher keine Photosynthese gab. Diese frühen Gebilde, die entwicklungsmäßig noch vor der Differenzierung von Lebewesen in Pflanzen und Tiere stehen und als Ahnen beider Typen von Lebewesen gelten können, waren, so muß man annehmen, noch nicht selbst fähig, etwa mit Hilfe von Chlorophyll Sonnenenergie in nährende chemische Energie zu verwandeln. Man geht also heute gewöhnlich von der Annahme aus, daß diese Übergangsgebilde Nährstoffe aus energiespeichernden Verbindungen ihrer Umwelt bezogen, die, wie sie selbst, im Zusammenhang mit bestimmten kosmischen Ereignissen, also etwa mit elektrischen Entladungen, die sich häufig wiederholten, oder mit lang andauernder ultra-violetter Bestrahlung, entstanden. Laborversuche haben bestätigt, daß höher organisierte organische Verbindungen, die wir als Bestandteile von Zellen kennen, auf diese Weise zustande kommen können. Die Atmosphäre der frühen Erde war von der gegenwärtigen recht verschieden. Wasser, Kohlenoxyde, Stickstoff, Wasserstoff – rein oder in Verbindung mit Chlor – herrschten vor, und freier Sauerstoff fehlte. So mögen die frühesten Formen der Integrationsstufe, die wir als Organismen bezeichnen, Anaerobier gewesen sein – Einzeller, die keinen freien Sauerstoff benötigen und zumeist zugrunde gehen, wenn er vorhanden ist. Ziemlich sicher ist, daß eine ganz besondere Abfolge von Umständen – eine unwahrscheinliche Abfolge – zu den Voraussetzungen dieser frühen Synthese, und in ähnlicher Weise auch der nächsten Integrationsstufen, gehörte. Die Anwesenheit von freiem Sauerstoff mit seiner reduzierenden Wirkung hätte wahrscheinlich die Synthesen der frühesten Organismenstufen unmöglich gemacht, seine Abwesenheit die der späteren.

Jedenfalls hat die Entdeckung fossiler Überbleibsel von primitiven Einzellern in geologischen Formationen ohne andere Spuren von Leben der Annahme Gewicht gegeben, daß solche einfachen einzelligen Organismen in der Ahnenreihe der vielgestaltigen Lebewesen eine der Übergangsstufen zwischen den Objektgruppen bildeten, die wir als unbelebt und als belebt klassifizieren. Vielleicht hilft es, das in dieser Hinsicht etwas matte Vorstellungsvermögen zu beflügeln, wenn man sich an die Zeitspannen erinnert, um die es sich bei solchen Entwicklungsprozessen handelt. Die geologischen Formationen, in denen man fossile Spuren dieser frühen Organismen gefunden hat, sind etwa 495 Millionen Jahre alt. Aber diese frühen Einzeller waren bereits verhältnismäßig komplexe und spezialisierte Wesen. Wenn man die Zeitspanne zu berechnen sucht, in der sich Großmoleküle zu diesen einfachsten und dennoch im Verhältnis zu ihnen weit komplexeren Zellgebilden zusammenschlossen, dann muß man als Bezugsrahmen dieses lebenbildenden Prozesses weit längere Zeitspannen ins Auge fassen. Schätzungen schwanken zwischen 1500 und 3000 Millionen Jahren. So lange liegt die Periode des Übergangs von Gebilden, die wir heute als unbelebt, zu denen, die wir heute als belebt ansehen, zurück.

Die festgefügte Sprache unserer Tage erschwert das Verständnis des Vorgangs. Man liebt Formulierungen wie »die Entstehung des Lebens« oder »die Urform des Lebendigen«. Aber diese Art der Begriffsbildung verdunkelt den tatsächlichen Charakter des Geschehens – seinen Prozeßcharakter. Die herkömmlichen Sprach- und Denkgewohnheiten drängen uns dazu, nach »Anfängen« des Lebens zu suchen. Die aber gibt es nicht. Unsere Begriffsapparatur, und so auch unser Vorstellungsvermögen, ist auf eine scharfe und übergangslose Unterscheidung zwischen belebten und unbelebten Gebilden abgerichtet. Das macht es schwierig, Übergangsformen zur Kenntnis zu nehmen. Es erschwert die Vorstellung von vor-lebendigen Gebilden, die sich in die vertrauten Kategorien »belebt« und »unbelebt« nicht einordnen lassen, die nicht mehr nur physikalisch-

chemische Molekulargebilde und noch nicht biologische Zellgebilde waren.
Auch in unseren Tagen gibt es gewiß Gebilde verwandter Art, z. B. Viren, von denen einige kaum mehr als ein Sack voll von Großmolekülen, von genetischem Material sind; alle anderen Materialien beziehen sie von Wirtszellen, in die sie eindringen und die sie mit ihrem genetischen Material infizieren, so daß jene, gleichsam unter verändertem Kommando, statt Wesen der eigenen Art vielmehr Wesen von der Art der einbrechenden Viren produzieren. Aber ob man solche sehr einfachen Lebewesen unserer Tage nun, wie Bakterien und Blaualgen, zu den direkten Abkömmlingen der frühen einzelligen Organismen rechnet, die zu den Ahnen aller Lebewesen gehören, oder ob man sie als Rückbildungsformen entwickelterer einzelliger Lebewesen ansieht – erst die Erweiterung unseres Zeitbewußtseins macht das Verständnis für die Prozesse möglich, um die es sich hier handelt. Unser unmittelbares Zeitbewußtsein ist in hohem Maße durch die Länge eines Menschenlebens mitbestimmt. Hundert Jahre – schematisch gesehen die eigene Lebenszeit, die der Mütter und Väter, der Großmütter und Großväter – liegen noch für viele Menschen in der Reichweite ihres Vorstellungsvermögens. Eine Zeitspanne von zehntausend Jahren führt bereits an die Grenze dessen, was wir als Geschichte betrachten, eine Million Jahre liegen jenseits des normalen Fassungsvermögens, 3000 Millionen Jahre übersteigen es. Aber wenn die Wißbegierde groß genug ist, um dem Problem der großen Evolution und innerhalb seiner auch den Fragen nach den Prozessen, in denen sich Lebewesen heranbildeten, überhaupt in den Gedanken Raum zu geben, mag es doch gelingen, die ichbezogene und mehr engagierte einer distanzierteren Form des Zeitbewußtseins unterzuordnen.
Viele Hunderte von Millionen Jahren dauerte also der Prozeß, der von der Entstehung von Großmolekülen – wie sie sich heute nicht mehr selbsttätig außerhalb von Organismen bilden – zu den Protisten, den frühen Einzellern, führte.

Dabei handelte es sich, wie man sieht, um einen Prozeß der naturalen Synthese. Man könnte sich denken, daß, wenn man heute den Begriff »Natur« gebraucht, Vorgänge wie diese, also die Bildung von höher organisierten, durch eine höhere Form der Funktionsteilung und der integrierenden Kontrolle ausgezeichneten Einheiten aus anderen, die eine niedrigere Stufe der Differenzierung und Integration repräsentieren, noch nicht besonders bereitwillig assoziiert werden. Für viele Menschen ist »Natur«, wie es scheint, heute im wesentlichen repräsentiert durch einfache mechanische Beziehungen von Ursache und Wirkung und allgemeine, zeitlose Gesetze für eine unbegrenzte Anzahl besonderer Fälle. Aber Probleme der Synthese, auf der soeben behandelten Integrationsstufe »Zellen aus Großmolekülen« ebenso wie auf höheren Integrationsstufen, gehören nicht weniger zu den normalen Aspekten des Naturgeschehens als, sagen wir, die Schwerkraft, die in die Luft geworfene Körper wieder nach unten zieht, oder als die Valenzen, die im Wassermolekül zwei Wasserstoffatome an ein Sauerstoffatom binden. Aber bei dieser Perspektive auf die Natur handelt es sich, wie man bereits bei der zuvor erörterten Stufe des Naturgeschehens, der Evolution der Himmelskörper, sah, nun erst recht nicht mehr um die »Natur« als Inbegriff des ewig gleichen Geschehens und der Unvergänglichkeit. Das ist die Natur nur, wenn man sie im Lichte des menschlichen Verlangens nach Unvergänglichkeit sieht, nach dem ruhenden Pol in der Erscheinung und Flucht, also durch die Brille eines hohen Engagements. Bei größerer Distanzierung tritt auch in der Untersuchung des Übergangs derjenigen naturalen Organisationsstufen, die wir als leblos verbuchen, zu den anderen, die wir als Stufen der Lebewesen einregistrieren, der Prozeßcharakter der Natur schärfer umrissen zutage. Und wie immer im Zuge der großen Entdeckungen der Menschheit mischt sich wohl zunächst in die Freude über die Ent-deckung, über das Fallen eines Schleiers und die wachsende Synthese, die langsam Zusammenhänge erkennbar macht, wo hinter dem Schleier noch keine Zusammenhänge sichtbar waren, ein Gefühl des Bedauerns und der Enttäuschung – die schöne Sonne: Episode eines blinden Kettenprozesses, ein sinnloses Feuer, das sich selbst verzehrt; die Sinn verlangenden Menschen: Nachfahren ganz kleiner einzelliger Lebewesen, die sich wie minuziöse geleeartige Klümpchen in einer dünnen Suppe größerer Moleküle auf einer völlig unbelebten Erde herausbildeten.

6

Auf den ersten Blick scheint die wissenschaftliche Entwicklung in der soeben beschriebenen Richtung die weit verbreitete physikalistisch-materialistische These zur Erklärung von Lebewesen zu bestätigen. Aber wenn man sich das Argument, dessen man sich hier bedient, genauer betrachtet, dann verliert es seine Überzeugungskraft. Daß es sie so lange behält, läßt sich überhaupt nur dadurch erklären, daß der Blick derer, die diese Anschauung vertreten, auf die vitalistische These als die einzige Alternative zu der ihren fixiert ist. Aus dem offenbaren Wunschdenken des intimen Gegners beziehen die Vertreter des physizistischen Arguments ihre Stärke. Dessen Kernpunkt ist einfach genug: Da biologische Einheiten, also Organismen, mit höchster Wahrscheinlichkeit aus physikalisch-chemischen Einheiten, also aus Molekülen, entstanden sind, so müssen sich ihre Eigenschaften auch aus denen der zusammensetzenden Moleküle und weiterhin aus denen der Moleküle bildenden Atome erklären lassen. Schon dieser Kurzschluß ist fragwürdig. Er wird noch fragwürdiger, wenn man ihn bis zu Menschen weiterführt. Auch Menschen bestehen aus Molekülen und Atomen. Man kann daher, so läuft das physikalistische Argument, auch in diesem Falle erwarten, man werde früher oder später die un-

terscheidenden Eigentümlichkeiten der Menschen aus denen der sie zusammensetzenden chemisch-physikalischen Einheiten erklären können.
Die Unzulänglichkeit des physikalistischen Arguments liegt nicht darin, daß seine Vertreter auf der Vorstellung bestehen, die Eigenschaften zusammengesetzter Einheiten, also in diesem Falle der Menschen, könnten aus denen der zusammensetzenden Teile erklärt werden – sie liegt vielmehr darin, daß sie diese Art der Erklärung ganz allgemein für ausreichend halten. Ausreichend ist sie, soweit sich sehen läßt, nur auf derjenigen Stufe der Geschehenszusammenhänge, auf der die zusammensetzenden Teile, die Integranten, in den Integraten der nächsten Stufe nicht funktionsteilig und dementsprechend reversibel aneinander gebunden sind. Sie ist unentbehrlich, aber nicht ausreichend bei der Erschließung derjenigen Integrationsstufen, auf denen die Integranten funktionsteilig und irreversibel in Integraten zusammengebunden sind. Der Beitrag, den physikalisch-chemische Untersuchungen auf der Ebene der Moleküle und Atome zum Verständnis der Funktions- und Verhaltensweisen einer hoch organisierten Einheit leisten können, wird vergleichsweise immer geringer – ohne einen Nullpunkt zu erreichen –, je höher die Integrationsstufe einer Einheit und je größer dementsprechend die Hierarchie der ineinander verschachtelten Integrationszentren ist. Der Beitrag, den eine Untersuchung der Molekularstrukturen zum Verständnis einzelliger Lebewesen, also etwa der Bakterien, leisten kann, ist relativ groß, wenn auch schon hier nicht ausreichend. Die großen Erfolge der physizistischen Mikrobiologie sind daher durchaus verständlich. Der Beitrag einer Untersuchung von Molekularstrukturen ist vergleichsweise sehr gering, wenn auch nie ganz entbehrlich, wenn es sich um die Erklärung von Funktions- und Verhaltensweisen höherer Organismen und insbesondere der Menschen handelt. In diesen Fällen tritt die Erklärung von Verhaltens- und Funktionsweisen einer Einheit aus der *Konfiguration* der Teile – aus

ihrer Organisation und Integration – als unentbehrlicher Kernpunkt zu der Erklärung aus den Eigenschaften der zusammensetzenden Teileinheiten hinzu, und dieser Modus der Erklärung, die Erklärung aus der Synthese, gewinnt, verglichen mit der aus der Analyse, um so größeres Gewicht, je höher man auf der Leiter der Evolution und der ineinander verwobenen Integrationsstufen hinaufsteigt. Physikalisch-chemische Untersuchungen eines Menschen sind in der Tat unentbehrlich und von großem Nutzen. Aber sie leisten vergleichsweise wenig und können in der Tat in die Irre führen, wenn man sie nicht in ein Modell des Menschen einbaut, das dessen Struktur auf den vielen ineinander verschachtelten Differenzierungs- und Integrationsstufen oberhalb der physikalischen zeigt.

Was die Diskussion auf der Stufe der Materialismus-Vitalismus-Debatte zurückhält, sind spezifische Denkgewohnheiten, die zum guten Teil auch durch die neuere Entwicklung der Forschung selbst überholt sind. Es ist gewiß noch gar nicht lange her, daß Analyse – die Zerlegung in Teileinheiten und die Bestimmung ihrer Eigenschaften in Isolierung – nicht nur als das vornehmste Instrument der wissenschaftlichen Forschung galt, sondern auch als das einzige, das systematische Untersuchungen als wissenschaftlich legitimierte. Es sah manchmal so aus, als betrachteten die Anhänger analytischer Methoden die Analyse nicht nur als ein wissenschaftliches Instrument, sondern auch als die zentralste Eigentümlichkeit der Natur selbst, als ein wissenschaftliches Vorgehen, das am genausten der Eigenart des Naturgeschehens entspreche. Mehr und mehr ist man inzwischen dessen gewahr geworden, daß auch Synthesen zu den normalen Vorgängen des Naturgeschehens gehören. Solange man die Erforschung der nicht-funktionsteiligen Integrationsstufen des Universums als modellsetzend für die Erforschung aller Integrationsstufen des Weltalls ansah, spielten selbständige Synthesen einfacherer zu komplexeren Einheiten unter den erforschten Naturvorgängen eine verhältnismäßig geringe

Rolle. Aber im Laufe des letzten Jahrhunderts ist das Verständnis für die selbsttätigen naturalen Synthesen zusehends gewachsen. Je weiter man auf der evolutionären Leiter emporsteigt, um so entscheidender wird die Rolle, um so komplexer das Muster der sich selbst regulierenden und kontrollierenden Organisierungs- und Integrierungsvorgänge.

In entsprechender Weise ändern sich auch die Aufgabe und die Verfahrensweise der wissenschaftlichen Forschung. Nach wie vor bleiben analytische Verfahrensweisen, die auf die Bestimmung – vor allem auf die messende Bestimmung – von isolierten Teileinheiten ausgerichtet sind, fruchtbar und unentbehrlich. Aber je mehr sich das Forschungsbemühen auf die Erschließung von höheren Integrationsstufen richtet, um so mehr ändert sich die Funktion der isolierenden Verfahrensweisen und ihr Anteil an der Problemlösung. Die Tatsache, daß physikalisch-chemische Methoden der Forschung von ihrem Gebrauch für die Erschließung atomarer und molekularer Vorgänge zur Erschließung organischer Großmoleküle, die von lebenden Körpern synthetisiert werden, kontinuierlich weiterentwickelt werden konnten, verdeckt leicht den Funktionswandel, den sie dabei erfuhren. Wenn man molekulare oder atomare Teilchen untersucht, dann genügt es, ihre Struktur zu bestimmen. Wenn man Teile einer Zelle, und erst recht, wenn man Teile eines vielzelligen Lebewesens untersucht, dann ist es nicht mehr möglich, ihre Struktur zu erklären und zu verstehen, wenn man nicht zugleich die Funktion zu bestimmen sucht, die sie im Rahmen der höheren Integrationsstufe haben, und die Konfiguration, die Organisation und Umformung ihrer eigenen Teile entsprechend dieser Funktion.

Eine Zelle ist eine höchst komplexe Organisation von Teileinheiten. Deren Untersuchung, also zum Beispiel die der Zellkerne, des Standorts der genetischen Information, oder der kleinen, wurstartigen Körperchen, der Mitochondrien, die unter anderem die Atmung regulieren und Enzyme produzieren, schließt ganz gewiß die Untersuchung der sie bil-

denden Moleküle und Atome samt ihrer Kerne und Elektronenhüllen mit ein; aber deren isolierende Untersuchung ist in diesem Zusammenhang nur dann von Bedeutung, wenn sie hilft, verständlich zu machen, welche Funktionen Zellkerne, Mitochondrien und andere Zellteile im Gesamthaushalt der Zelle zu erfüllen vermögen und wie ihre Zusammensetzung und Organisation es möglich macht, diese Funktion zu erfüllen. Das gilt um so mehr, je höher die Integrationsstufe ist, die man untersucht. Die Untersuchung der atomaren und molekularen Zusammensetzung von Leber oder Gehirn ist unentbehrlich, aber nicht ausreichend zum Verständnis ihrer Funktionsweise. Man würde erheblich in die Irre gehen, wenn man an die Probleme, die uns solche Organe aufgeben, mit der vorgefaßten Erwartung heranträte, physikalisch-chemische Untersuchungen könnten die letztliche, die grundlegende Antwort auf dieses Problem geben. So unentbehrlich die Kenntnis der molekularen und atomaren Zusammensetzung solcher Organe für das Verständnis ihrer Funktionen im Organismus ist, die grundlegende, die letztliche Aufgabe ist in diesem Falle die Bestimmung dieser Funktionen und der hierarchischen Organisation von Molekülen in Zellen, Zellen in Geweben, Geweben in Organen, die die letzteren zur Ausübung ihrer Funktionen befähigt.
Dort wo Prozesse der naturalen Synthese zur Bildung komplexer Organisationsformen von Materie und Energie geführt haben, kann man mit einem Wort die Probleme, die sich dabei stellen, niemals allein und niemals zureichend durch chemisch-physikalische Untersuchungen der organisierten Materie lösen. Die Resultate rein physikalisch-chemischer Untersuchungen der atomaren Strukturen von Leber oder Gehirn bleiben relativ bedeutungslos, solange man sie nicht mit den Funktionen dieser Organe im Gesamtzusammenhang des Organismus in Verbindung bringt. Die Muster der biologischen Organisation und Integration bilden also hier den Bezugsrahmen für die Untersuchung physikalisch-chemischer Teileinheiten. Das ist der Grund, aus

dem das Verfahren, das hier nötig wird, in bestimmter Hinsicht genau das umgekehrte von dem ist, das ihrer Gegenstandsstruktur entsprechend für physikalische Wissenschaften angezeigt ist. Im Falle der letzteren kann man mit Hilfe der Untersuchung von Eigenschaften isoliert beobachteter Teileinheiten sehr präzise Informationen über die Eigenschaften der Integrate gewinnen, die diese Teileinheiten miteinander bilden. Hier führt der Forschungsprozeß von der Erkenntnis der kleineren zusammensetzenden Teile zu der der größeren zusammengesetzten Einheiten. Im Falle der ersteren, der Repräsentanten höherer Integrationsstufen, wird es nötig, gleichsam Stollen auf der Höhe der verschiedenen Integrationsebenen zugleich zu graben und die Befunde in einem Modell der jeweils höchsten Integrationsstufe zu koordinieren. Von diesen Modellen her, die selbst zu ihrer Konstruktion der Arbeit an den Stollen verschiedener Integrationshöhe bedürfen, erhält diese Arbeit ihre Ausrichtung und ihr Gewicht – von ihr her erhält die Problemstellung auf den andern Ebenen ihre Bestimmung, und die Forschungsergebnisse erhalten von ihr her ihre Bedeutung und Relevanz. Die Muster der Organisation einer gegebenen höchsten Stufe bilden hier den Bezugsrahmen: Dadurch, daß man in diesem Rahmen von einer Integrationshöhe zur anderen gleichsam aufwärts und abwärts steigt, sei es allein, sei es in Zusammenarbeit der Spezialisten für die Erforschung verschiedener Integrationsebenen, arbeitet man sich an das Ziel heran – zu verstehen und zu erklären, wie sich das Integrat der jeweils höchsten Integrationsebene im Prozeß der Evolution gebildet hat und wie und warum es in dieser spezifischen Weise funktioniert. Solange man es mit nicht funktionsteilig organisierten Einheiten zu tun hat, bleibt es angemessen, von den Integranten zum Integrat hinzudenken. Schon bei der Untersuchung des Verhaltens von Großmolekülen, also etwa von den langen Ketten der Nukleinsäuren, reicht dieses Verfahren allein nicht mehr aus. Aber der Übergang von der Erforschung kleinerer zu der von Großmole-

külen vollzog sich im Wissenschaftsbetrieb so allmählich, daß sich die Vollzieher des Wandels der einsetzenden Änderung des Verfahrens kaum bewußt wurden.
So konnten etwa Crick and Watson, die Entdecker der Struktur jener Großmoleküle, die Träger des genetischen Codes aller Lebewesen sind, offenbar nach wie vor glauben, ihr Verfahren bei dieser Entdeckung sei das traditionelle Verfahren der physikalisch-chemischen Naturwissenschaft. In der Tat, dieses Verfahren war für ihren Erfolg ganz unentbehrlich. Zahllose Messungen isoliert beobachteter Teileinheiten dieser Großmoleküle waren nötig, um das Rätsel der in ihnen verankerten genetischen Codes zu lösen. Aber entscheidend für die Aufgabe, die sich den Forschern stellte, war schon frühzeitig eine Frage, die sich durch das traditionelle Verfahren der physikalischen Reduktion, der Zurückführung von Eigenschaften der zusammengesetzten Einheit auf die der zusammensetzenden Teile, nicht mehr beantworten ließ. Das Zentralproblem war gerade, welche Organisation der Teile die Funktion der selbsttätigen Replikation der betreffenden Großmoleküle – und so letztlich auch die Ähnlichkeit von Eltern und Kindern – erklären könne. Isolierende Messung der Teileinheiten allein, obwohl unentbehrlich, konnte nicht zu der gedanklichen Synthese führen, die notwendig war, um die naturale Synthese in Gedanken zu rekonstruieren; sie allein reichte nicht aus, um den Forschern zu sagen, daß die Organisierung der Teileinheiten in der Form einer Doppelhelix die beste Antwort auf die Frage zu geben vermochte, in welcher Weise die genetische Information durch die Chromosomen weitergegeben wird.

7

Die Tatsache, daß bereits in einer lebenden Zelle, und dann in jedem Lebewesen überhaupt, die Teilvorgänge im Sinne des Integrats, das sie miteinander bilden, funktionsteilig gesteuert werden, hat einige Aspekte, deren Darstellung eine besondere Umsicht und Vorsicht verlangt. Wie gesagt, findet in der Hierarchie der Integrationsstufen ein Umschlag vom Primat der zusammensetzenden Teile zum Primat der Organisationsform als Explanans, als des Erklärenden, statt. Diesen Umschlag kann man gedanklich nicht recht in den Griff bekommen, solange man nicht in Rechnung stellt, daß es sich dabei um einen Vorgang handelt, bei dem Herrschaftsverhältnisse und Machtkämpfe eine Rolle spielen. Vorsicht ist beim Gebrauch solcher Begriffe angezeigt, weil es in unserer Welt nicht ungebräuchlich ist, ideologische Vorstellungen, die ein Forscher von den Herrschaftsverhältnissen unter Menschen hat, in die Natur hineinzuprojizieren. Vielleicht ist es also nützlich, aufs kürzeste festzustellen, daß die Beziehungen zwischen Integranten und Integrat, denen man auf den verschiedenen Integrationsstufen begegnet, sich nicht nur beim Übergang von unbelebten zu belebten Gebilden als verschieden erweisen, sondern auch beim Übergang von vormenschlichen Lebewesen zu Menschen. Es ließe sich viel darüber sagen, wie sich etwa das Verhältnis der einzelnen Individuen zu den Gruppen, die sie miteinander bilden, im Falle von vormenschlichen Lebewesen und im Falle der Menschen unterscheidet. Aber der Unterschied ist noch sehr viel größer, wenn man von dem Verhältnis der einzelnen Zelle zu der »Gesellschaft« der Zellen spricht oder von dem Verhältnis der Organe zum Organismus. Auf allen Stufen der Leiter gibt es Beziehungen zwischen Integranten und Integraten. Sie alle verdienen es, sorgfältig auf ihre Eigenart hin untersucht zu werden, denn auf vielen Stufen sind sie ontologisch verschieden. Gleichermaßen verschieden ist also auch die Natur der Herrschaftsverhältnisse auf verschiedenen Stufen. Aber wenn man sich den Vorgang der großen Evolution veranschaulichen will, dann kann man einen Begriff dieser Art und verwandte Begriffe wie etwa den der Machtkämpfe und Machtbalancen nicht ganz entbehren. Vielleicht kann Menschen die menschliche Aufgabe erst in

vollem Umfang zu Bewußtsein kommen, wenn man die ungemilderte Wildheit des Daseinskampfes der weithin bewußtseinslosen Geschöpfe vor Augen hat.
Ein paar Beispiele mögen helfen. Zu den Zeugnissen für den Prozeßcharakter des Übergangs zu der Integrationsstufe, deren Eigentümlichkeit man durch die Kategorie »Leben« kennzeichnet, gehört die Entdeckung, daß es unter lebenden Wesen einige einfache Formen mit einer noch wenig differenzierten Zellstruktur gibt, die prokaryotischen Zellen. Alle anderen Organismen haben den entwickelteren Typ der eukaryotischen Zellen, und zwar ohne Ausnahme – Amöben wie Menschen haben diese Zellen. Zu den prokaryotischen Lebewesen gehören die Bakterien und die Blaualgen, also sehr frühe Lebewesen, die sich durch die Äonen hin zum Teil ziemlich unverändert erhalten haben. Den prokaryotischen Organismen fehlt es an einem inneren Membransystem. Dementsprechend fehlen hier noch die kleinen »Organe«, denen man auf der späteren Stufe als scharfumrissenen Sondergebilden begegnet, also etwa der Zellkern, wo die genetische Information eingelagert ist, oder die kleinen wurstförmigen Körperchen, die sogenannten Mitochondrien, die unter anderem auf Enzymsynthese und den Gasaustausch spezialisiert sind. Vorläufer dieser spezialisierten Körperchen sind in den einfacheren Zellorganismen einfach von innen in die Oberflächenmembran eingebaut oder daran befestigt. Daß die komplexere Zellform aus der weniger differenzierten hervorgegangen ist, kann man als wahrscheinlich betrachten. Wie und warum das vor sich gegangen ist, darüber gibt es bestenfalls Hypothesen. Man vermutet z. B., daß zu den Stufen dieser Entwicklung die Vereinigung von zwei Zellen des älteren Typs gehört. Eine von ihnen verwandelte sich im Laufe der Zeit in ein Organ der anderen. Die Mitochondrien der Zellen des entwickelteren Typs, der eukaryotischen Zellen, haben in der Tat eine Reihe von Strukturen mit den Zellen des älteren prokaryotischen Typs gemeinsam. Sie allein unter den Teileinheiten der eukaryotischen Zellen

synthetisieren ihre eigenen Proteine; sie reproduzieren sich selbst. Sie bilden auf der einen Seite Teileinheiten der eukaryotischen Zelle mit bestimmten Spezialfunktionen für deren Gesamthaushalt; sie behalten auf der anderen Seite zugleich Eigentümlichkeiten eines unabhängigen Organismus[8].

Hier hat man also ein Beispiel für einen Vorgang, der sich dem gedanklichen Zugriff entzieht, wenn man sich auf die herkömmliche, etwas nuancenlose Begriffsbildung verläßt, die in diesem Zusammenhang gebräuchlich ist. Ein Organismusbegriff, der die Evolution der Organismen nicht in Rechnung stellt, kann es leicht so erscheinen lassen, als ob in Organismen die Unterordnung der Teileinheiten unter die Kommandogewalt des Gesamtgefüges, das sie miteinander bilden, also der Grad der Integration, auf allen Stufen der Evolution die gleiche sei; aber das ist nicht der Fall. Gegenwärtig sind die Begriffe, die man auf Lager hat, noch nicht entwickelt genug, um den beobachtbaren Unterschieden nicht nur der Stufen, sondern auch der Grade der Integration im Zuge der Entwicklung in unmittelbar verständlicher Weise Ausdruck zu geben. Deswegen muß man sich zunächst auf bestimmte empirische Beobachtungen beziehen und sie gleichsam als Modellfälle gebrauchen, um deutlich zu machen, daß auch der Naturprozeß der Integration ein Prozeß mit vielen Stufen und Graden ist. Das Beispiel der Mitochondrien zeigt eine dieser Stufen. Gleichgültig, ob die Hypothese richtig ist, daß zum Entwicklungsweg von den einfacheren prokaryotischen Organismen zu den differenzierteren eukaryotischen Einzellern eine Vereinigung von zwei prokaryotischen Zellen gehörte, die dann zu einer begrenzten Vorherrschaft der einen über die andere führte – das Beispiel der Mitochondrien bleibt im Gedächtnis als Modellfall einer Übergangssituation, in der sich zwar die Vorherrschaft des Gesamthaushalts eines Organismus über die zusammensetzenden Teile bereits einigermaßen durchgesetzt hat und genetisch verankert ist, in der aber ein bestimmtes Organ Funktionen, die sonst im Gesamtgefüge von andern Organen ausgeführt werden, noch für sich behalten hat.

Eben dies, die Abgabe von Funktionen der einen Teileinheit an andere Teileinheiten, also das Ausmaß der funktionalen Interdependenz, ist auf verschiedenen Stufen der organischen Evolution verschieden. Auf der Stufe einzelliger Lebewesen ist das Ausmaß der Differenzierung zwar gewiß bereits sehr groß, verglichen mit der der vermuteten a-biotischen Vorgänger, der ehemals frei existierenden protein- oder nukleinartigen Großmoleküle. Sie ist ebenfalls größer als die der komplexesten Maschinen, die Menschen bisher geschaffen haben. Aber sie ist relativ gering, wenn man einen eukaryotischen Einzeller mit einem eukaryotischen Vielzeller der höheren Stufen, also etwa einem Säugetier, vergleicht. Auf der Stufe der Säugetiere ist die arbeitsteilige Differenzierung der Organe bereits so weit vorangeschritten, daß es Spezialsysteme der Koordination, der Integration und Kontrolle gibt. Das System der endokrinen Drüsen und das Nervensystem sind Beispiele. Auf der Stufe einzelliger Lebewesen gibt es vorerst nur Ansätze einer spezialisierten Zentralkontrolle. In hohem Maße kontrollieren die funktionsteilig aufeinander abgestimmten Organe sich gegenseitig, obgleich es offenbar Machtbalancen recht unterschiedlicher Art gibt. Wenn man von dem Gesamthaushalt einer Zelle spricht oder von ihrem Gesamtgefüge, dann bezieht man sich nicht auf ein »Ganzes«, das jenseits der Teile existiert oder das, wie man häufig sagt, »mehr ist als die Teile«. Man bezieht sich auf die gegenseitige Abhängigkeit und Angewiesenheit der funktionsteilig aufeinander abgestimmten Spezialorgane des Organismus, also in diesem Falle einer Zelle. Deren genetisch verankerte Machtbalancen und ihr Versagen genauer zu untersuchen, gehört zu den etwas vernachlässigten Aufgaben der biologischen Forschung.

Die physikalistische Grundhaltung vieler Biologen und die Vorstellung, jedes Abgehen von ihr habe einen vitalistischen Beigeschmack, konzentriert häufig die Aufmerksamkeit der

Forschenden so sehr auf die Untersuchung der einzelnen Organe, ihrer Zusammensetzung und ihres Funktionierens in Isolierung, daß die Untersuchung der Machtbalancen und Dominanzverhältnisse der Teileinheiten bei der Ausübung ihrer interdependenten Funktionen darunter leidet. Ein Beispiel ist die Hauptrichtung der Krebsforschung. Krebsgeschwüre stellen eine Verselbständigung des Zellwachstums dar, das normalerweise entsprechend der Funktion eines Organs im arbeitsteiligen Gefüge des Organismus gesteuert wird. Der Einordnung des Zellwachstums in das funktionsteilige Gefüge mögen auf früheren Stufen andere Machtbalancen und eine Art von Machtkämpfen vorausgegangen sein – andere Machtbalancen, die sich nicht oder weniger bewährten. Zum Unterschied von den menschlichen Gesellschaften, in denen Menschen ohne biologische Verschiedenheiten funktionsteilig aneinander gebunden sind und innerhalb deren auch die Machtverteilung verändert werden kann, ohne daß sich Menschen biologisch ändern, sind bei den zusammengesetzten Einheiten auf der biologischen Stufe die funktionsteilig aneinander gebundenen Teileinheiten selbst entsprechend ihrer Funktion erblich, biologisch verschieden voneinander. Und Veränderungen der Machtbalancen im Zuge der Generationen – etwa die wachsende zerebrale Dominanz im Zuge der Hominisierung – sind abhängig von Änderungen der Genstruktur[9]. Wie eigentlich in einem Organismus die funktionsteilige Abstimmung aller Teileinheiten aufeinander aufrechterhalten und gegen Abweichungen gesichert wird, ist beim heutigen Stande der Forschung wohl noch nicht recht klar. Jedenfalls ist die Krebskrankheit bei Menschen ein Beispiel für eine solche Abweichung. Zellen werfen in diesem Falle in einer Art von Revolte die Kontrolle ab, die die Abstimmung ihres Wachstums im Sinne der funktionsteiligen Arbeit eines Organs sichert, und wachsen, als ob sie frei und unabhängig von dem Organismus existierten, dessen funktionsteilig spezialisierte Organe sie zu bilden helfen. Auf diese Weise führen sie den Organismus, dessen

Teil sie sind, und letzten Endes damit auch sich selbst, der Desintegration und dem Untergang entgegen.

8

Bei Menschen handelt es sich um dermaßen hoch differenzierte und fest integrierte Zellengefüge, daß jeder Alleingang von Zellen den Charakter einer das Gesamtgefüge zerstörenden Krankheit hat. Bei einfacheren Organismen, bei denen die funktionsteilige Interdependenz der zusammensetzenden Teile voneinander geringer ist, haben die zusammensetzenden Teile bis zu den einzelnen Zellen hinab zuweilen noch eine vergleichsweise größere Selbständigkeit und Bewegungsfreiheit. Der Kontrast ist instruktiv. Er erleichtert vielleicht das Verständnis für die Eigenart der biologischen Gegenstandsbereiche, verglichen mit den physikalischen, und für die Unterschiede der biologischen Einheiten selbst entsprechend der Richtung der Evolution.

Zu den Grundeigentümlichkeiten der eukaryotischen, also der höher entwickelten Zellen, aus denen alle Lebewesen außer den allereinfachsten, von den Amöben bis zu den Menschen, bestehen, gehört ihre Abgestimmtheit aufeinander. Sie besitzen eine Art von ontologischer Soziabilität, die – anscheinend – dem primitiveren Typ der Zellen und ganz gewiß Molekülen und Atomen noch fehlt. Zellen sind auf verschiedene Formen der Interdependenz miteinander eingerichtet, etwa auf Materialaustausch, auf Kontakt und Kommunikation miteinander. Häufig begegnet man dementsprechend Zellgesellschaften oder, in der Fachsprache, Zellkolonien.

Schon Bakterien bilden Kolonien. Die Erde ist voll von ihnen, auch die Menschen außen und innen – Millionen Bakterien in einem Tropfen Speichel. Unter den Theorien, die zu erklären versuchen, auf welche Weise mehrzellige Lebewesen aus einzelligen entstanden, gehört die Theorie ihrer Entstehung aus Zellkolonien zu den überzeugendsten. Die meisten Übergangsformen auf dem Wege von einzelligen zu vielzelligen Lebewesen sind natürlich verschwunden; wie viele andere Glieder in der evolutionären Kette wurden sie von effizienteren Nachkommen überholt und verdrängt. Aber ein paar solcher Übergangsformen existieren noch. Das häufig erwähnte Musterbeispiel sind die Kolonien einer Art von langsam beweglichen oder seßhaften Protozoen, die Volvox heißt. Sie bilden kleine, kugelförmige Gesellschaften miteinander. Bei ihnen kann man ansatzweise bereits die Verwandlung beobachten, die sich mit Einzellern vollziehen kann, wenn sie beginnen, eine Einheit der nächsthöheren Integrationsstufe miteinander zu bilden. Offenbar bot dieser Zusammenschluß Vorteile, wenn er mit einer gewissen Funktionsteilung Hand in Hand ging. Aber biologische Funktionsteilung bedeutet hier und in anderen Fällen die Umformung des einzelligen Individuums entsprechend seiner Funktion in dem umgreifenden Zusammenhang der Gesellschaft, die es mit anderen seinesgleichen bildet, also der nächsthöheren Integrationsstufe. Einzelne der Zellen entwickeln relativ große Augentupfen, Flecken, die lichtempfindlich sind. Andere Zellen spezialisieren sich auf Reproduktion. Matthias Schleiden, der zusammen mit Theodor Schwann in der ersten Hälfte des 19. Jahrhunderts die Ansicht vertrat, daß Zellen die »Elementarteilchen« der pflanzlichen und tierischen Organismen sind, sprach bereits aus, daß eine Zelle ein Doppelleben führt: Sie hat Züge eines unabhängigen Gebildes und andere, die sie als integralen Bestandteil einer zusammengesetzten Einheit höherer Ordnung kenntlich machen. Auch dies drückt man am besten als Balanceverhältnis aus. Im Stadium der Koloniebildung können die einzelnen Zellen eine Zeitlang auch noch unabhängig von der Gesellschaft existieren, die sie mit anderen ihresgleichen bilden. Möglicherweise kann sich die spezialistische Umgestaltung, die sie im Sinne der ganzen Volvoxkolonie erfahren, auch wieder verlieren. In der Machtbalance zwischen der Funktion des Einzelwesens für sich selbst und seiner Funktion für das gesellschaftliche Integrat, das es mit anderen bildet, sind die Gewichte auf dieser Stufe noch recht gleichmäßig verteilt. Wenn die Funktionsteilung vielfältiger und die Umbildung des einzelnen Organismus im Sinne des vielzelligen radikaler wird, dann neigt sich die Machtbalance langsam der jeweils höheren Integrationsebene zu. Sie gewinnt in der Gestalt der sie bildenden Teileinheiten als deren Prägestätte die Oberhand.

Auch bei der wissenschaftlichen Untersuchung kann man dementsprechend immer weniger von den einzelnen Zellen als unabhängigen Einheiten her zu dem umfassenderen Gebilde hin denken. Statt dessen wird es zur Erklärung der Gestalt und Struktur der einzelnen Zellen mehr und mehr nötig, umgekehrt von ihrer Funktion im Triebwerk der zusammengesetzten Einheit höherer Ordnung und so von dieser selbst her zu den Einheiten niederer Ordnung hin zu denken. Zellen spezialisieren sich entsprechend ihrer Funktion im Gefüge des Organismus, dessen Teil sie sind, etwa in Muskel-, Nerven-, Gefäß- oder Epidermiszellen, ohne dabei ihre Tätigkeit für sich selbst je völlig einzubüßen. Entsprechend wächst die Bedeutung des Modells der Einheit höherer Ordnung als Moment der Erklärung von Gestalt, Struktur und Verhalten der Einheit niederer Ordnung – wie gesagt, ohne daß sich je die Bedeutung der Struktur der letzteren als Erklärungsmoment verliert. Die Kolonien bildenden Einzeller stellen eine frühe Phase auf dem Wege der Evolution fester integrierter und in höherem Maße funktionsteiliger Lebewesen dar. Sie veranschaulichen also einen zentralen Aspekt dieses Prozesses. Wenn man in Gedanken die Treppe der biologischen Evolution heraufsteigt, dann findet man, daß die Machtbalance zwischen den Repräsentanten verschiedener Konfigurationsstufen sich zugunsten der jeweils höheren verlagert, ohne daß sich dabei je das Machtpotential der Einheiten niederer Ordnung verliert. Ihre Funktion für die Integrationsstufen höherer Ordnung beeinflußt ihre

Struktur und Gestalt in steigendem Maße, ohne daß dabei ihre Eigenstruktur und das auf ihr begründete Machtpotential verschwindet. Entscheidend ist, daß solche Machtbalancen offenbar jeweils im genetischen Material, in den Chromosomen, verankert sind. Aber vorerst weiß man wohl nur, *daß* das der Fall ist; man weiß nur, daß Genmutation und natürliche Auslese im Überlebenskampfe bei dieser Veränderung der Teileinheiten im Sinne größerer Stufenspezifität die zentrale Rolle spielen. Man weiß weniger darüber, *wie* im einzelnen der Prozeß verläuft, der in wachsendem Maße zu einer spezialisierenden Umgestaltung von weniger spezialisierten, aber selbständigeren Ahnen in weniger selbständige, aber – im Sinne einer umfassenderen Einheit – spezialisiertere Teileinheiten führt und zugleich diese Umwandlung über viele Zwischenstadien hin unausweichlich und irreversibel macht.

Noch ein weiteres Beispiel aus den frühen Stadien der evolutionären Flugbahn mag diese Wandlungsrichtung veranschaulichen. Die relativ einfachen Organismen, die wir Schwämme nennen und von denen einige Arten ein Schutzskelett haben, das als Badeschwamm auf den Markt der Menschen kommt, werden heute als Lebewesen betrachtet, die sich aus Kolonien einer bestimmten Art von Protozoen, den Geißeltierchen, entwickelt haben, und zwar aller Wahrscheinlichkeit nach durch den Zusammenschluß mit einer anderen, amöbenartigen Form von Einzellern. In der festen Kontaktgesellschaft eines Schwammes, den sie miteinander bilden, fächeln die Geißelzellen durch die vereinte Bewegung ihrer kleinen peitschenartigen Fortsätze dem Schwamm nahrhafte Mikroorganismen zu, während die amöbenartigen Zellen Funktionen der Verdauung, des Gasaustausches und der Vermehrung übernehmen. Eine frühe Form der Funktionsteilung geht also hier wahrscheinlich aus dem Zusammenschluß zweier verschiedener Typen von einzelligen Lebewesen zu einem mehrzelligen Organismus hervor. Auf der uns bekannten Entwicklungsstufe aber ist die

Abgestimmtheit der Zellen verschiedener Herkunft aufeinander offenbar bereits fest genetisch verankert. Man erkennt es, wenn man die integrierende Organisation zerstört, etwa dadurch, daß man den Schwamm durch ein Tuch filtriert und das Verhalten der einzelnen nun voneinander getrennten Zellen beobachtet. Die einzelnen Zellen zeigen dann eine deutliche Tendenz, sich von neuem nach dem Muster der zerstörten Organisation zu Schwämmen zusammenzuschließen, vorausgesetzt, daß sich eine flagellantenartige Zelle mit einer amöbenartigen zu vereinen vermag. Die Teileinheiten sind also hier bereits genetisch auf die funktionsteilige Integration zu einer Einheit höherer Ordnung vorprogrammiert. – Übrigens können nicht nur einzellige, sondern auch vielzellige Organismen Kolonien bilden. Quallen und Seeanemonen sind Beispiele dafür; hier handelt es sich bereits um eine recht feste Integration kleiner vielzelliger Organismen zu einer größeren und komplexeren Einheit. Auf dieser Stufe gibt es von neuem verschiedene Typen der Funktionsteilung. Einzelne der Teilorganismen wandeln sich in Organe um, die der Nahrungsversorgung und -verarbeitung dienen, andere etwa in Schwimm- oder Abwehrorgane.

Durch Gewebekulturen, die Aufzucht von isolierten Zellgeweben und Organteilen im künstlichen Nährmaterial, kann man auch das Verhalten und die Strukturentwicklung spezialisierter Zellarten von höheren Organismen genauer untersuchen. Die Versuche zeigen unter anderem, wie weit in vielen Fällen die erblich eingebaute funktionsteilige Spezialisierung der Zelle geht – die manchmal etwas irreführend als Herrschaft des Organismus über seine Teile bezeichnet wird – und wieweit die Spezialisierung an die Interdependenz mit anderen Zellen, also an den Einbau in den umfassenderen Zellverband des betreffenden Organismus, gebunden ist. Das Vermögen von Zellen, als Gewebekultur außerhalb des Organismus die Spezialfunktion und Struktur, die sie innerhalb des lebenden Organismus besitzen, zu bewahren, ist unterschiedlich. Sie verschwindet, wie es scheint, am ehesten bei hochspezialisierten Zellen, deren Sonderfunktion in engstem Zusammenhang mit dem übergreifenden Metabolismus des betreffenden Lebewesens steht. Isolierte Zellen der Milchdrüsen zum Beispiel verlieren relativ schnell ihr Vermögen, Milch produzierende Enzyme zu synthetisieren. Auf der anderen Seite findet man, daß Zellen, die sich normalerweise – also im »Herrschaftsverband« des lebenden Organismus – nicht teilen, isoliert von dem Verbande die Tendenz zur Zellteilung wiedergewinnen. Zu der Regelung des individuellen Zellverhaltens entsprechend der Funktion der Zelle im arbeitsteiligen Funktionsgefüge der Zellen gehört, so scheint es, in diesem Falle auch die Unterdrückung einer latenten Tendenz der Zelle zur Zellteilung. Im Falle der Krebsgeschwüre tritt sie wieder zutage.

9

Diese wenigen Beispiele mögen genügen, um deutlicher zu machen, wie verschieden auf der Integrationsstufe von Organismen die Beziehung zwischen zusammensetzenden Teilen und zusammengesetzter Einheit von der entsprechenden Beziehung auf der Stufe der Atome und Moleküle ist. Die atomistische Grundhypothese der Physik, die Annahme, daß die Eigenschaften der kleinsten Teileinheiten die der jeweils von ihnen gebildeten höheren Einheiten erklären könnten, findet ihre Rechtfertigung in der Tatsache, daß auf den von Physikern erforschten Daseinsstufen die jeweiligen Teileinheiten keine stufenspezifischen Eigentümlichkeiten haben. Sie sind nicht spezialistisch transformiert entsprechend dem Funktionsgefüge der höheren Integrationsstufe, des Integrats, zu dem sie als Integranten gehören. Zu den Daseinsstufen, um deren Erschließung sich Biologen bemühen, gehören als Teilbezirke auch die physikalisch-chemischen Gegenstandsstufen; subatomare Teilchen, Atome und Kleinmoleküle bilden Stufen der Teileinheiten jedes Organismus. Aber im lebenden Organismus wird ihr Verhalten gesteuert und geregelt im Sinne eines Ordnungstyps, der von dem Typ ihrer Ordnung auf den physikalisch-chemischen Stufen verschieden ist. Ihr Verhalten regelt sich entsprechend ihrer Funktion im Rahmen einer übergeordneten Organisation. Sie fügen sich zu Zellen zusammen, diese zu Vielzellern, lose integrierte Vielzeller zu fester und komplexer aneinander gebundenen Organismen. Aber die Eigenorganisation und die Verhaltensstruktur der Atome und Moleküle bleibt auch bei ihrer Integration in diese Gebilde höherer Ordnung unverändert. Nur die Steuerung ihres Verhaltens im Sinne der Organisation und Integration höherer Ordnung ändert sich. Diese Organisation und Integration von Atomen und Molekülen ist dafür verantwortlich, daß sich das Verhalten dieser Einheiten höherer Ordnung nicht allein aus den Eigenschaften der zusammensetzenden Atome und Moleküle erklären läßt. Wenn diese Organisation zerbricht, wenn das Integrat sich auflöst und desintegriert, dann bleiben schließlich Moleküle und Atome übrig, aus denen es bestand. Nur die Konfiguration, die Ordnung, in der sie zuvor aneinander gebunden waren, ist verschwunden. Eben damit verlieren sich alle jene Charakteristika, auf die wir durch Begriffe wie »Leben« oder »Organismus« hinweisen. Das Versagen und schließlich den Zusammenbruch der Organisation von Molekülen in der Form von Zellen, Organen und Organismen nennen wir »Tod«. Die Kleinmoleküle und Atome, die in dieser Organisation aneinander gebunden und ihr gemäß gesteuert, aber nicht stufenspezifisch in ihrer Struktur umgeformt werden, bleiben dementsprechend beim Tode eines Organismus erhalten, nur eben ohne die sich selbst steuernde Organisation. Erst von der Integrationsstufe der Zellen ab sind Teileinheiten stufenspezifisch, d. h. entsprechend ihrer Funktion in einem Integrat höherer Stufe, geformt; und in diesem Falle verliert sich dann auch ihre stufenspezifische Struktur, wenn das Integrat höherer Ordnung, dessen Teil sie bilden, desintegriert. Die Zellen, die miteinander einen Menschen bilden, sterben, wenn der Mensch stirbt; die Atome, die einen Menschen bilden, verändern sich kaum.

Daß die Synthese, in deren Verlauf aus Molekülen Großmoleküle, aus Großmolekülen – über viele Zwischenstufen hinweg – Zellen, aus Zellen mehrzellige Lebewesen entstanden, ein naturaler Prozeß ist, habe ich schon gesagt. Es handelt sich um einen Naturprozeß, der ebenso selbsttätig ist wie der Sternbildungsprozeß, von dem zuvor die Rede war, nur eben von anderer Art. Dort handelt es sich um eine Kettenreaktion im Rahmen der gleichen Ordnungsstufe, hier handelt es sich um selbsttätige Synthesen, deren Ergebnisse, Integrate einer bestimmten Ordnungsstufe, durch weitere Synthesen zu Integraten von Integraten und so, über eine ganze Stufenleiter ineinander verschachtelter Integrationsebenen, zu immer komplexeren und differenzierteren Integraten zusammengefaßt werden. Für diese Daseinsformen – für Organismen – angemessenere Symbole, adäquatere begriffliche Repräsentanten zu entwickeln, mit deren Hilfe sich Menschen besser über sie orientieren und verständigen können, und darüber hinaus auch angemessenere, stufenspezifische Untersuchungsverfahren auszuarbeiten, ist gewiß nicht einfach. Aber die Schwierigkeit verringert sich, wenn die Aufgabe selbst klarer wird; denn die Schwierigkeit beruht in diesem Falle, um es noch einmal zu sagen, nicht auf dem Mangel an Einzelwissen – die außerordentlichen Fortschritte, die auf dieser Ebene in den letzten Generationen gemacht worden sind, besonders im Hinblick auf die Bedeutung naturaler Synthesen, fordern längst das Bemühen um eine umfassendere gedankliche Synthese heraus. Was gegenwärtig in dieser Hinsicht die Weiterentwicklung blockiert, ist eine dominante Garnitur von Denkgewohnheiten, ein überaltertes Kategorialsystem, das den Zugang zu diesen Zusammenhängen verstellt und die Zusammenhänge selbst verschleiert – zum Teil ohne Zweifel, weil sie den Wünschen der Menschen zuwiderlaufen. Überdies sind diese Denkgewohnhei-

ten heute Menschen beim Umgang miteinander so vertraut, daß sie als selbstverständlich erscheinen; ein Abgehen von ihnen ist beinahe unvorstellbar.
Zu diesen Denkgewohnheiten gehört, wie gesagt, die Idee von dem allumfassenden Erklärungspotential der Atome oder, allgemeiner gesagt, der kleinsten Teileinheiten und dementsprechend von dem Vorrang isolierender und zerlegender Verfahrensweisen, der Analysen, vor den modellbildenden Synthesen. Wie oft kann man Sätze lesen wie: »Als kleinste Struktur- und Funktionseinheit des Organismus ist die Zelle die grundlegende Einheit des Lebens.«
Daß man von einer bestimmten Stufe der Gegenstandsbereiche ab von Modellen der jeweils umfassenderen Einheit zu deren Teileinheiten hindenken muß, um sachgerechtere – der »Sache gerechtere« – Erkenntnis zu gewinnen, ist gewiß nicht sehr schwer zu verstehen. Aber die Diskussionen, so scheint es, sind gegenwärtig im Kampf zwischen falschen Alternativen so festgefahren, daß es einige Mühe kostet, das Schiff zwischen Scylla und Charybdis – zwischen dem atomistischen Reduktionismus der Physiker und den ganzheitlichen oder vitalistischen Spekulationen der Metaphysiker – ins Freie zu steuern. Man vermag das nicht überzeugend zu tun, wenn man philosophiert oder sich jedenfalls mit allgemeinen Überlegungen ohne engste Tuchfühlung mit relevanten empirischen Befunden begnügt. Selbst wenn man diese Befunde nur wie im Flug gesehen präsentiert, stellt dieser stete Empiriebezug im Verein mit den entsprechenden Schritten der theoretischen Synthese ein unentbehrliches Moment des Bemühens um den Ausbruch aus der Falle der gegenwärtigen Polaritäten dar.

10

Das bisher Gesagte führte die Gedanken bis zu den frühen Stadien der funktionsteiligen Spezialisierung im Aufbau der

Organismen. Es wäre nicht schwierig, die Entwicklung der Lebewesen von dieser Seite her weiter zu verfolgen. Man könnte zeigen, wie die Organe sich differenzieren: Bestimmte Gewebe entwickeln sich – in der Form von Muskeln – zu Spezialorganen für die bewußte oder automatische Ausführung von Bewegungen, also zu motorischen Organen; andere Zellen spezialisieren sich für den Empfang von Sinneseindrücken, wieder andere werden zu Spezialisten der Nahrungsverarbeitung und Verdauung. Innerhalb jedes dieser Spezialbereiche differenzieren sich die Organe und organisieren sich als Organsysteme. Es muß genug sein, auf diesen Vorgang der zunehmenden Differenzierung von Organismen im Zuge der Evolution (der gewiß mit Schüben der Ent-Differenzierung Hand in Hand geht) hinzuweisen und ihn durch ein einzelnes Beispiel zu erläutern.

Das Beispiel bezieht sich auf eine Eigentümlichkeit der naturalen Ausstattung der Menschen, die als Beleg für die zunehmende Differenzierung der Organismen vielleicht nicht die Beachtung gefunden hat, die sie verdient. Wenn man das Gesicht der höheren Affen mit dem der Menschen vergleicht, dann findet man gewiß einige Ähnlichkeiten. Aber zu den Unterschieden gehört eine Eigentümlichkeit, die man vielleicht rein faktisch am einfachsten als die größere Beweglichkeit des menschlichen Gesichts und, verglichen mit ihm, als die größere Unbeweglichkeit des Affengesichts bezeichnen kann. Man findet das bestätigt, wenn man die evolutionäre Leiter herabsteigt. Die Partien um Mund, Nase und Augen werden starrer. Auch Fische mögen in den Augen der Menschen Gesichter mit einem bestimmten Ausdruck haben, aber im Grunde sind die Partien um die Augen ganz unbeweglich. Daß Menschen unter allen höheren Organismen das am wenigsten starre oder, wie man auch sagt, das »ausdrucksfähigste« Gesicht haben, kann man gewiß der Tatsache zuschreiben, daß das Gesicht der Spiegel des Geistes ist. Aber wenn man etwas genauer auf diese Frage eingeht, dann findet man, daß Menschen von Natur in der Vorderpartie ihres Kopfes mit einem so differenzierten System von Hautmuskeln ausgestattet sind wie kein anderes lebendes Wesen. Die Muskeln, deren Bewegung Menschen koordinieren, wenn sie ein Lächeln zustandebringen, um nur diese zu nennen, gehen in ihrer Differenziertheit recht erheblich über die entsprechenden Gesichtsmuskeln der höheren Affen hinaus. Ähnliches läßt sich von der Muskelausstattung der menschlichen Hände, insbesondere der Finger, sagen. Keine andere Art von Lebewesen besitzt das differenzierte Muskelsystem, das nötig ist, um eine Klaviersonate von Beethoven oder von Liszt zu spielen. Menschen tun sich viel auf die Wendigkeit ihres Geistes zugute. Aber was immer das Wort »Geist« in diesem Zusammenhang bedeuten mag, dessen Wendigkeit wäre nutzlos, wenn Menschen nicht zugleich mit ebenso wendigen Exekutivorganen, also mit einer höchst differenzierten Motorapparatur der evolutionär bei ihnen zu Händen entwickelten Vorderfüße ausgestattet wären.

11

Man kann nicht von der zunehmenden Differenzierung und Spezialisierung der Organisation von Lebewesen im Zuge der Evolution reden, ohne zugleich von der gleichfalls zunehmenden Spezialapparatur der Koordination und Integration zu reden. Wachsende Differenzierung und wachsendes Koordinations- und Integrationsvermögen der Bioorganisation sind Komplementärprozesse. Keiner von ihnen kann von einer Phase zur anderen weiterlaufen, wenn der andere nicht Schritt hält und zu weit zurückbleibt. Wenn also im folgenden einige Aspekte der Evolution von biologischen Koordinations- und Integrationsapparaturen herangezogen werden, um die eigentümliche Natur dieses Gegenstandsbereichs und dieses Wissenschaftsbereichs zu veranschaulichen, dann bezieht man sich von einer anderen Seite her zugleich auch auf die Fortsetzung des Prozesses der zunehmenden Funktionsteilung im Zuge der biologischen Evolution, dessen früheste Stufen zuvor durch ein paar Beispiele veranschaulicht wurden. Dabei genügt es in diesem Zusammenhang, vor allem auf die Entwicklung von einer der zwei Koordinations- und Integrationsformen hinzuweisen, die sich in Organismen herausbilden, auf die Integration durch Nervenzellen (Neuronen) und Nervensysteme. Die andere Integrationsform, die Koordination auf chemischem Wege, deren bekanntester Repräsentant das System der endokrinen Drüsen und ihrer Produkte ist, kann hier im großen und ganzen beiseite bleiben.

Wenn man die Evolution des Nervensystems in Gedanken überfliegt, dann gewinnt man ein anschauliches Bild von der Art und Weise, wie die zunehmende Spezialisierung und Funktionsteilung von Organen und Organsystemen in der Ausbildung von Spezialorganen der Integration mit einer wachsenden Tendenz zu einer hoch zentralisierten Regelung aller Einzelvorgänge des Organismus ihr komplementäres Gegenstück findet. Kurz gesagt: Je differenzierter ein Organismus, um so ausgeprägter ist die Zentralisierung der Steuerung aller Vorgänge in einem Organismus. Dabei ist die elementare Struktur und Funktion von Nervensystemen letztlich in allen Organismen die gleiche. Sie stellen Verbindungen her zwischen Organen, die auf das Empfangen von Sinneseindrücken spezialisiert sind, und anderen spezialisierten Organen, Exekutivorganen, die auf die von den Sinnesorganen über die Nervenleitungen empfangene Information im Sinne des Organismus angemessen reagieren können. Man kann diesen elementaren Aufbau des Nervensystems leicht verstehen. Denn ein Lebewesen, das, ob Amöbe oder Mensch, zum Unterschied von Atomen und Molekülen in seiner Welt eine – bis zu einem gewissen Grade – individuelle, nämlich sich selbst regulierende und steuernde Eigenexistenz besitzt – eine Eigenexistenz, die es durch ständige Absorption von etwas weniger hoch organisierten Nährstoffen, als es selbst ist, aus seiner Umwelt aufrechtzuerhalten vermag –, braucht ja Information, um seine Existenz fortführen, seine Integrität wahren zu können; und es braucht Apparaturen, die es ihm möglich machen, auf diese Information im Sinne der Fortdauer seiner Existenz und der Aufrechterhaltung seiner Integrität angemessen zu reagieren. Bereits einzellige Lebewesen, ob Bazillen, Blaualgen oder Geißeltierchen, sind nach diesem Schema eingerichtet. Aber natürlich, einzellige Wesen brauchen keine spezialisierten Organe zur Koordination empfangener Eindrücke und der Reaktion darauf. Wie immer Einzeller es fertigbringen, sie sind jedenfalls zu einer Orientierung in ihrer Welt und einer ihr gemäßen Abstimmung des Verhaltens fähig, und zwar aufgrund eines eingebauten Automatismus – es handelt sich hier um eine bewußtseinslose Abstimmung.

Um den Prozeß der zunehmenden Zentralisierung zu veranschaulichen, beginnt man vielleicht am besten mit einem relativ einfachen Vielzeller. Der Seestern ist ein gutes Beispiel für eine beginnende, aber noch relativ geringe Zentralisierung. Auch bei diesem Prozeß handelt es sich um Balanceverhältnisse und Machtverlagerungen spezifischer Art. Daß bei einem Seestern die Zentralisierung noch verhältnismäßig gering ist, zeigt sich unter anderem in der relativ selbständigen Reaktionsfähigkeit der Arme. Jeder Arm kann auf einen von ihm empfangenen Reiz bis zu einem gewissen Grade unabhängig von den anderen Armen reagieren. Die Nervenbahnen sind hier zum Teil so eingerichtet, daß die Information, die einer der Arme durch ein lokales Sinnesorgan, eine Rezeptorzelle, empfängt, direkt, also ohne erst an eine Zentrale weitergeleitet zu werden, an einen Muskel des Armes, an ein lokales Exekutivorgan weitergeleitet werden kann. Der betreffende Arm mag sich dann krümmen, ohne daß sich die anderen Arme bewegen. Aber es gibt auch im Zentrum des Seesterns ein einfaches Leitungsnetz, das die Nervenbahnen der verschiedenen Arme in Verbindung miteinander bringt. Wenn auch die Autonomie der Teileinheiten gegenüber dem Zentrum noch verhältnismäßig groß ist, es gibt Situationen, in denen die Bewegungen aller Arme koordiniert werden. Nur gibt es hier noch keine Hegemonie des Zentrums gegenüber den lokalen Teileinheiten. Diese Hegemonie entwickelt sich langsam ...

Anmerkungen

1 Diese Fragmente stammen aus der Werkstattarbeit. Daher weisen sie manchmal Wiederholungen und andere Mängel auf, die bei weiterer Überarbeitung verschwunden wären. Überdies sind sie nicht abgeschlossen; es sind in der Tat Fragmente. Trotzdem schien es wichtig, sie in dieser vorläufigen Form hier anzufügen. Sie enthalten Gedanken, die es wert sind, diskutiert zu werden. Gerade weil es sich um noch unvollendete Werkstattarbeiten handelt, stellen sie in ihrer Art einen nicht unwichtigen Beitrag zum Verständnis der Denk- und Arbeitsweise dar, die den vorangehenden Abhandlungen zugrundeliegt.

2 Unter »Warum-Fragen« verstehe ich hier genetische Fragen. Sie sind von Philosophen vielfach als unwissenschaftlich tabuiert worden. In der Praxis solcher Wissenschaften wie Kosmologie, Biologie und Soziologie sind sie gang und gäbe geworden.

3 Man könnte vermuten, daß der Hinweis auf automatische Synthesen und die ständige, irreversible Arbeitsteilung, die sie einschließen, für das Verständnis des Entropieproblems nicht ganz irrelevant ist.

4 Vgl. N. Elias, »Über die Zeit«, in: Merkur, 36. Jg. (1982), H. 9 (= H. 411), S. 841-856; H. 10 (= H. 412), S. 998-1016. Eine vollständige Fassung dieser Untersuchung wird demnächst als Band III der »Arbeiten zur Wissenssoziologie« von N. Elias erscheinen.

5 »Entwicklung« ist hier vielleicht nicht das richtige Wort; auch Ausdrücke wie »junge« und »alte« Sterne haben im Grunde, bezogen auf die chemisch-physikalische Integrationsstufe, also auf Integrationseinheiten wie Moleküle, Atome, Elektronen oder Neutronen, allenfalls metaphorische Bedeutung. Alles das sind, genau betrachtet, stufenspezifische Kategorien, die sich auf Vorgänge einer höheren Integrationsstufe beziehen.

6 Die Monopolstellung materialistischer und reduktionistischer Annahmen findet unter anderem ihren Ausdruck in der Gewohnheit, der man in jüngster Zeit gelegentlich begegnet, Lebewesen als Systeme von Molekülen zu bezeichnen – als könne man in der Tat erwarten, ihre Eigenschaften eines Tages zureichend aus denen der zusammensetzenden Moleküle zu erklären.

7 Vielleicht wäre es nützlich, den Begriff des »Stufengefälles« einzuführen,

um diesem Problem gerecht zu werden; denn es wiederholt sich auf allen Stufen der biologischen Evolution. So sind Pflanzen in der Lage, chemisch-physikalische Verbindungen einer niedrigeren Integrationsstufe zu absorbieren und zu synthetisieren, die der menschliche Organismus nicht mehr direkt, sondern nur durch die Absorption von Pflanzen und Tieren zu synthetisieren und in das Eigenmaterial zu verwandeln vermag.

8 Man könnte sich vorstellen, daß Machtkämpfe vorausgingen, daß mehrere Formen des Zusammenlebens von zwei Zellen älteren Typs entstanden, als eine Art blinder Experimente des Naturprozesses, und daß schließlich eine von ihnen, die eukaryotische, die eine bestimmte Machtbalance und Funktionsteilung zwischen den zwei vereinigten Zellen stabilisierte, sich im Kampf mit anderen Gebilden als erfolgreich erwies, sich rapide vermehrte und so schließlich zum Ahn aller anderen Lebewesen wurde. Die weniger erfolgreichen Experimente hinterließen keine Spuren.

9 Dabei ist anzumerken, daß die Dominanz der Genstrukturen, ihre Kommandogewalt als letztliches Steuerungszentrum alles organischen Geschehens, vielleicht nicht ganz den absoluten Charakter hat, den man ihr heute zuschreibt.

Editorische Nachbemerkung

Die drei Hauptabschnitte dieses Buches enthalten Teile der fortlaufenden Gedankenarbeit des Autors am gleichen Problem, dem Problem der gesellschaftlichen Wissensentwicklung. In der Form freilich, in der sie hier geboten werden, haben sie jeweils ihre eigene Entstehungsgeschichte, über die im folgenden kurz Rechenschaft abgelegt werden soll.

I. Der erste Teil erschien 1956 im englischen Original als Artikel mit dem Titel *Problems of Involvement and Detachment* in: *British Journal of Sociology*, 7. Jg. (1956), S. 226-252. In einer niederländischen Übersetzung von G. van Benthem van den Bergh ist er in der Aufsatzsammlung: N. Elias, *Sociologie en geschiedenis en andere essay's*, hrsg. von G. van Benthem van den Bergh und Jan Godschalk, Amsterdam 1970, enthalten. Dieselbe Übersetzung bildet neuerdings die Abschnitte 1-8 des separaten Bandes: N. Elias, *Problemen van betrokkenheid en distantie*, übers. von G. van Benthem van den Bergh und B. Jonker, Amsterdam 1982.

Die Arbeit an dem hier vorgelegten deutschen Text dieses Teiles begann in der Form einer engen, persönlichen Kooperation zwischen Herrn Elias und mir, die im Herbst 1977 einsetzte. Dabei wurde ein von mir vorgelegtes Übersetzungskonzept Satz für Satz durchgesprochen und revidiert. Bis Herbst 1978 war auf diese Weise, in einer Reihe mehrwöchiger Zusammenkünfte, ein Text fertiggestellt, der bis S. 41 in diesem Band reicht. Das heißt, daß diese starke erste Hälfte der Übersetzung als vollwertige deutsche Fassung gelten kann. So gehen auch alle Abweichungen vom englischen Original auf das Konto des Autors selbst.

Es zeigte sich bei der Herstellung der Übersetzung, daß dem

Autor immer wieder mehr an der weiteren Entfaltung seiner Gedanken als an einer pragmatischen Übertragung des bestehenden Artikels gelegen war. Diese Neigung erwies sich an dem Punkt, an dem die gemeinsam erarbeitete Übersetzung abbricht, als übermächtig. Um gleichwohl zu einem abgeschlossenen deutschen Text zu gelangen, überließ Herr Elias es mir, den Rest des Aufsatzes selbständig zu übersetzen. Ab S. 41 trage daher ich allein die Verantwortung für die deutsche Sprachgestalt. Nur den Gebrauch der Begriffe »System« und »Teil/Ganzes«, der mit der fortgeschrittenen Terminologie des Autors nicht mehr zu vereinbaren ist, habe ich auf seinen expliziten Wunsch vermieden.
Schon bei der Arbeit an der ersten Hälfte schob Herr Elias mehrfach Erläuterungen und Erweiterungen in die deutsche Fassung ein. Um nicht die Balance des Gedankenganges zu zerstören, wurde von Autor und Herausgeber beschlossen, diese Einschübe, soweit sie sich nicht auf einen oder zwei Sätze beschränkten, aus dem zu druckenden Text wieder herauszulösen. Die Scheidearbeit habe ich durchgeführt. Andererseits erschien es mir wünschenswert, die (auf Deutsch) neuformulierten Passagen nicht einfach untergehen zu lassen. Ich habe sie daher im wesentlichen als »Zusätze 1977/78« der Übersetzung beigegeben. Sterne im Text des ersten Teils verweisen auf die Stellen, an denen sie ihren ursprünglichen Platz hatten.

II. Der zweite Beitrag dieses Bandes ist die von mir übersetzte und vom Autor durchgesehene Fassung eines englisch geschriebenen Manuskripts, das 1980 entstand. In ihm wird der Gedankengang des ersten Teils fortgeführt, und zwar im Anschluß an einen letzten Abschnitt des als *Problems of Involvement and Detachment* erschienenen Papiers, der seinerzeit von den Herausgebern des *British Journal of Sociology* weggelassen worden war. Um dieses engen Entstehungszusammenhanges willen wurde im Originalmanuskript die Kapitelzählung jenes Artikels fortgesetzt. Dieselbe Zählung findet sich auch in der niederländischen Übersetzung von *Problemen van betrokkenheid en distantie* (s. o.), der einzigen Form, in der dieser Text bisher veröffentlicht wurde. Für die vorliegende Ausgabe wurde dieser enge formale Zusammenhang wieder aufgehoben, da der jüngere Text doch allzu offensichtlich eine neue Stufe des Nachdenkens und eine andere Art des Schreibens repräsentiert. Der damit erforderlich werdende neue Einstieg fand sich in dem auf Deutsch verfaßten Vortrag über *Prozeßmodelle auf mehreren Stufen*, den der Autor am 18. 9. 1980 in der Ad-hoc-Gruppe *Zivilisationsprozeß und Figurationssoziologie* (Leitung: Peter R. Gleichmann) des 20. Deutschen Soziologentages in Bremen hielt und der in direkter zeitlicher und inhaltlicher Verbindung mit der Niederschrift der Weiterführung des ursprünglichen Papiers konzipiert wurde. Dieser Vortrag, der nun als erster Abschnitt des zweiten Teiles erscheint, wurde in dem (zweiten) Tagungsbericht des 20. Soziologentages *Soziologie in der Gesellschaft*, hrsg. von W. Schulte, Bremen 1981, S. 764–767, publiziert und für den Neuabdruck überarbeitet.

III. Ebenso unmittelbar wie zwischen dem ersten und zweiten ist der historische und sachliche Zusammenhang zwischen dem ersten und dritten Teil des vorliegenden Bandes. Die Texte dieses dritten Beitrags entstanden (im Herbst und Winter 1979) aus dem Bemühen, die früheren, allzu komprimierten Formulierungen über das »Modell der Modelle« (s. S. 41ff.) etwas breiter auszuführen, sie verständlicher zu machen und mit Beispielen zu belegen. Sie stellen also im Grunde einen – wieder deutsch geschriebenen – »Zusatz« von der Art der oben charakterisierten dar, einen Zusatz freilich, der sich formal gegenüber dem anfänglichen Kontext völlig verselbständigt hat.
Teil III besteht aus zwei, vielfach parallelen, Texten. Beide sind unabgeschlossen und werden darum als »Fragmente« ausgewiesen. Insbesondere fehlt in ihnen die Darstellung des

Übergangs von der biologischen zur menschlich-gesellschaftlichen Integrationsstufe, die auf die des – evolutionären wie wissenschaftstheoretischen – Übergangs von der physikalisch-chemischen zur biologischen Stufe hätte folgen sollen. Diese intendierte Fortsetzung ist bei der Lektüre mitzudenken; die angelegten Linien müssen vom Leser selbst weitergezogen werden.

Da absehbar war, daß der Autor aufgrund anderer Arbeitsprojekte zu diesen (bisher unveröffentlichten) »Fragmenten« nicht mehr zurückkehren würde, kamen Herr Elias und ich überein, sie in der Fassung, in der sie nun eben vorliegen, in diesen Band aufzunehmen. Sie beleuchten Aspekte des im ganzen Buch behandelten Problems, die erst auf die ganze Reichweite von dessen Implikationen hinweisen und an anderer Stelle nicht mit derselben Akzentuierung und Belegfülle hervortreten.

Bei der Edition der beiden Fragmente über die *Große Evolution* bin ich so behutsam vorgegangen wie nur möglich. Nur wenige allzu eindeutige Verdoppelungen eines Gedankens wurden gestrichen, was an den entsprechenden Stellen gelegentlich auch geringfügige Umstellungen nötig machte. Außerdem stammt die Kapiteleinteilung von mir. In die Anmerkungen habe ich – neben Sätzen, die im Text selbst Anmerkungscharakter trugen – Passagen aus verworfenen Vorfassungen oder aus weggelassenen Wiederholungen aufgenommen, die mir einen sonst nicht vertretenen Gedanken zu enthalten schienen.

M. S.